JN262064

税理士・FP・保険会社担当者のための

会社税務における保険活用法

節税メリットと課税リスクを見極める

野中孝男 編著
北村文美子　白濱孝子 著

税務経理協会

はじめに

　平成23年3月11日に発生した東日本大震災は未曾有の大災害をもたらし，生命保険業界及び損害保険業界はいち早くこの災害に対応しました。

　生命保険業界では，災害救助法適用地域の特別取扱いについては，保険料払込猶予期間を最長6か月間延長し，保険金・給付金，契約者貸付金についての請求必要書類を一部省略する等により，簡易で迅速な事務の取扱いをしました。

　また，一般的に，災害関係特約については約款上に，地震等による場合の災害関係保険金・給付金を削減したり支払わない旨が規定されていますが，今回は全ての生命保険会社がこれを適用せず，災害関係保険金・給付金を全額支払することとしました。その結果，「東日本大震災」に関しては，次の資料に示すように膨大な生命保険金の支払が行われています。

　損害保険業界でも，同様に迅速な対応が行われ，地震や津波を原因として自動車や建物を滅失された契約者や，被保険者が死亡した傷害保険の契約者については，自動車保険や火災保険，傷害保険などの契約を解約する際，手続きが後になった場合でも，すでに払込をした保険料のうち，災害発生日以降の期間に対応する保険料について返還することや，継続契約の手続き猶予及び保険料の払込猶予の対応措置も行われ，また，地震保険の保険金支払を迅速に行うために，航空写真・衛星写真を用いて被災地域の状況を確認し，津波や火災によって甚大な被害（流失や焼失）のあった街区を「全損地域」として認定し，その街区に所在する地震保険契約は全て「全損」認定することとして，これも次の資料に示すように相当額の損害保険金の支払を行っています。

　損害保険料率算出機構では，平成23年8月23日，「今年4，5月の地震保険の新規契約件数が全国ベースでいずれも前年同月と比べ10％以上増加した。」と発表しました。これは，東日本大震災の影響とみられ，都道府県別では，福島第1原発のある福島県の5月の新規契約件数が前年同月比150.3％増（約2.5倍）と急増して最も高かったとしています。

　今回の大震災を契機として，リスクに対する生命保険・損害保険の存在の重

要性が見直されています。企業経営においても，事業継続する上で生ずるあらゆるリスクに対して，さまざまな保険商品の選択が必要とされています。

そこで，生命保険・損害保険を有効に活用することにより，企業経営を安定させることはできないのか，この書籍において検討しました。

まず，生保商品・損保商品の税務上の取扱いを明確にし，その特性を利用して節税に使えるのか，企業経営に役立つのか，また，導入した場合のリスクも検討しました。

本書が，保険の活用を検討している方々に，参考となる内容となっているのか，不安はありますが，保険業務に携われる方々にご活用いただければ幸いです。

最後になりましたが，本書の発刊に当たり，税務経理協会の日野西資延氏にはお世話になりました。厚く御礼申し上げます。

著者代表　野中　孝男
平成24年3月吉日

〇東日本大震災に係る保険金の支払件数・金額について

単位（件，万円）

時　点	支払件数 （※1）	支払金額（死亡保険金） （※1）	うち災害死亡保険金額（※2）
1月11日	19,369	14,759,078	4,656,243
1月4日	19,290	14,700,256	4,631,133
平成23年			
12月21日	19,159	14,597,222	4,605,549
12月15日	19,060	14,524,800	4,582,097
12月8日	18,943	14,457,368	4,557,285
12月1日	18,803	14,370,748	4,517,508
11月24日	18,675	14,287,180	4,488,186
11月17日	18,564	14,234,724	4,463,136
11月10日	18,391	14,128,916	4,427,920
11月2日	18,249	14,036,100	4,393,072
10月27日	18,125	13,959,743	4,368,791
10月20日	17,920	13,820,707	4,321,000
10月13日	17,729	13,697,864	4,280,573
10月6日	17,592	13,619,851	4,252,601
9月29日	17,326	13,384,896	4,169,998
9月22日	17,064	13,194,932	4,108,445
9月15日	16,773	13,006,372	4,056,016
9月8日	16,441	12,742,161	3,978,189
9月1日	16,049	12,420,699	3,872,870
8月25日	15,623	12,100,153	3,767,912
8月18日	15,193	11,808,608	3,665,466
8月11日	14,738	11,493,717	3,544,277
8月4日	14,152	11,089,548	3,414,554
7月28日	13,561	10,629,351	3,256,178
7月21日	13,008	10,224,934	3,130,550
7月14日	12,520	9,874,742	3,000,130
7月7日	11,967	9,444,955	2,852,538
6月30日	11,375	9,031,732	2,704,395
6月23日	10,838	8,590,966	2,576,425

6月16日	10,278	8,188,570	2,451,205
6月9日	9,266	7,766,198	2,324,146
6月2日	8,456	7,114,695	2,103,307
5月26日	7,832	6,552,214	1,947,393
5月19日	6,872	5,769,686	1,711,639
5月12日	5,623	4,783,566	1,423,287
5月5日	4,164	3,596,060	1,021,433
4月27日	3,696	3,143,143	844,914
4月21日	2,788	2,259,063	585,998
4月14日	1,593	1,280,685	326,004
4月7日	762	551,642	111,076
3月31日	176	95,701	22,087
3月25日	24	12,108	6,180

（※1）支払件数・支払金額の合計額には，簡易生命保険契約が含まれている。
（※2）災害死亡保険金とは，保険期間中に不慮の事故等を直接の原因として死亡した場合に，死亡保険金（普通死亡保険金）に上乗せして支払われるものである。
　一般的に災害関係特約については，約款上，地震等による災害関係保険金・給付金を削減したり支払わない場合がある旨規定されているが，今回は全ての保険会社がこの免責条項を適用せず，災害関係保険金・給付金の全額を支払うことを確認している。
（※3）最終的な支払保険金等は約1,770億円を見込んでいる（平成23年9月末時点）。
　　　　　　　　　　　　　　　　　　　　社団法人　生命保険協会
　　　　　　　　　　　　　　　　　　　　ホームページ
　　　　　　　　　　　　　　　　　　　　（2012年1月4日現在）

○東日本大震災に係る地震保険の支払件数・金額について

（2011年12月28日現在：日本社＋外国社合計）

地区		受付件数 （注1）	調査完了件数 （注2）	支払件数	支払保険金 （千円）
北海道		1,241	1,231	729	743,020
東北	青森	8,518	8,445	7,313	4,798,247
	岩手	30,385	30,144	26,774	57,453,240
	宮城	278,448	274,861	257,041	552,102,394
	秋田	2,137	2,097	1,793	1,006,776
	山形	3,512	3,459	2,930	2,354,124
	福島	82,617	81,547	75,753	153,885,013
	小計	403,617	400,553	371,604	771,599,793
関東・甲信越・静岡	茨城	115,280	114,547	104,261	150,511,618
	栃木	43,419	42,973	36,730	41,706,406
	群馬	9,785	9,703	8,169	6,884,578
	埼玉	43,463	42,780	33,346	25,623,869
	千葉	95,249	93,819	79,958	102,274,644
	東京	108,120	105,760	82,412	78,759,687

	神奈川	24,320	23,723	17,627	15,149,095
	新　潟	1,771	1,758	1,291	982,640
	山　梨	2,471	2,397	1,996	1,406,458
	長　野	347	339	239	277,951
	静　岡	3,206	3,116	2,492	1,825,016
	小　計	447,431	440,915	368,521	425,401,961
その他府県		739	721	315	295,338
合　計		853,028	843,420	741,169	1,198,040,112

(注1)「受付件数」には，事故に関する調査の依頼のほか，地震保険の補償内容・契約内容に関する相談・問い合わせなども含まれている。

(注2)「調査完了件数」には，調査が完了して実際に保険金を支払った件数のほか，保険金の支払いの対象とならなかった事案や相談・問い合わせなどを受け付けた段階で解決した事案などの件数も含まれている。

(参考) 過去の大きな地震による地震保険金一覧（支払額順）

	地　震　名	発生年月日	支払保険金 （単位：億円）
1	兵庫県南部地震（阪神・淡路大震災）	1995/1/17	783
2	平成13年芸予地震	2001/3/24	169
3	福岡県西方沖を震源とする地震	2005/3/20	169
4	平成16年新潟県中越地震	2004/10/23	149
5	平成19年新潟県中越沖地震	2007/7/16	82
6	福岡県西方沖を震源とする地震	2005/4/20	64
7	十勝沖地震	2003/9/26	60
8	平成20年岩手・宮城内陸地震	2008/6/14	55
9	駿河湾を震源とする地震	2009/8/11	49
10	岩手県沿岸北部を震源とする地震	2008/7/24	40

※「平成13年芸予地震（2001/3/24）」の支払保険金は，16,940百万円。
　「福岡県西方沖を震源とする地震（2005/3/20）」は，16,921百万円。
※日本地震再保険株式会社調べ（2010年3月31日現在）

社団法人　日本損害保険協会
ホームページ

目　　次

はじめに

1　生命保険

(1) 生命保険の種類 …………………………………………………… 1
　① 　定期保険 ……………………………………………………… 2
　　ⅰ 　一般の定期保険 …………………………………………… 2
　　ⅱ 　長期平準定期保険 ………………………………………… 3
　　ⅲ 　逓増定期保険 ……………………………………………… 4
　　ⅳ 　逓減定期保険 ……………………………………………… 4
　② 　団体保険 ……………………………………………………… 5
　③ 　養老保険 ……………………………………………………… 6
　④ 　定期付養老保険 ……………………………………………… 6
　⑤ 　終身保険 ……………………………………………………… 7
　⑥ 　定期付終身保険 ……………………………………………… 7
　⑦ 　がん保険・医療保険 ………………………………………… 8
　⑧ 　変額保険 ……………………………………………………… 9
　⑨ 　個人年金保険 ………………………………………………… 10

(2) 各種保険の税務上の取扱い …………………………………… 10
　① 　定期保険 ……………………………………………………… 10
　　ⅰ 　一般の定期保険 …………………………………………… 10
　　ⅱ 　長期平準定期保険 ………………………………………… 21
　　ⅲ 　逓増定期保険 ……………………………………………… 24
　　ⅳ 　逓減定期保険 ……………………………………………… 31
　② 　団体保険 ……………………………………………………… 31
　③ 　養老保険 ……………………………………………………… 36
　④ 　定期付養老保険 ……………………………………………… 49
　⑤ 　終身保険 ……………………………………………………… 51

⑥　定期付終身保険 ································· 55
　　　⑦　がん保険・医療保険 ····························· 58
　　　⑧　変額保険 ··· 60
　　　⑨　個人年金保険 ···································· 61
　　　⑩　契約変更等 ······································ 72
　　　　❶　払済保険への変更 ····························· 72
　　　　❷　保険契約の転換 ································ 73
　　　　❸　契約者変更 ···································· 75
　　　　❹　契約者貸付 ···································· 77
　　　　❺　自動振替貸付制度 ····························· 78
　　　　❻　減額 ·· 79
　　　　❼　復活 ·· 80
　　　　❽　延長保険 ······································ 80

　　　　　　　　　　　　　　　　　　（執筆担当：野中孝男）

2　損害保険

　（1）概要 ··· 83
　　　①　火災保険 ··· 83
　　　②　傷害保険 ··· 85
　　　③　長期傷害保険 ···································· 86
　　　④　自動車保険 ······································ 87
　　　⑤　自賠責保険 ······································ 88
　　　⑥　介護費用保険 ···································· 89
　　　⑦　役員賠償責任保険（D&O 保険） ················ 89
　　　⑧　PL 保険（生産物賠償責任保険） ················ 90
　　　⑨　所得補償保険 ···································· 91
　　　⑩　ゴルファー保険 ································· 91
　（2）各種損害保険の税務上の取扱い ····················· 92
　　　①　火災保険 ··· 92

② 傷害保険 ··· 100
　　③ 長期傷害保険 ··· 107
　　④ 自動車保険 ·· 111
　　⑤ 自賠責保険 ·· 118
　　⑥ 介護費用保険 ··· 119
　　⑦ 役員賠償責任保険（D&O保険） ································ 124
　　⑧ PL保険（生産物賠償責任保険） ·································· 126
　　⑨ 所得補償保険 ··· 128
　　⑩ ゴルファー保険 ··· 130

　　　　　　　　（執筆担当：北村文美子①②③⑦⑧⑨⑩・白濱孝子④⑤⑥）

3　確定拠出年金（日本版401K）の税務上の取扱い

　(1) 概要 ··· 131
　(2) 税務上の取扱い ··· 134

　　　　　　　　　　　　　　　　　　　　　　（執筆担当：野中孝男）

4　各種保険の活用方法
　　～節税メリットと課税リスク

　(1) 役員退職金・従業員退職金の資金準備 ······························ 141
　(2) 従業員の福利厚生対策 ·· 153
　(3) 事業承継・相続対策 ··· 158
　(4) 事業保障対策 ·· 164
　(5) 自社株買取資金の準備 ·· 169
　(6) 節税による内部留保強化対策 ··· 180
　(7) 資金繰り対策 ·· 183
　(8) 法的リスクに対する保険の活用 ·· 187

　　　　　　　　　　　　　　　　　　　　　　（執筆担当：野中孝男）

参考資料 ·· 191

1 生命保険

(1) 生命保険の種類

生命保険の基本類型は、次のような3種類の保険に分けられます。

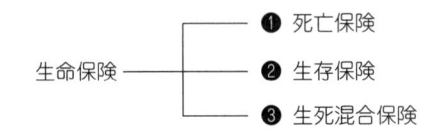

```
                  ┌─ ❶ 死亡保険
生命保険 ─────────┼─ ❷ 生存保険
                  └─ ❸ 生死混合保険
```

❶ 死亡保険

死亡保険は、被保険者が死亡したときに保険金が支払われ、被保険者の遺族への保障を目的とした保険で、一定の期間に限って保障される有期（一定期間）のものと終身があり、定期保険、終身保険、定期付終身保険等があります。

❷ 生存保険

生存保険は、被保険者が一定期間経過後、つまり、満期時に生存している場合に保険金が支払われ、本人の老後の保障を目的とし、年金は有期（定期）と終身があり、個人年金保険、こども保険等があげられます。

❸ 生死混合保険

生死混合保険は死亡保険と生存保険を組み合わせたもので、死亡時の保障と満期時の保障も目的とし、養老保険、定期付養老保険等があります。

以下、具体的な生命保険商品及び内容について説明します。

① 定期保険

ⅰ 一般の定期保険（ⅱ，ⅲに該当するものを除きます）

　定期保険は，掛捨て保険といわれ，一定の期間に死亡した場合に限って死亡保険金が支払われる死亡保険です。つまり，原則として契約している保険期間までの間に生存していた場合には当然死亡保険金は支払われませんし，払い込んだ保険料も戻りません。

　生命保険料は，将来の保険金の支払いの財源となる純保険料と保険事業を維持・管理するための付加保険料で構成され，さらに，純保険料は死亡保険料と生存保険料に分けられます。

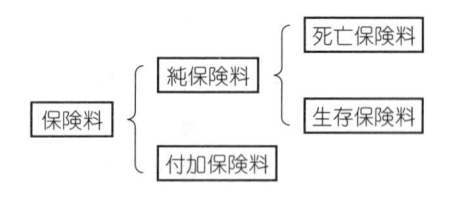

```
                  ┌ 純保険料 ┌ 死亡保険料
         保険料 ┤          └ 生存保険料
                  └ 付加保険料
```

　純保険料は性別や年齢ごとに定められた死亡率である予定死亡率と積立金の予定運用利率である予定利率を基礎として計算し，また，付加保険料は保険事業の維持，管理などに必要な経費の割合である予定事業費率を基礎として計算されます。

　定期保険は純保険料のうち，危険保険料ともいわれる死亡保険料と付加保険料で成り立っていて，後述する養老保険とは異なり，一部の長期のものを除き，解約返戻金がなく，資産性はないことから老後の生活保障などの貯蓄目的には適さない商品で，遺族の生活保障を目的とする保険です。

　また，定期保険は契約期間が満了となった時に，一定の条件を満たせば契約を更に更新することもできますが，一般にその時点では被保険者も高齢となっていることから，支払う保険料も高額となります。

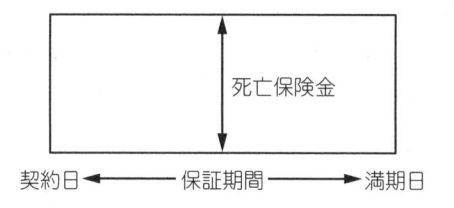

1 生命保険

```
        ┌─────────────┐
        │      ↑      │
        │   死亡保険金  │
        │      ↓      │
        └─────────────┘
      契約日 ←─保証期間─→ 満期日
```

ⅱ　長期平準定期保険

　定期保険は，満期保険金のない生命保険ですが，保険料が平準化されているため，保険期間の前半において支払う保険料の中に前払保険料が含まれています。

　特に保険期間が長期にわたる定期保険や，保険期間中に保険金額が逓増する定期保険は，その保険の保険期間の前半において，支払う保険料の中に相当多額の前払保険料が含まれています。このため，中途解約すると相当多額の解約返戻金が支払われることとなります。

　このような定期保険について，税務での取扱いにおいては，その保険期間満了の時における被保険者の年齢が70歳を超え，かつ，その保険に加入した時における被保険者の年齢に，保険期間の2倍に相当する数を加えた数が105を超えるものを一般の定期保険と区別して，次のⅲに掲げる**逓増定期保険**に該当するものを除き長期平準定期保険として，特別な取扱いをしています。

　なお，「保険に加入した時における被保険者の年齢」とは，保険契約証書に記載されている契約年齢をいい，「保険期間満了の時における被保険者の年齢」とは，契約年齢に保険期間の年数を加えた数に相当する年齢をいいます。

　つまり，長期平準定期保険は，中途解約により相当の額の解約返戻金が生じることから，税務上は，一般の定期保険とは区別して取り扱われています。

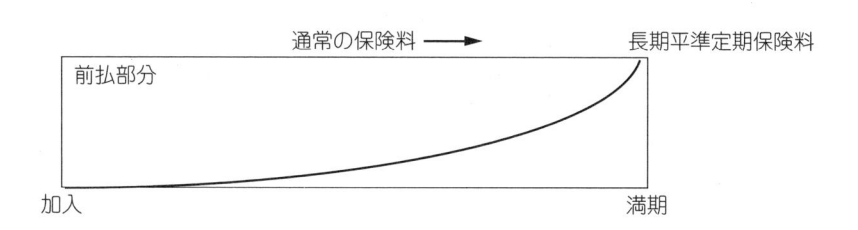

```
              通常の保険料 →          長期平準定期保険料
    ┌────────────────────────────────────┐
    │ 前払部分                          ／│
    │                              ___／ │
    │                        ___／      │
    │               _____／            │
    │_____                    │
    └────────────────────────────────────┘
     加入                              満期
```

iii 逓増定期保険

　逓増定期保険とは，保険期間の経過とともに保険金額が逓増する定期保険ですが，各年の支払保険料が平準化されていて，長期平準定期保険と同様に保険期間の前半に相当多額の前払保険料が含まれていることから，税務での取扱いは保険期間の経過により保険金額が5倍までの範囲で増加する定期保険のうち，その保険期間満了の時における被保険者の年齢が45歳を超えるものをいい，特別な取扱いをしています。

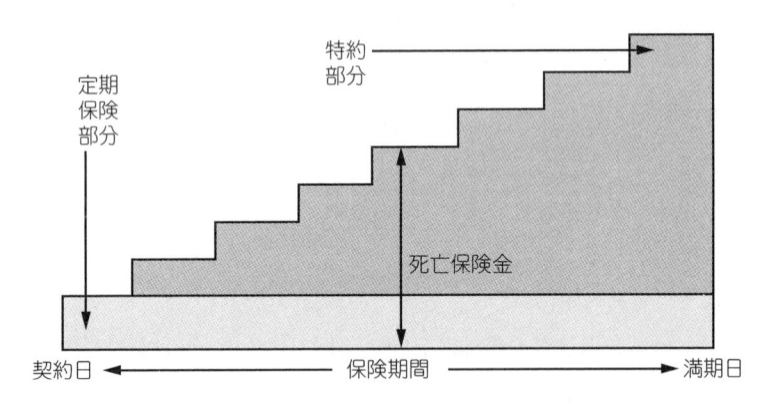

iv 逓減定期保険

　逓減定期保険とは，逓増定期保険とは逆に，保険期間の経過とともに保険金額が逓減する定期保険で，各年の支払う保険料が平準化しており，税務上は上記の一般の定期保険や長期平準定期保険に準じて取り扱われ，住宅ローンの債務保証に際し加入する生命保険や子供の養育費が必要となる時期に保障額を厚くする保険が該当します。

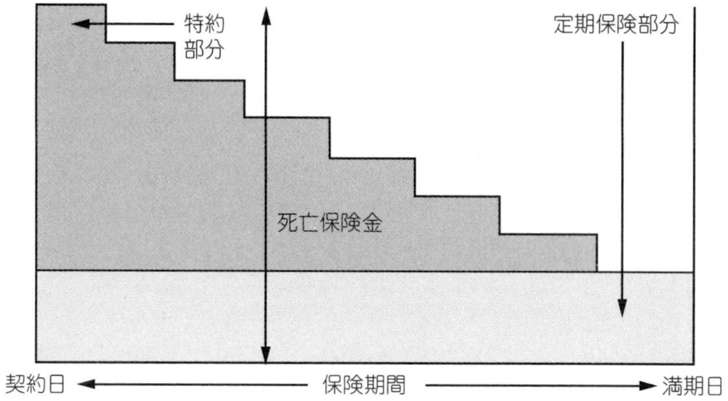
特約
部分
定期保険部分
死亡保険金
契約日
保険期間
満期日

②　団体保険

団体保険とは，企業等の団体を保険契約者，その従業員等や団体の構成員を被保険者とするものです。つまり，団体保険契約に基づき，単一契約で多数の被保険者を保障することができる生命保険契約です。この団体保険は個人保険と違い，一括契約性，団体選択，一括大量事務処理等の特徴があり，次のようなものがあります。

イ　団体定期保険

団体定期保険とは，団体選択が可能な団体の所属員等のうち，一定の資格を有する者を被保険者とし，団体又は被保険者が保険団体の代表者を保険契約者とする保険期間１年の定期保険をいいます。

ロ　総合福祉団体定期保険

従業員が死亡（高度障害状態）した時に企業等が弔慰金・死亡退職金規程等に基づき支給する金額の全部又は一部に相当する金額を支払うために，その財源を確保することを主な目的とする団体定期保険です。

ハ　団体信用生命保険

住宅ローン等の債務者である被保険者の死亡等に際し，支払われる保険金により，債務者に対する信用供与機関等の債権の回収を確実に行うとともに，債務者とその家族の生活の安定を図ることを目的とした商品です。

ニ　医療保障保険

医療保障保険とは，公的医療保険を補完する民間医療保険の必要性が増大したことから開発された商品で，団体を保険契約者，団体の所属員を被保険者とした１年定期の医療保険です。
ホ　団体就業不能保障保険
団体就業不能保障保険とは，団体を保険契約者，団体の所属員を被保険者とし，団体の休業補償制度の財源を確保するための１年定期の団体保険です。

③　養老保険

養老保険は生死混合保険の代表的なものであり，死亡保険と生存保険を同額ずつ組み合わせ，保険期間と保険金額を同一とした保険です。

つまり，被保険者が保険期間中に死亡したときには死亡保険金が，被保険者が保険期間満了時に生存しているときには満期保険金が支払われますので，保険期間中に解約返戻金を期待することもできることから，緊急資金の確保もできるとともに，家族の生活保障や老後の生活資金の確保等も可能とする保険です。

養老保険は，保険料の払込みにより貯蓄部分が増加し，満期時には満期保険金と同額となることから，貯蓄と保障がそれぞれ逓増減することとなります。

この保険料は，死亡保険料（危険保険料），生存保険料（積立保険料）及び付加保険料から成り立っています。

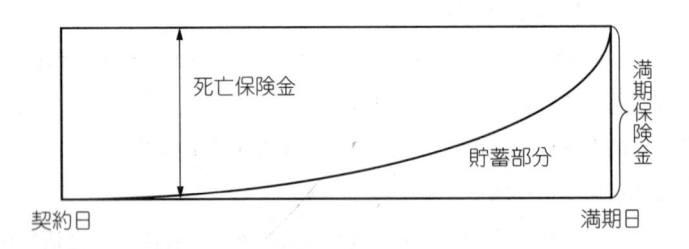

④　定期付養老保険

定期付養老保険は，養老保険を主契約とし，定期保険を付加した保険です。つまり，養老保険の貯蓄と定期保険の死亡保障という２つの長所の両面をもっ

ています。この保険金額はそれぞれの範囲内で自由に組み合わせることができる特徴があります。

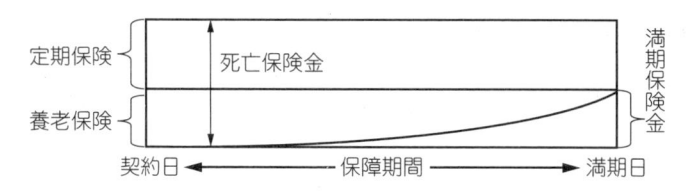

⑤ 終身保険

　終身保険は，被保険者の一生涯を通じて保険期間が継続し，被保険者が死亡した場合等に死亡保険金が支払われる保険です。
　つまり，この保険は定期保険のような掛捨てではなく，また，保障期間も終了しないことから，貯蓄性もあり，死亡保障，老後の生活資金や保険期間中の緊急資金の準備にも適しています。

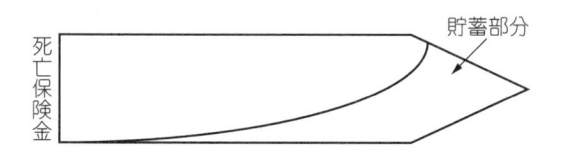

⑥ 定期付終身保険

　定期付終身保険は，定期付養老保険の主契約が養老保険ではなく終身保険になっている商品です。つまり，主契約が終身保険であることから，主契約で一生涯の死亡保障を準備し，定期保険契約特約で保障が必要な期間中の死亡保障を上乗せすることができるものです。

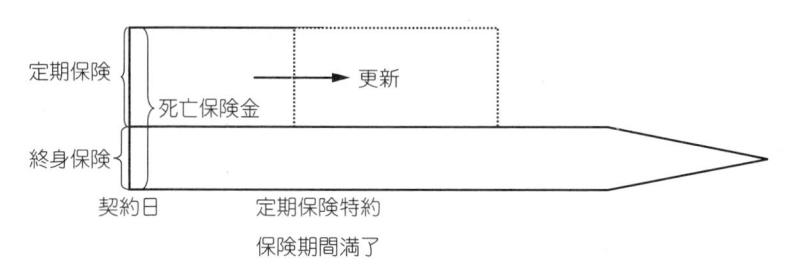

⑦ がん保険・医療保険

がん保険は医療保障を主たる目的として設計された保険で，いわゆる第三分野の保険の代表となる商品です。

いわゆる第三分野の保険契約とは，平成13年7月以後，生命保険会社と損害保険会社が ⅰ 身体の傷害又は疾病により保険金が支払われる保険契約のうち，病院又は診療所に入院して医療費を支払ったこと等に基因して保険金が支払われるもの，及び ⅱ 身体の傷害に基因して保険金が支払われる保険契約について相互に参入できるようになったものをいいます。

「いわゆる第三分野の保険契約に係る生命保険料控除等に関する質疑応答事例について（情報）」

分　野	第一分野	第三分野	第二分野
販売会社	生命保険会社のみ	生命保険会社及び損害保険会社	損害保険会社のみ
保険内容	人の生存又は死亡に関し，一定額の保険金が支払われるもの	疾病又は傷害等の一定の事由に関し，一定額の保険金を支払うこと又はこれらによって生ずる損害をてん補することを約するもの	一定の偶然の事故によって生ずる損害をてん補することを約するもの
具体例	定期保険，終身保険，養老保険等	医療保険，介護保険，医療費用保険，介護費用保険，傷害保険等	火災保険，地震保険，賠償責任保険等

（出典：審理室情報第1号　国税庁審理室）

医療保険では，病気やけがで入院した時や一定の手術を受けた時に給付金が受け取れ，更に死亡した時に死亡保険金が受け取れるものもありますが，その金額は低額となっています。

これに対し，がん保険はがんという病気を重点的に保障するもので，がんによる入院と一定の手術及びがんによる死亡により保険金が支払われ，原則として，がん以外の死亡の場合には死亡保険金が支払われないことが多く，その代わりに，がん保険は，入院給付金が厚く設定されています。

また，保障対象ががんに限定されているため，一般の医療保険に比べ保険料は低額となっています。

⑧ 変額保険

　生命保険の種類を保険金額の変動による分類をすると，定額保険と変額保険に区分することができます。

　定額保険は，保険金額が保険期間中，一定の金額で固定されています。これには，定期保険，終身保険，養老保険等が該当します。

　これに対し，変額保険は終身保険や養老保険の保険料の積立部分の資金について，株式や債券を中心に資産運用し，その運用実績によって保険金や解約返戻金が，増減する保険で，その投資リスクは契約者が負うこととなります。

有期型
満期時に満期保険金が基本保険金を上回った場合

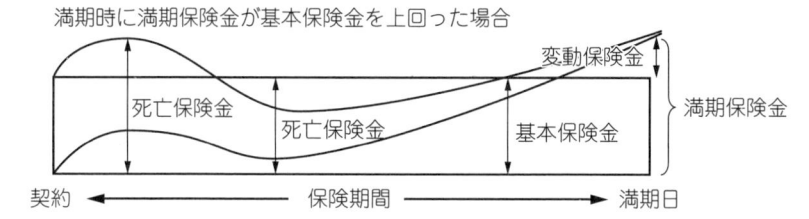

満期時に満期保険金が基本保険金を下回った場合

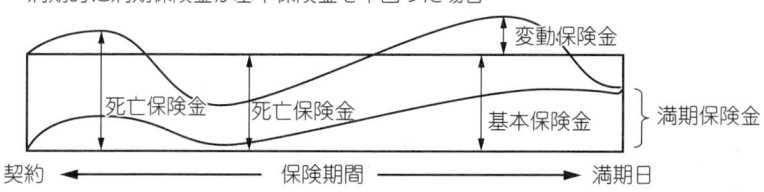

（出典：生命保険文化センター「生命保険の契約にあたっての手引」）

　変額保険には，有期型と終身型がありますが，有期型では満期日に満期保険金を受け取れますが，その金額は資産の運用実績により変動し，満期保険金及び解約返戻金についても最低保証はありません。

　したがって，変額保険は死亡した場合には基本保険金に変動保険金が加算されて受け取れます。基本保険金額は運用実績にかかわらず最低保証されることとなります。

⑨ 個人年金保険

　個人年金保険は，運用・年金・保険の３つの機能がセットになった保険商品で，生存保険の満期保険金を年金払いとしたもので，年金開始日前に被保険者が死亡したときには，死亡給付金が支払われます。

　年金については，契約時に定めた年齢から年金を受け取れますが，年金を受け取る期間等によって，「保証期間付終身年金」や「確定年金」などの種類があります。

　「保証期間付終身年金」は，保証期間中は生死にかかわらず年金を受け取ることができ，その後は被保険者が生存している限り終身にわたり年金を受け取ることができます。

　これに対し，「確定年金」は，生死に関係なく契約時に定められた一定期間にわたり，年金を受け取ることができます。

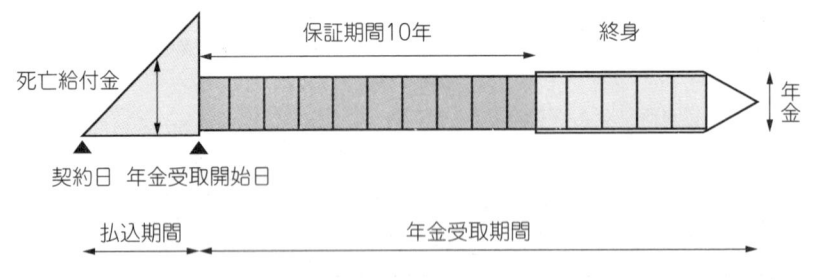

（出典：生命保険文化センター「生命保険の契約にあたっての手引」）

(2) 各種保険の税務上の取扱い

① 定期保険

ⅰ　一般の定期保険

イ　支払保険料の取扱い

　定期保険は，被保険者が保険期間中に死亡又は高度障害となったときに保険金が支払われるもので，保険期間が定めてある生命保険です。

　法人税では，一般の定期保険について，法人が自己を契約者とし，役員又は

使用人（これらの者の親族を含みます）を被保険者とする定期保険（傷害特約等の特約が付されているものを含みます）に加入して，その保険料（傷害特約等の特約に係る保険料の額を除かれます）を支払った場合には，掛捨て保険であることから，その支払保険料は次のように取り扱うこととなっています（法基通9-3-5）。

 i 死亡保険金の受取人がその法人である場合には，その支払った保険料の額は期間の経過に応じて損金の額に算入されます。

 ii 死亡保険金の受取人が被保険者の遺族である場合には，その支払った保険料の額は，期間の経過に応じて損金の額に算入されます。

　ただし，役員又は部課長その他特定の使用人（これらの者の親族を含む）のみを被保険者としている場合には，その保険料の額は，その役員又は使用人に対する給与とされます（※一般的に，このような加入方法を差別的加入といい，それ以外の全員加入を普遍的加入といいます）。

（設例）定期保険の保険料 500,000 円（傷害特約保険料 30,000 円を含みます）を支払いました。

❶ 死亡保険金の受取人が法人又は被保険者の遺族の場合

借　　　方	金　　額	貸　　　方	金　　額
支 払 保 険 料	500,000 円	現 金 預 金	500,000 円

❷ 死亡保険金の受取人が特定の役員又は従業員の遺族の場合

借　　　方	金　　額	貸　　　方	金　　額
給　　　　与	500,000 円	現 金 預 金	500,000 円

なお，法人が，自己を契約者とし，役員又は使用人（これらの者の親族を含む）を被保険者とする傷害特約等の特約を付した定期保険や次で説明する養老保険又は定期付養老保険に加入し，その特約に係る保険料を支払った場合には，その支払った保険料の額は，期間の経過に応じて損金の額に算入することができます。

　ただし，役員又は部課長その他特定の使用人（これらの者の親族を含みます）のみを傷害特約等に係る給付金の受取人としている場合には，その保険料の額

は、その役員又は使用人に対する給与とされます（法基通9-3-6の2）。

ロ **配当金の経理処理**

契約者配当金は、原則として、その配当通知日の属する事業年度の益金の額に算入することとされています。

生命保険契約に係る契約者配当の財源は、利差益、死差益及び費差益の3つの財源から成ります。

利差益とは保険料の設計上の予定利率と実際の運用利率との差から生ずる剰余金をいい、死差益とは予定死亡率と実際死亡率との差から生ずる剰余金をいい、また、費差益とは予定費用率と実際費用率の差から生ずる剰余金をいいます。

生命保険契約に係る契約者配当は、3つの財源のうち利差益が主たるもので、死差益及び費差益は一種の保険料の割戻しとみられ、利差益は保険料の運用益といわれています。

契約者配当金は、原則として、その支払いの通知を受けた日の属する事業年度の益金の額に算入することとなりますが、③で説明する養老保険のように支払保険料の全額を資産に計上することとされている場合には、契約者配当金を保険金などの資産計上額から控除することも認められています（法基通9-3-8）。

この契約者配当金についてのその受取方法により、次の4つの経理方法がありますので、その処理方法も次のように4つに区分されます。

(設例) ①契約者配当金10,000円の通知を受けました（役員又は従業員を被保険者、法人を保険金受取人とする場合）。

　ⅰ　現金配当

配当金を現金で受け取る方法です。

借　　方	金　　額	貸　　方	金　　額
現　金　預　金	10,000円	雑　　収　　入	10,000円

　ⅱ　積立配当

積立配当とは、一定の利息を付けて、保険会社が配当金を預り、積み立てていく方法で、保険金や解約返戻金を受領する際に一緒に受け取る方法

です。

借　　方	金　　額	貸　　方	金　　額
配当積立金	10,000 円	雑　収　入	10,000 円

ⅲ　買増配当

買増配当とは，配当金を一時払い保険料に充当し，その金額で買える保険を毎年買い増す方法です。

借　　方	金　　額	貸　　方	金　　額
支払保険料	10,000 円	雑　収　入	10,000 円

ⅳ　相殺配当（支払保険料 500,000 円の場合）

相殺配当とは，払込保険料と配当金とを相殺する方法です。

借　　方	金　　額	貸　　方	金　　額
支払保険料	500,000 円	現　金　預　金 雑　収　入	490,000 円 10,000 円

（設例）②契約者配当金 10,000 円の通知を受けました（特定の役員又は従業員を被保険者，その遺族を保険金受取人とする場合）。

ⅰ　現金配当

借　　方	金　　額	貸　　方	金　　額
現　金　預　金	10,000 円	雑　収　入	10,000 円

ⅱ　積立配当

借　　方	金　　額	貸　　方	金　　額
配当積立金	10,000 円	雑　収　入	10,000 円

ⅲ　買増配当

借　　方	金　　額	貸　　方	金　　額
給　　　与	10,000 円	雑　収　入	10,000 円

ⅳ　相殺配当（支払保険料 500,000 円の場合）

借　　方	金　　額	貸　　方	金　　額
給　　　与	500,000 円	現　金　預　金 雑　収　入	490,000 円 10,000 円

ハ 保険金受領時

　一般の定期保険で，保険金を受領した場合には，次のように処理します。

（設例）次のような内容で，死亡保険金等を受け取りました。

　ⅰ　死亡保険金の受取人が法人の場合（配当積立金があるケース）

・死亡保険金　　　　　　　20,000,000 円
・契約者配当金累計額　　　　　150,000 円

借　　方	金　　額	貸　　方	金　　額
現 金 預 金	20,150,000 円	配 当 積 立 金 雑　　収　　入	150,000 円 20,000,000 円

　ⅱ　死亡保険金の受取人が法人の場合（配当積立金がないケースで，契約者配当金 150,000 円は受領済み）

借　　方	金　　額	貸　　方	金　　額
現 金 預 金	20,000,000 円	雑　　収　　入	20,000,000 円

　ⅲ　死亡保険金の受取人が従業員の遺族の場合（配当積立金があるケース）

借　　方	金　　額	貸　　方	金　　額
雑　　損　　失	150,000 円	配 当 積 立 金	150,000 円

　ⅳ　死亡保険金の受取人が役員又は従業員の遺族の場合（配当積立金がないケース）

　保険料支払時に，全額給与又は支払保険料として損金に算入されており，保険金受取時に行う経理処理はありません。

ニ 解約返戻金受取時

（設例）一般の定期保険を途中解約したところ，次のような解約返戻金等がありました。

・解約返戻金　　　　　　　　850,000 円
・契約者配当金積立金　　　　 50,000 円

（配当積立金があるケース）

借　　方	金　　額	貸　　方	金　　額
現 金 預 金	900,000 円	配 当 積 立 金 雑　収　入	50,000 円 850,000 円

（配当積立金がないケースで，契約者配当金 50,000 円受領済みの場合）

借　　方	金　　額	貸　　方	金　　額
現 金 預 金	850,000 円	雑　収　入	850,000 円

ホ　特約給付金受取時

　特約給付金の受取人が従業員の場合，特約の保険料はその支払時に支払保険料又は給与として処理されているため法人としての処理は不要ですが，受取人が法人の場合には，次のような処理が必要となります。

（設例）受取人が法人の場合で，特約給付金 200,000 円を受け取りました。

借　　方	金　　額	貸　　方	金　　額
現 金 預 金	200,000 円	雑　収　入	200,000 円

■**定期保険に係る保険料税務処理一覧表**

（法人：契約者　　被保険者：役員又は従業員）

死亡保険金の受取人	主契約保険料	特約保険料	契約者配当
法　　人	損金算入	損金算入。ただし役員等のみを特約給付金の受取人とする場合には給与。	益金算入
従業員の遺族	損金算入。ただし，役員等のみを被保険者とする場合には給与。		

（法基通 9-3-5，9-3-6 の 2，9-3-8）

Q1 差別的加入と普遍的加入

法人税基本通達 9-3-5 のただし書において,「役員又は部課長その他特定の使用人（これらの者の親族を含む。）のみを被保険者としている場合には給与とする。」とされていますが，これはどのようなことを意味していますか。

A 定期保険の税務上の原則的な取扱いを受けるためには，従業員を普遍的に被保険者として加入させることを要件としています。つまり，差別的でないことが必須の条件となっています。

例えば，男性だけの保険加入とすると差別的となりますが，××歳以上の者とか勤続××年以上というような条件を付け，また，これに保険金額に差をつけることは可能です。

このように保険金額に格差が設けられている場合であっても，それが職種，年齢，勤続年数等に応ずる合理的な基準により普遍的に設けられた格差であるときは，税務上問題は生じないこととなっています。

Q2 小規模な同族会社の定期保険の保険料

当社は中小企業で，役員及び使用人の数の大部分が同族関係者ですが，その支払った定期保険の保険料は給与とされますか。

A 役員又は使用人の数の大部分が同族関係者である法人について，受取人を被保険者又はその遺族とする定期保険に加入した場合には，例え，その役員又は使用人の全部を対象とした定期保険に加入する場合であっても，その支払う保険料の額のうち同族関係者である役員又は使用人に係る部分については，これらの者に対する給与として取り扱われます（所基通36-31

(注) 2 (2))。

Q3 解約返戻金のある定期保険の保険料

定期保険は定められた保険期間に被保険者が死亡した時に限り保険金が支払われる生命保険であり、解約返戻金はないものと思っていましたが、今回、保険期間の中途で解約することとなり、若干の解約返戻金が戻ることとなりました。

今まで、支払った保険料は、期間の経過に応じて損金として経理処理してきましたが、問題はありませんか。

A 定期保険でも、保険期間の中途で解約すると、若干の解約返戻金が戻ることがありますが、現在の税務の取扱いでは、解約返戻金の有無にかかわらず、次で述べる長期平準定期保険や逓増定期保険に該当しない定期保険の保険料は期間の経過に応じて損金の額に算入されます。

Q4 下請会社の役員及び従業員を被保険者とする定期保険の保険料

当社は建築業を営んでおりますが、常時従事する下請会社の役員及び従業員を被保険者とした定期保険に加入しようと思います。これらの者に係る保険料を当社の損金として取り扱って構わないでしょうか。

A 法人税基本通達では定期保険の被保険者として「役員又は使用人（これらの者の親族を含む。）」となっており、下請会社の役員及び従業員までを対象に加入すること想定していません。

ところで、このQでは、常時従事する下請会社や特約店等の役員及び従業員を対象にした定期保険の保険料を負担することを考えているようです。

このような場合，その保険の加入がその下請会社や特約店等の役員・従業員を普遍的に加入させている場合の保険料について，損金の額に算入することは，税務上，問題がないこととなっています。

Q5 無給の非常勤役員を被保険者とする定期保険の保険料

当社の無給の非常勤の役員に対し，定期保険の被保険者として加入することは可能でしょうか。

A 非常勤の役員に対して無給としているにはいろいろな理由があると思われますが，そのような無給としている非常勤役員を被保険者とする定期保険に加入する場合には，相応の理由が求められます。

税務上でも保険会社の加入契約の段階でも，保険加入の必要性の是非が問われますので，十分な検討が必要であると思われます。

Q6 役員及び従業員の家族を被保険者とする定期保険の保険料

当社は従前より，会社契約の役員及び従業員を被保険者，保険金受取人を当社とする定期保険に加入していますが，今回，役員及び従業員の家族も被保険者とする定期保険に加入したいと思いますが，問題はありませんか。

A 法人税基本通達9-3-5では，「法人が，自己を契約者とし，役員又は使用人（これらの者の親族を含む。）を被保険者とする定期保険に加入してその保険料を支払った場合には」となっており，役員又は使用人の親族も加入させるケースも予定されています。

通常，法人の事業の遂行上，役員又は使用人のすべての家族を定期保険の被

保険者とする必要性はないと考えます。ただし、現実に加入することの必要性があり、保険料を支払うこととなれば、そのことを証明等できる具体的な証拠書類等を残しておく必要があります。

なお、役員又は使用人の全部又は大部分が同族関係者である法人については、その役員又は使用人の全部の家族を含めて、受取人を被保険者又はその遺族とする定期保険に加入する場合には、その支払う保険料の額のうち同族関係者である役員又は使用人に係る部分については、これらの者に対する給与として取り扱われます。

Q7 受取保険金の益金に算入すべき時期

受取保険金について、益金に算入すべき時期はいつとすべきでしょうか。

A 死亡保険金の収益に計上すべき時期としては、次の4つが考えられます。

ⅰ 被保険者の死亡日（又は、その事実を知った日）
ⅱ 保険会社に死亡を通知した日（保険金を請求した日）
ⅲ 保険会社から支払通知を受けた日
ⅳ 保険金の支払いを受けた日

一般的には、ⅰの保険事故が発生した日（死亡日）の属する事業年度の益金の額に算入すると考えるのではないでしょうか。

しかし、被保険者の死亡は、保険金が支払われる要件の1つであり、被保険者死亡の通知を保険会社にして、その後の生命保険会社の審査により支給が確定することから、ⅲの支払通知を受けた日に収益計上するのが妥当であると考えます。

なお、法人の代表者が死亡した場合には、当然、先に代表者を選任する手続きを行い、役員変更の登記をしたあとでなければ、保険会社に保険金の請求もできません。この手続きが遅れれば請求自体が遅れ、その結果、保険会社から

の支払通知も遅れることから，受取保険金の計上時期も遅くなることとなります。

　この結果，被保険者の死亡時が事業年度末に近い場合には，ⅰの被保険者の死亡日の属する事業年度と，ⅲの支払通知を受けた日の属する事業年度が相違することもあると思われます。

　つまり，この代表者変更手続きを意識的に遅らせるなどにより収益計上時期を延ばすような租税回避行為がなければ，保険会社からの支払通知を受けた日に計上すればよいことになると思われますが，このようなケースの場合には所轄税務署に事前に相談する必要があると思います。

　なお，満期保険金については，「支払いを受けるべき事実が生じた日」，つまり，保険期間満了の日の翌日が収益計上時期となります。

　また，解約返戻金については保険会社からの「通知があった日」に収益計上すべきと考えます。

Q8　無解約返戻金型定期保険の取扱い

契約者及び受取人を会社，被保険者を社長とした無解約返戻金型定期保険については，税務上どのような取扱いが行われますか。

A　解約返戻金のない定期保険（無解約返戻金型定期保険）でも，加入年齢によっては，次のⅱで説明する長期平準定期保険の要件に該当する場合がありますが，この無解約返戻金型定期保険は，掛捨てで，契約失効，契約解除，解約，保険金の減額及び保険期間の変更等があっても，一切解約返戻金等の支払はないものとなっています。

　このような無解約返戻型定期保険については，長期平準定期保険の取扱いを適用せず，定期保険の一般的な取扱い（法基通9-3-5）に従って，その支払った保険料の額は，期間の経過に応じて損金の額に算入します（国税庁「解約返戻金のない定期保険の取扱い」）。

ii 長期平準定期保険

　保険期間満了時の被保険者の年齢が高齢であり，特にその保険期間が長期である定期保険について，法人が契約者となるとともに死亡保険金の受取人になり，被保険者を役員及び従業員とするような場合には，支払保険料の全額が損金に算入することができることとなります。

　そこで，税務ではこの制度を利用した過度の節税策に歯止めをかけるため，次のような取扱いを定めています。

　法人が，自己を契約者とし，役員又は使用人（これらの者の親族を含みます）を被保険者として加入した定期保険（一定期間内における被保険者の死亡を保険事故とする生命保険をいい，障害特約等の特約の付されているものを含みます）のうち，次の長期平準定期保険に該当するものについては，保険期間の開始の時からその保険期間の60％に相当する期間については前払期間とし，支払保険料の2分の1に相当する金額は資産計上します（平8年課法2-3，平20年課法2-3により改正）。

　この場合の長期平準定期保険とは，保険期間満了の時における被保険者の年齢が70歳を超え，かつ，その保険に加入した時における被保険者の年齢に保険期間の2倍に相当する数を加えた数が105を超えるものをいい，次のiiiに掲げる逓増定期保険に該当するものを除きます。

　つまり，保険期間が長期にわたる長期平準定期保険については，各年の保険料が平準化されているため，保険期間の前半において支払う保険料の中に相当多額の前払保険料が含まれていることから，特別な取扱いを定めています。

　なお，保険期間のうち前払期間を経過した後の期間には，各年の支払保険料の額を一般の定期保険の保険料の取扱いの例により損金の額に算入するとともに，資産に計上した前払金等の累積額をその期間の経過に応じ取り崩して損金の額に算入します。

　この場合の「保険に加入した時における被保険者の年齢」とは，保険契約証書に記載されている契約年齢をいい，「保険期間満了の時における被保険者の年齢」とは，契約年齢に保険期間の年数を加えた数に相当する年齢をいいます。

イ 保険料払込時

（設例）定期保険の1年間の保険料2,000,000円を支払いました。保険期間は80歳まで，被保険者を社長（50歳）とする定期保険で保険金受取人を法人とするものです。

この場合，次のようになります。

50歳+（80歳-50歳）×2＝110＞105…長期平準定期保険に該当します。

（なお，契約年齢が57歳としますと，次のようになりますので，一般の定期保険となります。57歳+（80歳-57歳）×2＝103＜105）

① 当初18年間（（80歳-50歳）×60％）の保険料払込時

次のように処理します。

借　　方	金　　額	貸　　方	金　　額
支 払 保 険 料	1,000,000円	現 金 預 金	2,000,000円
前 払 保 険 料	1,000,000円		

（注）定期保険料　2,000,000円×1/2＝1,000,000円
　　　前払保険料　2,000,000円×1/2＝1,000,000円

② 19年目から12年間の保険料払込時

借　　方	金　　額	貸　　方	金　　額
支 払 保 険 料	2,000,000円	現 金 預 金	2,000,000円
支払保険料（注）	1,500,000円	前 払 保 険 料	1,500,000円

（注）（1,000,000円×18年）×1/12＝1,500,000円

ロ 死亡・解約時

（設例）死亡保険金20,000,000円，配当積立金350,000円，前払保険料3,000,000円の場合，次のように処理します。

借　　方	金　　額	貸　　方	金　　額
現 金 預 金	20,350,000円	雑　　収　　入	17,000,000円
		前 払 保 険 料	3,000,000円
		配 当 積 立 金	350,000円

Q9 長期平準定期保険の保険料の一括払い

長期平準定期保険の保険料を一括払いしたときには，どのような処理となりますか。

A 一時払保険料については，支払時に前払金として処理し，期末に長期平準定期保険の処理をします。

（設例） 保険加入年齢60歳，保険満了期間85歳，一時払保険料が9,000,000円の場合

60歳＋（85歳－60歳）×2＝110＞105…長期平準定期保険に該当します。

ⅰ 支払時

借　方	金　額	貸　方	金　額
前　払　金	9,000,000円	現　金　預　金	9,000,000円

ⅱ 当初の15年間（（85歳－60歳）×60％）の期末時

借　方	金　額	貸　方	金　額
支払保険料	180,000円	前　払　金	180,000円

（注） 定期保険料 9,000,000円÷25年×1/2＝180,000円

ⅲ 16年目から10年間

借　方	金　額	貸　方	金　額
支払保険料（注1） 支払保険料（注2）	360,000円 270,000円	前　払　金	630,000円

（注1） 9,000,000円÷25年＝360,000円
（注2） 360,000円×15年×1/2×1/10＝270,000円

Q10 養老保険等に付された長期平準定期保険特約の取扱い

養老保険等に付された長期平準定期保険特約については、どのように取り扱われますか。

A 養老保険等に付された長期平準定期保険特約（特約の内容が長期平準定期保険等と同様のものをいいます）に係る保険料が主契約たる養老保険等に係る保険料と区分されている場合には、その特約に係る保険料についても、長期平準定期保険等の保険料と同様に取り扱われます。

Q11 長期平準定期保険等の特定の者のみを被保険者としその遺族を保険受取人とする場合の保険料

長期平準定期保険等において、特定の者を被保険者としてその遺族を保険金受取人とする保険料はどのような取扱いとなりますか。

A 法人が役員又は部課長その他特定の使用人（これらの者の親族を含みます）のみを被保険者としている場合、その遺族を保険金受取人とする長期平準定期保険等の保険料は、その役員等に対する経済的利益の供与として給与として課税されます。

iii 逓増定期保険

逓増定期保険は、満期保険金はないことから従前は定期保険通達により処理がされてきましたが、この保険は毎年の保険金額は逓増していくにもかかわらず各年の保険料は平準化されているため、保険期間の前半では、多額の前払保険料が含まれています。

そこで、この逓増定期保険は一般の定期保険とは異なることから、税務上、保険期間の経過により保険金額が5倍までの範囲で増加する定期保険のうち、

その保険期間満了の時における被保険者の年齢が45歳を超えるものを逓増定期保険といい、次のような税務処理します（平8年課法2-3, 平20年課法2-3により改正）。

　イ　保険期間満了の時における被保険者の年齢が45歳を超えるもの（ロ又はハに該当するものを除きます）については、保険期間の開始の時からその保険期間の60％に相当する期間は前払期間とし、支払保険料の2分の1に相当する金額は資産計上します。

　ロ　保険期間満了の時における被保険者の年齢が70歳を超え、かつ、その保険に加入した時における被保険者の年齢に保険期間の2倍に相当する数を加えた数が95を超えるもの（ハに該当するものを除きます）については、保険期間の開始の時からその保険期間の60％に相当する期間は前払期間とし、支払保険料の3分の2に相当する金額は資産計上します。

　ハ　保険期間満了の時における被保険者の年齢が80歳を超え、かつ、その保険に加入した時における被保険者の年齢に、保険期間の2倍に相当する数を加えた数が120を超えるものについては、保険期間の開始の時からその保険期間の60％に相当する期間は前払期間とし、支払保険料の4分の3に相当する金額は資産計上します。

これは、平成20年2月28日以後契約した逓増定期保険に対する保険料の新しい取扱いです。これをこの改正前の契約のものと比較すると次のようになります。

平成20年2月27日以前契約		平成20年2月28日以後契約	
区　　分	保険期間前半60％期間の損金算入割合	区　　分	保険期間前半60％期間の損金算入割合
①A＞60歳＆B＞90歳（②、③を除く）	1/2	①A＞45歳（②、③を除く）	1/2
②A＞70歳＆B＞105歳（③を除く）	1/3	②A＞70歳＆B＞95歳（③を除く）	1/3
③A＞80歳＆B＞120歳	1/4	③A＞80歳＆B＞120歳	1/4

（注）　A：保険期間満了時の被保険者の年齢
　　　　B：加入時の年齢に保険期間の2倍に相当する数を加えた数

なお，保険期間のうち前払期間を経過した後の期間にあっては，各年の支払保険料の額を一般の定期保険の保険料の取扱いの例により損金の額に算入するとともに，資産に計上した前払金等の累積額をその期間の経過に応じ取り崩して損金の額に算入します。

　この場合の前払期間に1年未満の端数がある場合には，その端数を切り捨てた期間を前払期間とします。

イ　保険料払込時

（設例）80歳満期

　　　　50歳契約

　　　　保険料年額　150万円　保険金受取人を法人とするものです。

　　　　50歳＋（80歳－50歳）×2＝110＞95…逓増定期保険に該当します。

① 当初18年間（（80歳－50歳）×60％）の保険料払込時

借　　方	金　　額	貸　　方	金　　額
支 払 保 険 料	500,000 円	現 金 預 金	1,500,000 円
前 払 保 険 料	1,000,000 円		

　定期保険料　1,500,000 円×1/3＝ 500,000 円

　前払保険料　1,500,000 円×2/3＝1,000,000 円

② 19年目から12年間の保険料払込時

借　　方	金　　額	貸　　方	金　　額
支 払 保 険 料	1,500,000 円	現 金 預 金	1,500,000 円
支払保険料（注）	1,500,000 円	前 払 保 険 料	1,500,000 円

（注）　（1,000,000 円×18年）×1/12＝1,500,000 円

ロ　死亡・解約時

（設例）死亡保険金 20,000,000 円，配当積立金 350,000 円，前払保険料 3,000,000 円です。

借　　方	金　　額	貸　　方	金　　額
現 金 預 金	20,350,000 円	前 払 保 険 料	3,000,000 円
		配 当 積 立 金	350,000 円
		雑　　収　　入	17,000,000 円

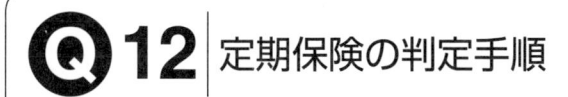

Q12 定期保険の判定手順

加入した定期保険が一般の定期保険，長期平準定期保険，逓増定期保険のいずれに該当するかについては，どのような手順でその判定を行いますか。

A 次のような手順で判定します。

≪ケース1≫

保険種類	定期保険（特約なし）
被保険者の年齢	35 歳
保険期間及び払込期間	20 年間
保険料（年払い）	295,000 円

・長期平準定期保険の要件：保険期間満了時の被保険者の年齢

　　　　　　　　　（35 歳＋20 年）＝55 歳＜70 歳　のため該当しません。

　　　　　　　このため，一般の定期保険の取扱いをします。

借　　方	金　　額	貸　　方	金　　額
支 払 保 険 料	295,000 円	現 金 預 金	295,000 円

≪ケース2≫

保険種類	定期保険（特約なし）
被保険者の年齢	42歳
保険期間及び払込期間	30年間
保険料（年払い）	540,300円

・長期平準定期保険の要件：保険期間満了時の被保険者の年齢

（42歳＋30年）＝72歳＞70歳

加入時の年齢＋保険期間×2＞105

42歳＋（30年×2）＝102＜105　のため該当しません。

このため，一般の定期保険の取扱いをします。

借　方	金　　額	貸　方	金　　額
支払保険料	540,300円	現金預金	540,300円

≪ケース3≫

保険種類	定期保険（特約なし）
被保険者の年齢	42歳
保険期間及び払込期間	40年間
保険料（年払い）	659,300円

・長期平準定期保険の要件：保険期間満了時の被保険者の年齢

（42歳＋40年）＝82歳＞70歳

加入時の年齢＋保険期間×2＞105

42歳＋（40年×2）＝122＞105　のため該当します。

このため，長期平準定期保険の取扱いをします。

(1 年目から 24 年目まで)

借　　方	金　額	貸　方	金　額
支 払 保 険 料	329,650 円	現 金 預 金	659,300 円
前 払 保 険 料	329,650 円		

※ 659,300 円×1/2＝329,650 円

(25 年目から 40 年目まで)

借　　方	金　額	貸　方	金　額
支 払 保 険 料	1,153,775 円	現 金 預 金	659,300 円
		前払保険料（※）	494,475 円

※（329,650 円×24 年）÷16 年＝494,475 円

≪ケース 4≫

保険種類	定期保険（逓増定期保険特約あり）
被保険者の年齢	42 歳
保険期間及び払込期間	30 年間
保険料（年払い）	主契約　5,260 円，特約 1,250,400 円

主契約部分

　・長期平準定期保険の要件：保険期間満了時の被保険者の年齢

　　　　　　　　　　　　　（42 歳＋30 年）＝72 歳＞70 歳

　　　　　　　　　　　　　加入時の年齢＋保険期間×2＞105

　　　　　　　　　　　　　42 歳＋(30 年×2)＝102＜105　のため該当し

　　　　　　　　　　　　　ません。

　　　　　　　　　　　　　このため，一般の定期保険の取扱いをします。

特約部分

　・逓増定期保険の要件：保険期間満了時の被保険者の年齢

　　　　　　　　　　　　（42 歳＋30 年）＝72 歳＞70 歳

　　　　　　　　　　　　加入時の年齢＋保険期間×2＞95

　　　　　　　　　　　　42 歳＋30 年×2 ＝ 102＞95　のため該当します。

　　　　　　　　　　　　このため，逓増定期保険の取扱いをします。

(1年目から18年目まで)

借　　方	金　　額	貸　　方	金　　額
支払保険料※1 前払保険料※2	422,060 円 833,600 円	現　金　預　金	1,255,660 円

※1　5,260 円＋1,250,400 円×1/3＝422,060 円
※2　1,250,400 円×2/3＝833,600 円

(19年目から30年目まで)

借　　方	金　　額	貸　　方	金　　額
支 払 保 険 料	2,506,060 円	現　金　預　金 前払保険料（※）	1,255,660 円 1,250,400 円

※　1,250,400 円×2/3×18÷12＝1,250,400 円

≪ケース5≫

保険種類	定期保険（逓増定期保険特約あり）
被保険者の年齢	46 歳
保険期間及び払込期間	30 年間
保険料（年払い）	主契約　6,980 円，特約 2,530,600 円

主契約部分

　・長期平準定期保険の要件：保険期間満了時の被保険者の年齢
　　　　　　　　　　　　　　（46 歳＋30 年）＝76 歳＞70 歳
　　　　　　　　　　　　　　加入時の年齢＋保険期間×2＞105
　　　　　　　　　　　　　　46 歳＋(30 年×2)＝106＞105　のため該当します。
　　　　　　　　　　　　　　このため，長期平準定期保険の取扱いをします。

特約部分

　・逓増定期保険の要件：保険期間満了時の被保険者の年齢
　　　　　　　　　　　　（46 歳＋30 年）＝76 歳＞70 歳
　　　　　　　　　　　　加入時の年齢＋保険期間×2＞95
　　　　　　　　　　　　46 歳＋30 年×2＝106＞95　のため該当します。

このため，逓増定期保険の取扱いをします。

（1年目から18年目まで）

借　　方	金　　額	貸　　方	金　　額
支払保険料※ 前払保険料	1,268,790円 1,268,790円	現　金　預　金	2,537,580円

※　6,980円×1/2＋2,530,600円×1/2＝1,268,790円

（19年目から30年目まで）

借　　方	金　　額	貸　　方	金　　額
支払保険料	4,440,765円	現　金　預　金 前払保険料（※）	2,537,580円 1,903,185円

※　1,268,790円×18÷12＝1,903,185円

ⅳ　逓減定期保険

Q13　逓減定期保険の保険料

逓増定期保険の逆パターンである逓減定期保険の保険料は，税務上どのように取り扱われますか。

A　逓減保険は，保険期間の経過とともに保険金額が逓減する定期保険で，途中解約した場合には解約返戻金は通常少額であり，貯蓄性も少ない商品ですが，現行の税務の取扱いでは，逓減定期保険について規定している通達はありません。

逓減定期保険については，定期保険の通達（法基通9-3-5）及び長期平準定期保険の個別通達に準じた取扱いになることと思われます。

②　団体保険

❶　総合福祉団体定期保険

従業員が死亡（高度障害状態）した時に，企業等が弔慰金・死亡退職金規程等に基づき従業員に対し支給する金額の全部又は一部に相当する金額を支払う

ために，その財源を確保することを主な目的とする団体定期保険です。この総合福祉団体定期保険に係る，従業員のために負担した保険料は，特別な場合を除き，福利厚生費として損金の額に算入できます（法基通9-3-5）。

総合福祉団体定期保険には，契約者が法人であっても，その保険料を法人が全額を負担する場合と，法人と被保険者が共同して負担する場合があります。

被保険者が一部負担する場合には，その被保険者が負担する金額は法人が預り金処理をして，法人負担額を含めて一括して法人が支払う処理をします。

イ 保険料支払時

（設例）保険料30万円（全額法人負担の場合）を支払いました。

借　　方	金　　額	貸　　方	金　　額
支 払 保 険 料	300,000 円	現 　金 　預 　金	300,000 円

ロ 配当金受領時

（設例）配当金50,000円を受領しました。

借　　方	金　　額	貸　　方	金　　額
現 　金 　預 　金	50,000 円	雑 　　収 　　入	50,000 円

ハ 死亡保険金受領時

（設例）死亡保険金10,000,000円を受領しました。

借　　方	金　　額	貸　　方	金　　額
現 　金 　預 　金	10,000,000 円	雑 　　収 　　入	10,000,000 円

ニ 遺族に死亡退職金・弔慰金を支払った時

（設例）遺族に死亡退職金9,000,000円と弔慰金1,000,000円を支払いました。

借　　方	金　　額	貸　　方	金　　額
退　　職　　金 福 利 厚 生 費	9,000,000 円 1,000,000 円	現 　金 　預 　金	10,000,000 円

❷ 団体定期保険

団体定期保険は，団体を保険契約者とする保険期間1年の死亡保険であり，その団体が保険契約者として保険料を負担し，その団体の死亡退職金・弔慰金等の財源準備を目的とした前記❶の総合福祉団体定期保険と，団体の所属員が保険料を負担し，遺族等の生活保障を目的として任意に加入するこの団体定期保険に区分されます。

❶の総合福祉団体定期保険の保険金・給付金の主契約は，被保険者が死亡した場合の死亡保険金や一定の高度障害状態となった場合に，高度障害保険金を支払うものとなっており，ヒューマン・ヴァリュー特約（従業員の死亡・高度障害に伴い企業が負担する代替雇用者の採用・育成等の諸費用を保障する特約）や災害総合保障特約（不慮の事故による入院・障害を保障する特約）が付保されていますが，被保険者への保険付保の周知徹底が要求されています。

これに対し，この団体定期保険は，被保険者が死亡した場合に死亡保険金や一定の高度障害状態となった場合に高度障害保険金を支払うことを主契約とし，災害保障特約・交通災害特約・災害割増特約・障害特約という不慮の事故を原因とした保障を提供するものをいいます。

（設例）団体定期保険料　200,000円を支払いました。

借　　方	金　　額	貸　　方	金　　額
支 払 保 険 料	200,000円	現 金 預 金	200,000円

❸ 団体信用生命保険

団体信用生命保険は，住宅の工事代金又は売買代金を融資する金融機関等は，通常，融資に係る債権額に相当する金額を保険金額とする団体信用生命保険を付保し，注文者又は買主が融資期間中に死亡したり，所定の高度障害，三大疾病になった場合に遺族等が債務負担を免れるようにしています。

契約者である住宅建築会社，住宅販売会社又は保証会社が保険会社に払い込む保険料は，いわゆる販売費用の性格を有するものと認められ，かつ，解約返戻金のない掛捨て保険であることから，単純な期間費用として損金算入が認め

られ，また，住宅建築会社又は住宅販売会社が保険会社から受け取る保険金又は保証会社から受け取る保証金は，建築請負契約又は売買契約に係る収入金額となります。

なお，保証会社が保険会社から受け取る保険金及び住宅建築会社又は住宅販売会社に支払う保証金は，保証契約に係る収入金額及び支出金額となります。したがって，顧客に対する債務免除について，税務上，寄附金や交際費等の課税関係は生じません。

保険事故が死亡であった場合の報酬支払債務又は代金支払債務の免除に関しては，相続税の課税上は相続人によって承継される債務がないものとし，被保険者である顧客及びその相続人について所得税の課税関係は生じません（平成15年2月26日「団体信用生命保険に係る課税上の取扱いについて」国税庁文書回答）。

また，保険事故が高度障害であった場合の報酬支払債務又は代金支払債務の免除に関しては，その利益が身体の傷害に起因して受けるものであるため，所得税の課税関係も生じません（昭和44年5月26日官審（法）34，（所）39，（資）9）。

❹ 医療保障保険

医療保障保険とは，健康保険などの公的保険の自己負担割合に応じて治療給付金や入院給付金などが受け取れる保険のことで，団体型と個人型とがあります。

このうち，団体型は昭和61年4月から発売され，公的医療保険（健康保険等）の対象外費用の増加等に対応して公的医療保険制度の補完を目的としており，治療給付金・入院給付金，死亡保険金及び特約で構成されています。

❺ 団体就業不能保障保険

団体就業不能保障保険とは，団体の休業補償制度の財源を確保するための1年定期の団体保険で，一定の場合を除き福利厚生費として損金の額に算入できます。

なお，団体保険の税務上の取扱いの概要は次の図表のとおりです。

団体保険の税務上の取扱一覧表

	保険料の支払段階	保険金・給付金の受取段階
総合福祉団体定期保険	損金に算入される。 ただし，被保険者が役員・特定の従業員のみ，かつ，保険金受取人がその役員・特定の従業員の遺族の場合，みなし給与として所得税が課税される。	〈死亡保険金〉 　受取人が法人（保険契約者）の場合は，益金に算入され，退職金支給規程に基づき退職金や弔慰金等として遺族へ支払った場合は，原則としてその金額が損金に算入される。 　ただし，受取人が被保険者の遺族の場合には，相続税が課税されるが，受取人が法定相続人の場合，一定の金額までは非課税となる。 〈高度障害保険金・給付金〉 　受取人が法人（保険契約者）の場合は，益金に算入され，規程に基づき退職金や弔慰金等として遺族へ支払った場合は，原則として損金に算入される。 　なお，受取人が被保険者の遺族の場合，非課税となる。
団体定期保険	保険金受取人が配偶者又は親族の場合は，所得控除の対象となる。	〈死亡保険金〉 　相続税が課税される。 　ただし，受取人が法定相続人の場合，一定の金額までは非課税となる。 　配偶者及び子供の保険金を主たる被保険者が受け取った場合には，所得税（一時所得）が課税される。 〈給付金〉 　受取人が被保険者の場合は，非課税となる。
団体信用生命保険消費者信用団体生命保険	損金に算入される。 ただし，実質的に被保険者が負担している保険料は所得控除対象外となる。	〈死亡・高度障害・障害・3大疾病保険金〉 　非課税となる（益金に算入されない）。 　信用供与機関等の受け取る保険金は債務残高相当額であり，単に借入金の返済として処理される。
医療保障保険	所得控除	〈死亡保険金〉 　相続税が課税される。 　ただし，受取人が法定相続人の場合，一定の金額までは非課税となる。 　配偶者及び子供の保険金を主たる被保険者が受け取った場合には，所得税（一時所得）が課税される。 〈給付金〉 　受取人が被保険者の場合には，非課税となる。

団体就業不能保障保険	損金に算入される。ただし，被保険者が役員・特定の従業員のみ，かつ，保険金受取人がその役員・特定の従業員の遺族の場合，みなし給与として所得税が課税される。	〈死亡保険金〉 　相続税が課税される。 　ただし，受取人が法定相続人の場合，一定の金額までは非課税となる。 〈就業不能保険金〉 　受取人が法人（保険契約者）の場合，益金に算入され，規程に基づき退職金や弔慰金等として遺族へ支払った場合は，原則として損金に算入される。 　受取人が被保険者の遺族の場合には，非課税となる。

（注）　原則として，保険契約者である法人が負担した保険料は全額損金に算入され，被保険者である従業員や役員個人に対して所得税は課税されません。なお，原則として，実質的に被保険者が負担した払込保険料から配当金を控除した金額は所得控除の対象となります。

（出典：日本生命保険　生命保険研究会「生命保険の法務と実務」
金融財政事情研究会を加筆・修正）

③　養老保険

　養老保険は，死亡保険金と生存保険金を組み合わせた生死混合保険の代表的な商品で，被保険者が保険期間の途中で死亡又は高度障害になったときに死亡保険金が支払われ，被保険者が保険期間満了まで生存した時に満期保険金が支払われます。

　つまり，この保険は貯蓄性が高いことから，原則としてその保険料は損金に算入されず，死亡や満期等により保険契約終了のときまで資産計上することとなります。

　法人税法では，法人が自己を保険契約者とし，役員又は使用人（これらの者の親族を含みます）を被保険者とする養老保険に加入した場合には，傷害特約保険料を除き，保険金の受取人の相違によりその取扱いが違うこととなります（法基通9-3-4）。

　　i　死亡保険金及び満期保険金の受取人が法人である場合には，その支払った保険料の額は，保険事故の発生又は保険契約の解除若しくは失効によりその保険契約が終了する時まで資産に計上します。

　　ii　死亡保険金及び生存保険金の受取人が被保険者又はその遺族である場合

には，その支払った保険料の額は，その役員又は使用人に対する給与とします。

ⅲ 死亡保険金の受取人が被保険者の遺族で，生存保険金の受取人がその法人である場合には，その支払った保険料の額のうち，その２分の１に相当する金額はⅰにより資産に計上し，残額は期間の経過に応じて損金の額に算入します。

ただし，役員又は部課長その他特定の使用人のみを被保険者としている場合には，その残額は，その役員又は使用人に対する給与とします。

イ 保険料支払時

（設例）保険料 300,000 円を支払いました。

❶ 満期保険金及び死亡保険金の受取人が法人である場合

借　　方	金　　額	貸　　方	金　　額
保 険 積 立 金	300,000 円	現 金 預 金	300,000 円

❷ 満期保険金及び死亡保険金の受取人が役員又は従業員（又はその遺族）である場合

借　　方	金　　額	貸　　方	金　　額
給　　　　与	300,000 円	現 金 預 金	300,000 円

❸ 満期保険金の受取人が法人，死亡保険金の受取人が役員又は従業員の遺族である場合

イ 普遍的加入である場合

借　　方	金　　額	貸　　方	金　　額
保 険 積 立 金 福 利 厚 生 費	150,000 円 150,000 円	現 金 預 金	300,000 円

ロ 差別的加入である場合

借　　方	金　　額	貸　　方	金　　額
保 険 積 立 金 給　　　　与	150,000 円 150,000 円	現 金 預 金	300,000 円

ロ　配当金受取時

　契約者配当金は，原則として，その配当通知日の属する事業年度の益金の額に算入することとされています。ただし，この養老保険のように支払保険料の全額を資産に計上することとされている場合には，契約者配当金を保険金などの資産計上額から控除する，次のような仕訳処理も認められています（法基通9-3-8）。

　（借）現　金　預　金×××　（貸）保　険　積　立　金×××

　この契約者配当金についてのその受取方法は4つありますので，その処理方法も次のように4つに区分されます。

（設例）①イの（設例）❶の場合で，契約者配当金20,000円の通知を受けました。

❶　現金配当

借　　方	金　　額	貸　　方	金　　額
現　金　預　金	20,000円	雑　　収　　入 （又は保険積立金）	20,000円

❷　積立配当

借　　方	金　　額	貸　　方	金　　額
配　当　積　立　金	20,000円	雑　　収　　入 （又は保険積立金）	20,000円

❸　買増配当

借　　方	金　　額	貸　　方	金　　額
保　険　積　立　金	20,000円	雑　　収　　入 （又は保険積立金）	20,000円

（注）　買増配当方式は，契約者配当金の支払を受けると同時に，その金額を保険料に充当すると考えることができることから，カッコ書きによる経理処理方法の場合には，仕訳不要となります。

❹ 相殺配当（支払保険料 300,000 円の場合）

借　　方	金　　額	貸　　方	金　　額
保 険 積 立 金	300,000 円	現 金 預 金 雑　収　入 （又は保険積立金）	280,000 円 20,000 円

（設例）②イの（設例）❷満期保険金及び死亡保険金の受取人が役員又は従業員（又はその遺族）の場合で，契約者配当金 20,000 円の通知を受け取りました。

ⅰ　現金配当

借　　方	金　　額	貸　　方	金　　額
現 金 預 金	20,000 円	雑　収　入	20,000 円

ⅱ　積立配当

借　　方	金　　額	貸　　方	金　　額
配 当 積 立 金	20,000 円	雑　収　入	20,000 円

ⅲ　買増配当

借　　方	金　　額	貸　　方	金　　額
給　　　　与	20,000 円	雑　収　入	20,000 円

ⅳ　相殺配当（支払保険料 300,000 円の場合）

借　　方	金　　額	貸　　方	金　　額
給　　　　与	300,000 円	現 金 預 金 雑　収　入	280,000 円 20,000 円

（注）　このイの❷の設例では支払保険料の金額が資産に計上されていませんので，契約者配当金の額を資産に計上している保険料の額から控除する経理処理はできません。

（設例）②イの（設例）❸満期保険金の受取人が法人，死亡保険金の受取人が役員又は従業員の遺族の場合で，契約者配当金 20,000 円の通知を受け取りました（普遍的加入の場合）。

ⅰ 現金配当

借　　方	金　　額	貸　　方	金　　額
現　金　預　金	20,000 円	雑　　収　　入	20,000 円

ⅱ 積立配当

借　　方	金　　額	貸　　方	金　　額
配　当　積　立　金	20,000 円	雑　　収　　入	20,000 円

ⅲ 買増配当（養老保険を買増した場合）

借　　方	金　　額	貸　　方	金　　額
保　険　積　立　金	10,000 円	雑　　収　　入	20,000 円
福　利　厚　生　費	10,000 円		

ⅳ 相殺配当（支払保険料 300,000 円の場合）

借　　方	金　　額	貸　　方	金　　額
保　険　積　立　金	150,000 円	現　金　預　金	280,000 円
福　利　厚　生　費	150,000 円	雑　　収　　入	20,000 円

（注）　このイの❸の設例では支払保険料の金額が資産に計上されていませんので，契約者配当金の額を資産に計上している保険料の額から控除する経理処理はできません。

ハ　保険金受領時

養老保険で，保険金を受領した場合には，次のように処理します。

（設例）

❶　死亡保険金の受取人が法人（配当積立金があるケース）で，以下のような内容の場合

・死亡保険金　　　　　　　20,000,000 円

・契約者配当金累計額　　　2,150,000 円

・保険積立金　　　　　　　14,000,000 円

借　　方	金　　額	貸　　方	金　　額
現　金　預　金	22,150,000 円	保　険　積　立　金	14,000,000 円
		配　当　積　立　金	2,150,000 円
		雑　　収　　入	6,000,000 円

❷ 死亡保険金の受取人が法人（配当積立金がないケースで契約者配当金2,150,000円は受領済み）の場合

借　　　方	金　　額	貸　　　方	金　　額
現　金　預　金	20,000,000円	保　険　積　立　金 雑　　収　　入	14,000,000円 6,000,000円

❸ 死亡保険金の受取人が役員又は従業員の遺族の場合（配当積立金があるケース）

借　　　方	金　　額	貸　　　方	金　　額
雑　　損　　失	2,150,000円	配　当　積　立　金	2,150,000円

❹ 死亡保険金の受取人が役員又は従業員の遺族の場合（配当積立金がないケース）

保険料支払時に，全額給与又は支払保険料として損金に算入されており，保険金受取時に行う経理処理はありません。

二　解約返戻金受取時

養老保険を途中解約し，次のような内容の場合，以下のように処理します。

（設例）①満期保険金及び死亡保険金の受取人が法人の場合
・解約返戻金　　　　　　8,260,000円
・支払保険料累計額　　　6,500,000円
・契約者配当金累計額　　2,150,000円

（配当積立金があるケース）

借　　　方	金　　額	貸　　　方	金　　額
現　金　預　金	10,410,000円	保　険　積　立　金 配　当　積　立　金 雑　　収　　入	6,500,000円 2,150,000円 1,760,000円

（配当積立金がないケースで，契約者配当金2,150,000円受領済みの場合）

借　　　方	金　　額	貸　　　方	金　　額
現　金　預　金	8,260,000円	保　険　積　立　金 雑　　収　　入	6,500,000円 1,760,000円

(設例)②満期保険金の受取人が法人，死亡保険金の受取人が役員又は従業員の遺族の場合

・解約返戻金　　　　　　　8,260,000 円
・支払保険料累計額　　　　6,500,000 円
・契約者配当金累計額　　　2,150,000 円

(配当積立金があるケース)

借　方	金　額	貸　方	金　額
現 金 預 金	10,410,000 円	保 険 積 立 金 配 当 積 立 金 雑　　収　　入	3,250,000 円 2,150,000 円 5,010,000 円

(注)　保険料の2分の1相当額について，普遍的加入の場合は支払保険料（福利厚生費），差別的加入の場合は給与とされ，資産に計上されている保険積立金額は，支払保険料累計額6,500,000円の2分の1相当額となります。

(配当積立金がないケースで，契約者配当金2,150,000円受領済みの場合)

借　方	金　額	貸　方	金　額
現 金 預 金	8,260,000 円	保 険 積 立 金 雑　　収　　入	3,250,000 円 5,010,000 円

(設例)③満期保険金の受取人が役員又は従業員，死亡保険金の受取人が役員又は従業員の遺族の場合

・解約返戻金　　　　　　　8,260,000 円
・契約者配当金累計額　　　2,150,000 円

(配当積立金があるケース)

借　方	金　額	貸　方	金　額
現 金 預 金	10,410,000 円	配 当 積 立 金 雑　　収　　入	2,150,000 円 8,260,000 円

(配当積立金がないケースで，契約者配当金2,150,000円受領済みの場合)

借　方	金　額	貸　方	金　額
現 金 預 金	8,260,000 円	雑　　収　　入	8,260,000 円

(注) このケースでは，保険料支払時に従業員に対して給与所得課税されていますが，保険契約者に解約返戻金請求権があるため，解約返戻金は法人に支払われ，益金の額に算入することになります。しかし，保険料支払時に給与所得課税が行われていることから，中途解約には役員又は従業員との合意が必要であると思われます。また，この解約返戻金を給与所得課税されている役員又は従業員に支給する場合には，再度給与所得課税が行われます。

ホ 特約給付金受取時

特約給付金の受取人が従業員の場合，特約の保険料はその支払時に特約保険料又は給与として処理されているため法人としての処理は不要ですが，受取人が法人の場合には，次のような処理が必要となります。

（設例）特約給付金300,000円を受けました。

借　方	金　額	貸　方	金　額
現　金　預　金	300,000円	雑　収　入	300,000円

■養老保険の保険料に係る税務処理一覧表

（法人：契約者　　被保険者：役員又は従業員）

保険金の受取人		主契約保険料	特約保険料	契約者配当
生存保険金	死亡保険金			
法　人		資産計上	損金算入。ただし，役員等のみを被保険者とする場合には給与。	益金算入。ただし，資産計上額から控除できる。
従業員	従業員の遺族	給　与		益金算入
法　人	従業員の遺族	1/2…資産計上 1/2…損金算入 ただし，役員等のみを被保険者とする場合には給与。		

（法基通9-3-4，9-3-6の2，9-3-8）

Q14 支払保険料が給与とされる場合の年払保険料の取扱い

死亡保険金及び生存保険金の受取人が役員である被保険者又はその遺族である養老保険に加入した場合には，その支払った保険料の額は，その役員又は使用人に対する給与とされますが，この保険料を年払契約とした場合，どのような取扱いとなりますか。

A 役員に対して支給する給与（退職給与，ストックオプションによるもの及び使用人兼務役員に対して支給する使用人分給与並びに事実を隠ぺいし又は仮装して経理することにより支給するものを除きます）のうち損金の額に算入されるものの範囲は，定期同額給与，事前確定届出給与及び一定の要件を満たす利益連動給与とされています（法法34）。

この取扱いにおいて，継続的に供与される経済的な利益のうち，その供与される利益の額が毎月おおむね一定であるものは，定期同額給与に該当することとされています（法令69①二）。

つまり，法人が負担した費用が，毎月支出しない，このQのような年払いのような支払い形態であっても，その役員が供与を受ける経済的利益が毎月おおむね一定であるときは定期同額に該当することとなります。

Q15 逆ハーフタックスプランにおける法人が負担した保険料

法人税基本通達では，法人が自己を保険契約者及び死亡保険金の受取人とし，役員又は使用人（これらの者の親族を含みます）を被保険者及び満期保険金の受取人とする養老保険に加入した場合（いわゆる逆ハーフタックスプラン）について取扱いが規定されていませんが，養老保険の保険料の2分の1が死亡保障部分，2分の1が生存保障であるものとし，支払って

いる保険料の2分の1を支払保険料として損金に，2分の1を被保険者に対しての給与として処理してきました。

このような場合に，役員又は従業員である被保険者が取得する満期保険金に係る役員又は従業員の所得税の確定申告において，このような給与として課税された支払保険料の2分の1に相当する金額と法人が負担した金額の合計額を，満期保険金の一時所得の計算上収入を得るために支出した金額として控除できますか。

A 平成21年1月27日福岡地裁では，「所得税法34条2項は，一時所得の計算における控除の対象を「収入を得るために支出した金額（その収入を生じた行為をするため，又はその収入を生じた原因の発生に伴い直接要した金額に限る）」と規定しているが，その文言上，所得者本人が負担した部分に限られるのか，所得者以外の者が負担した部分も含まれるのかは，必ずしも明らかでない。そして，所得税法施行令183条2項2号本文は，生命保険契約等に基づく一時金が一時所得となる場合，保険料又は掛金の「総額」を控除できるものと定めており，この文言からすると，所得者本人負担分に限らず保険料等全額を控除できるとみるのが素直である。そして，同号ただし書イないしニは，控除が認められない場合を，包括的・抽象的文言を用いることなく，法律と条文を特定して個別具体的に列挙しており，他に控除が認められない場合が存することをうかがわせる体裁とはなっていない。このような所得税法及び同法施行令の規定を併せ考慮すれば，生命保険金等が一時所得となる場合，同号ただし書イないしニに列挙された場合以外は，所得者以外の者が負担した保険金等も控除できるものと解釈するのが自然である。」とし，法人負担分も含む保険料全額を，一時所得の金額の計算上控除し得る「収入を得るために支出した金額」に当たるものとしました。

この二審では，国の控訴を棄却する判決を下し，最終的な判断は最高裁に委ねられました。

これに対し，福岡高裁の平成22年12月21日判決では，このような形態の養老保険でその法人の負担分が被保険者の満期保険金の一時所得の金額の計

算上,「その収入を得るために」支出したといえるかについて,「一般に,養老保険は,満期保険金の支払財源に充てるための積立保険料(積立分)と,被保険者が死亡した場合の死亡保険金の支払に充てるための危険保険料(危険分)からなるが,本件のように,死亡保険金の受取人が法人で満期保険金の受取人が個人である場合には,法人にとって,危険分は,定期保険における掛捨ての保険料と同様の性質を有するものといえる。しかるところ,本件法人において,本件支払保険料の2分の1については保険料として損金処理し(法人負担分),残りの2分の1については役員報酬として経理処理している(被控訴人負担分)ことからすれば,法人負担分については,危険分であって,満期保険金の原資である積立分ではないと認識・判断していたものと推認され,これを覆すに足りる証拠はない。このように,本件法人は,法人負担分については,本件に係る一時所得である満期保険金を得るために支出した金額に当たらないと認識・判断して,その旨の経理処理をしたものであるが,本件養老保険契約の性質や所得税法の趣旨・目的に照らし,この経理処理を特に不合理とする理由はない。そうすると,法人負担分については,これを法34条2項所定の「その収入を得るために」支出したものということはできない。」としました。

この2つの類似した事件について,最高裁では,「ここにいう『支出した金額』とは,一時所得に係る収入を得た個人が,自ら負担して支出したものといえる金額をいうと解するのが上記の趣旨にかなうものである。また,同項の『その収入を得るために支出した金額』という文言も,収入を得る主体と支出をする主体が同一であることを前提としたものというべきである。したがって,一時所得に係る支出が所得税法34条2項にいう『その収入を得るために支出した金額』に該当するためには,それが当該収入を得た個人において自ら負担して支出したものといえる場合でなければならないと解するのが相当である。」と,ほぼ同様の内容で判決を下しました(平成24年1月13日・平成24年1月16日)。

つまり,法人が保険料として経理した部分は,満期保険金を取得した個人自らが負担したものといえず,所得税法34条2項の「収入を得るために支出した金額」には該当しないとして,法人が負担した保険料の全額を控除できると

した納税者側の主張は退けられる結果となりました。

養老保険を利用した関係法人から役員への資金移転に関するスキーム

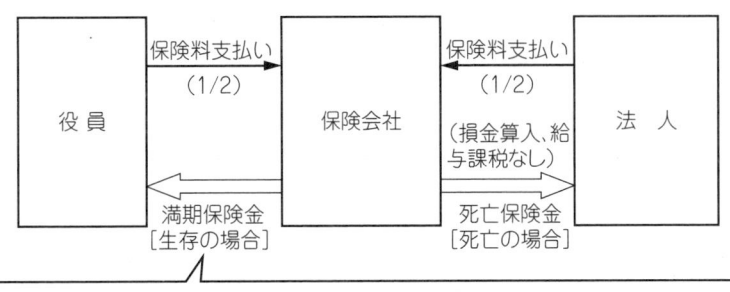

```
          保険料支払い              保険料支払い
            (1/2)                   (1/2)
  ┌─────┐  ────→   ┌─────┐   ←────   ┌─────┐
  │     │           │     │  (損金算入、給 │     │
  │役 員│           │保険会社│  与課税なし) │法 人│
  │     │           │     │            │     │
  └─────┘  ←────   └─────┘   ────→   └─────┘
          満期保険金              死亡保険金
          [生存の場合]            [死亡の場合]
```

満期保険金の一時所得の計算において、役員が負担した保険料のみならず、法人が負担した保険料も控除すべき保険料として申告、多額の税負担を免れている。

(平成22年度政府税調第10回 平成22年11月16日 補足資料)

　最高裁の判断が注目されますが、このような節税プランとされて販売されていた商品について平成23年度税法改正では、「生命保険契約等に基づく年金又は一時金に係る雑所得又は一時所得の金額の計算上、その支払を受けた金額から控除する保険料又は掛金の総額は、その生命保険契約等に係る保険料又は掛金の総額から、事業を営む個人又は法人がその個人のその事業に係る使用人又はその法人の使用人（役員を含みます）のために支出したその生命保険契約等に係る保険料又は掛金でその個人のその事業に係る不動産所得の金額、事業所得の金額若しくは山林所得の金額又はその法人の各事業年度の所得の金額の計算上必要経費又は損金に算入されるもののうち、これらの使用人の給与所得に係る収入金額に含まれないものの額を控除して計算する。」ことを明らかにし（所令183、184)、過度の節税プランは規制されることとなりました。

　この改正は、平成23年6月30日以後に支払いを受けるべき生命保険契約等に基づく年金又は一時金に係る保険料又は掛金について適用されます（改正所令附則5、6）。

　このため、平成23年6月30日以後に支払いを受ける、いわゆる逆ハーフタックス商品については、役員等が給与所得として課税を受けた部分の金額のみが、満期保険金等の収入を得るために支出した金額となります。

Q16 養老保険が満期となり，据え置く場合の取扱い

当社を契約者及び受取人とする養老保険が満期となり，被保険者である従業員はまだ在職中のため，その者が定年退職するまで，据え置くこととしました。このような場合，税務上はどのように取り扱われますか。

A 養老保険等では，満期時に保険金を受け取らずに据置制度を適用することができます。この据置制度とは，死亡保険金・満期保険金等の全部，又は一部を受け取らずにそのまま保険会社に預ける制度のことをいいます。しかし，税務上は，満期保険金を受け取ったものとして税務処理をします。

据え置いている保険金は，保険会社によって異なりますが一定の利率で運用され，一定の利息がつきます。また，通常は手数料なしで据置金を全額又は一部について自由に引き出すこともできます。なお，据置期間中の利息は，益金に算入します。

(設例) 養老保険が満期となり満期保険金10,000,000円，配当積立金1,580,000円及び契約者配当金30,000円を据え置きました。なお，保険積立金は，6,530,000円です。

借　　方	金　　額	貸　　方	金　　額
据置保険金 (預け金)	11,610,000円	保険積立金 配当積立金 雑　収　入	6,530,000円 1,580,000円 3,500,000円

(設例) 上記で据え置いている満期保険金について，20,000円の利息の繰入れ通知を受けました。

借　　方	金　　額	貸　　方	金　　額
据置保険金 (預け金)	20,000円	雑　収　入	20,000円

(設例) 上記で据え置いている満期保険金について，10,000円の利息も含み，全額引き出しました。

借　方	金　額	貸　方	金　額
現　金　預　金	11,640,000 円	据　置　保　険　金 （　預　け　金　）	11,630,000 円
		雑　　収　　入	10,000 円

④ 定期付養老保険

　定期付養老保険は，定期保険と養老保険を組み合わせた保険であることから，税務上は定期保険部分と養老保険部分に区分して取り扱います。その払込保険料が生命保険証券等により，その区分ができない場合には，そのすべてを養老保険として取り扱うこととなります（法基通9-3-6）。

　つまり，払込保険料が区分されている場合には，定期保険の部分の損金の額に算入し，養老保険部分は資産に計上することとなります。

(設例) 定期付養老保険
　　　契約者　　　法人
　　　生存給付金・死亡保険金・特約給付金の受取人　　　法人
　　　被保険者　　役員又は従業員
　　　払込保険料総額　1,000,000 円（定期保険部分保険料50万円，傷害特約保険料10万円）

借　方	金　額	貸　方	金　額
保　険　積　立　金	400,000 円	現　金　預　金	1,000,000 円
支　払　保　険　料	500,000 円		
支　払　保　険　料	100,000 円		

（注）　支払保険料は，福利厚生費勘定でもかまいません。

■定期付養老保険の保険料に係る税務処理一覧表

（法人：契約者　　被保険者：役員又は従業員）

区分	保険金の受取人		主契約保険料		特約保険料	契約者配当
	死亡保険金	生存給付金	養老保険部分	定期保険部分		
保険料が区分されている場合	法　　人		資産計上	損金算入	損金算入。ただし，役員等のみを被保険者とする場合には給与。	益金算入
	従業員の遺族	従業員	給与	損金算入。ただし，役員等のみを被保険者とする場合には給与。		
	従業員の遺族	法　人	1/2 資産計上 1/2 損金算入 ただし，役員等のみを被保険者とする場合には給与。	損金算入。ただし，役員等のみを被保険者とする場合には給与。		
保険料が区分されていない場合	法　　人		資　産　計　上		損金算入。ただし，役員等のみを特約給付金の受取人とする場合には給与。	資産計上額から控除できる。
	従業員の遺族	従業員	給　　　与			益金算入
	従業員の遺族	法　人	1/2 資産計上 1/2 損金算入 ただし，役員等のみを被保険者とする場合には給与。			

（法基通 9-3-4，9-3-6 の 2，9-3-8）

Q17　定期付養老保険の保険料の一時払い

定期付養老保険の保険料を一時払いした場合には，どのように取り扱われますか。

A　定期保険の保険料部分については，保険料の支出した日の属する事業年度の保険期間に対応する保険料を損金の額に算入し，残額については前払費用として処理して，その後の事業年度でその事業年度に対応する保険料を前払費用から振り替えて損金の額に算入します。

また，養老保険の保険料部分については，保険料の支出した日の属する事業年度の保険期間に対応する保険料を保険積立金として資産に計上し，残額につ

いては前払費用として処理して，その後の事業年度でその事業年度に対応する保険料を前払費用から振り替えて保険積立金として資産に計上します。ただし，その保険料払込時にその全額を保険積立金として資産に計上することもできます。

⑤ 終身保険

終身保険は，保険期間が終身となっている保険で，被保険者が死亡するか，保険約款で指定する高度障害状態となり保険事故が発生した場合に，保険金が支払われます。

税務上，その取扱いについて，明確な規定はありませんが，掛捨てではなく，貯蓄性が強いことから，養老保険と同様の取扱いが行われると思われます。

　i　保険金の受取人が法人の場合には，その支払った保険料の額は，保険事故の発生又は保険契約の解除若しくは失効によりその保険契約が終了する時までは資産に計上します。

　ii　保険金の受取人が被保険者又はその遺族である場合には，その支払った保険料の額は，その役員又は使用人に対する給与とします。

　iii　満期保険金の受取人が被保険者の遺族で，生存保険金の受取人がその法人である場合には，その支払った保険料の額のうち，その2分の1に相当する金額はiにより資産に計上し，残額は期間の経過に応じて損金の額に算入します。

　　ただし，役員又は部課長その他特定の従業員（これらの者の親族を含みます）のみを被保険者としている場合には，その残額は，その役員又は従業員に対する給与とします。

イ　保険料払込時

（設例）①　死亡保険金受取人が法人の場合
　　　　　　契約者　　　　　　法人
　　　　　　被保険者　　　　　役員及び従業員
　　　　　　支払保険料　　　　200,000 円

借　　方	金　　額	貸　　方	金　　額
保 険 積 立 金	200,000 円	現 金 預 金	200,000 円

(設例) ②　死亡保険金受取人が被保険者の遺族の場合

　　　　契約者　　　　　　　法人
　　　　被保険者　　　　　　役員及び従業員
　　　　支払保険料　　　　　200,000 円（普遍的加入の場合）

借　　方	金　　額	貸　　方	金　　額
保険積立金(注1)	100,000 円	現 金 預 金	200,000 円
支払保険料(注2)	100,000 円		

(注1)　200,000 円×1/2＝100,000 円
(注2)　200,000 円×1/2＝100,000 円

ロ　配当金受取時

(設例) イの（設例）①の場合で，契約者配当金20,000円の通知を受けました。

❶　現金配当

借　　方	金　　額	貸　　方	金　　額
現 金 預 金	20,000 円	雑　　収　　入 （又は保険積立金）	20,000 円

❷　積立配当

借　　方	金　　額	貸　　方	金　　額
配 当 積 立 金	20,000 円	雑　　収　　入 （又は保険積立金）	20,000 円

❸　買増配当

借　　方	金　　額	貸　　方	金　　額
保 険 積 立 金	200,000 円	雑　　収　　入 （又は保険積立金）	20,000 円

❹ 相殺配当（支払保険料 200,000 円の場合）

借　方	金　額	貸　方	金　額
保険積立金	200,000 円	現　金　預　金 雑　収　入 （又は保険積立金）	180,000 円 20,000 円

　なお，終身保険における配当支払方式は，❷積立配当又は❸買増配当のいずれかになっている商品がほとんどのようです。

ハ　保険金受領時

終身保険で，保険金を受領した場合には，次のように処理します。

（設例）

❶　死亡保険金の受取人が法人（配当積立金があるケース）で，以下のような内容の場合
- ・死亡保険金　　　　　21,000,000 円
- ・契約者配当金累計額　1,850,000 円
- ・保険積立金　　　　　13,500,000 円

借　方	金　額	貸　方	金　額
現　金　預　金	22,850,000 円	保険積立金 配当積立金 雑　収　入	13,500,000 円 1,850,000 円 7,500,000 円

❷　死亡保険金の受取人が法人（配当積立金がないケースで契約者配当金 1,850,000 円は受領済み）の場合

借　方	金　額	貸　方	金　額
現　金　預　金	21,000,000 円	保険積立金 雑　収　入	13,500,000 円 7,500,000 円

❸　死亡保険金の受取人が役員又は従業員の遺族の場合（配当積立金があるケース）

借　方	金　額	貸　方	金　額
雑　損　失	1,850,000 円	配当積立金	1,850,000 円

❹ 死亡保険金の受取人が役員又は従業員の遺族の場合（配当積立金がないケース）

保険料支払時に，全額給与又は支払保険料として損金に算入されており，保険金受取時に行う経理処理はありません。

ニ 遺族への退職金支払時

（設例）死亡退職金をその遺族に 20,000,000 円支払った。

借　　方	金　　額	貸　　方	金　　額
退　職　金	20,000,000 円	現　金　預　金	20,000,000 円

（注）死亡退職金を受け取った遺族は，被保険者の相続税の対象となります（相法3①一）。

ホ 解約返戻金受取時

終身保険を途中解約し，次のような内容の場合，以下のように処理します。

（設例）
・解約返戻金　　　　10,500,000 円
・保険積立金　　　　 8,900,000 円
・契約者配当累計額　 1,650,000 円

（配当積立金があるケース）

借　　方	金　　額	貸　　方	金　　額
現　金　預　金	12,150,000 円	配　当　積　立　金 保　険　積　立　金 雑　　収　　入	1,650,000 円 8,900,000 円 1,600,000 円

（配当積立金がないケースで，契約者配当金 1,650,000 円受領済みの場合）

借　　方	金　　額	貸　　方	金　　額
現　金　預　金	10,500,000 円	保　険　積　立　金 雑　　収　　入	8,900,000 円 1,600,000 円

ヘ 特約給付金受取時

特約給付金の受取人が役員又は従業員の場合，特約の保険料はその支払時に特約保険料又は給与として処理されているため法人としての処理は不要ですが，受取人が法人の場合には，次のような処理が必要となります。

（設例）特約給付金 200,000 円を受けました。

借　　方	金　　額	貸　　方	金　　額
現 金 預 金	200,000 円	雑　収　入	200,000 円

Q18 終身保険の保険料の払込期間が満了となった場合の処理

保険契約者及び死亡保険金の受取人を当社とし，役員及び使用人を被保険者とする終身保険に加入してきましたが，保険料の払込期間が満了となりました。今後の経理処理はどのようにしたらよいでしょうか。

A 支払われる配当金についての処理を除き，法人の帳簿価額は据え置くこととなります。

ただし，役員及び従業員が退職した場合にその保険契約を退職金として支給するときには，解約返戻金相当額を退職金として処理して，その保険契約の名義変更をします。

⑥ 定期付終身保険

定期付終身保険とは，終身保険に定期保険を付加したもので，被保険者が定期保険の保険期間中に死亡した場合には，終身保険金の数倍の死亡保険金が支払われます。

法人が役員を被保険者とし，死亡保険金の受取人を法人とする場合には，終身保険部分の保険料については保険積立金とし，定期保険部分については期間の経過に応じて損金の額に算入します。

イ 保険料支払時

（設例）定期付終身保険

契約者　　　法人
被保険者　　役員及び従業員
支払保険料　1,000,000円（うち定期保険部分 300,000円）

❶ 死亡保険金の受取人が法人である場合

借　　方	金　　額	貸　　方	金　　額
保 険 積 立 金	700,000円	現 金 預 金	1,000,000円
支 払 保 険 料	300,000円		

❷ 死亡保険金の受取人が役員又は従業員の遺族である場合

借　　方	金　　額	貸　　方	金　　額
給　　　　　与	700,000円	現 金 預 金	1,000,000円
支 払 保 険 料	300,000円		

（注）支払保険料は，福利厚生費勘定でもかまいません。

ロ 配当金受取時

（設例）イの（設例）❶の死亡保険金の受取人が法人である場合に，契約者配当金 20,000円の通知を受けました。

ⅰ 現金配当

借　　方	金　　額	貸　　方	金　　額
現 金 預 金	20,000円	雑 収 入	20,000円

ⅱ 積立配当

借　　方	金　　額	貸　　方	金　　額
配 当 積 立 金	20,000円	雑 収 入	20,000円

ⅲ 買増配当

借　　方	金　　額	貸　　方	金　　額
保 険 積 立 金	20,000円	雑 収 入	20,000円

ⅳ　相殺配当（支払保険料 1,000,000 円の場合）

借　　方	金　　額	貸　　方	金　　額
保 険 積 立 金	700,000 円	現 金 預 金	980,000 円
支 払 保 険 料	300,000 円	雑 　 収 　 入	20,000 円

　なお，定期付終身保険における配当支払方法は，ⅱ積立配当又はⅲ買増配当のいずれかとなっている商品がほとんどです。

　この設例では，支払保険料の全額が資産に計上されていませんので，法人税基本通達 9-3-8 による資産に計上されている保険料の額から控除する経理処理はできません。

ハ　保険金受領時

(設例)

❶　死亡保険金の受取人が法人である場合

　　死亡保険金　　　　　　20,000,000 円

　　保険積立金　　　　　　14,000,000 円

　　契約者配当金累計額　　 2,150,000 円

借　　方	金　　額	貸　　方	金　　額
現 　 金 　 預 　 金	22,150,000 円	保 険 積 立 金	14,000,000 円
		配 当 積 立 金	2,150,000 円
		雑 　 収 　 入	6,000,000 円

❷　死亡保険金の受取人が役員又は従業員の遺族である場合

　払込保険料のうち死亡保険に対応する保険料は役員・従業員に対して給与課税が行われているため，法人に対して課税関係は生じません。

　死亡保険金を役員・従業員の遺族が受け取ったときは，相続又は遺贈により死亡保険金を取得したものとみなされ，相続税の課税対象となります（相法 3 ①一）。

　この場合において，法人に計上されている配当積立金に相当する金額は，死亡保険金の受取人である遺族に支払われます。

このため，法人では次の経理処理が必要となります。

配当積立金計上額　650,000円

借　方	金　額	貸　方	金　額
雑　損　失	650,000円	配当積立金	650,000円

ニ　遺族への退職金支払時

（設例）上記ハ②の設例で，被保険者の遺族に次の金額を支払いました。

被保険者の遺族に支払った死亡退職金　　15,000,000円
被保険者の遺族に支払った弔慰金　　　　 3,000,000円

借　方	金　額	貸　方	金　額
退　職　金 福 利 厚 生 費	15,000,000円 3,000,000円	現　金　預　金	18,000,000円

⑦　がん保険・医療保険

　がん保険は医療保障を主たる目的として開発された保険で，がんを重点的に保障するもので，保険金の支払いはがんによる入院と一定の手術及びがんによる死亡に限定され，その死亡保険金は少額となっています。

　これに対し医療保険は，病気やけがで入院したときや一定の手術を受けたときに給付金を受け取ることができますが，これも死亡保険金は少額となっており，なかには死亡保険金がない商品もあります。

　なお，法人が自己を契約者とし，役員又は従業員（これらの者の親族を含みます）を被保険者とするがん保険（終身保障タイプ）及び医療保険（終身保障タイプ）の保険料については，法令解釈通達（平13課審4-100）により，その取扱いが明らかにされています。

（設例）がん保険
　　　　契約者・保険金受取人　　法人
　　　　被保険者　　　　　　　　役員及び従業員（これらの親族を含みます）

❶ 終身払込の場合（支払保険料 200,000 円）

保険期間の終了（保険事故の発生による終了を除きます）に際して支払う保険金がないこと及び保険契約者にとって毎年の付保利益は一定であることから，保険料は保険期間の経過に応じて平準的に費用化することが合理的であることから，その払込みの都度損金の額に算入します。

借　　　方	金　　　額	貸　　　方	金　　　額
支 払 保 険 料	200,000 円	現 金 預 金	200,000 円

❷ 有期払込の場合（支払保険料 2,000,000 円，払込期間 10 年，保険加入時年齢 55 歳）

保険料払込期間と保険期間の経過とが対応しておらず，支払う保険料の中に前払保険料が含まれていることから，生保標準生命表の最終の年齢「男性 106 歳，女性 109 歳」を参考に「105 歳」を「計算上の満期到達時年齢」とし，払込保険料に「保険料払込期間を 105 歳と加入時年齢の差で除した割合」を乗じた金額を損金の額に算入し，残余の金額を積立保険料として資産に計上します。

　損金に算入する金額　2,000,000 円×10 年／(105 歳－55 歳)＝400,000 円
　資産に計上する額　　2,000,000 円－400,000 円＝1,600,000 円

借　　　方	金　　　額	貸　　　方	金　　　額
支 払 保 険 料	400,000 円	現 金 預 金	2,000,000 円
保 険 積 立 金	1,600,000 円		

なお，保険料払込満了後（この設例では 11 年以後）は，保険料払込満了時点の資産計上額を「105 歳と払込満了時年齢の差」で除した金額を資産計上額より取り崩して，損金の額に算入します。ただし，この取崩し額は年額であるため，払込満了時が事業年度の中途である場合には，月数按分により計算します。

　損金に算入する金額　1,600,000 円÷(105 歳－65 歳)＝40,000 円

借　　　方	金　　　額	貸　　　方	金　　　額
支 払 保 険 料	40,000 円	保 険 積 立 金	40,000 円

なお，被保険者について，普遍的加入でなく差別的加入である場合には，その支払った保険料はその役員又は従業員に対する給与とされます。

　また，法人が給付金や保険金を受け取った場合，その金額は雑収入となりますが，被保険者である役員・従業員に対し見舞金を支払った場合，法人の見舞金規程により支払う社会通念上相当な金額であれば福利厚生費として損金の額に算入されますが，これを超える金額は給与となりますので，この形態で加入する場合には注意が必要です。

　なお，それが役員である場合には，役員給与の損金算入について一定の要件があります。

⑧　変額保険

　変額保険は，運用実績が良ければ保険金額が増加し，悪ければ減少する仕組みとなっている保険です。

　つまり，従来の定額保険は，死亡又は満期時に一定額の支払いを保険会社が保障しており，保険会社の資産運用に失敗してもその資産運用に生ずる損失については保険会社が負うため，資産運用には安全性のある債券利子や配当が中心とされているのに対し，変額保険はその資産運用は株式売買や債券売買などを中心として，高利回りを期待する代わりに，株式等に係る変動リスクも保険契約者に帰属することとなります。

　しかし，定額保険も変額保険も運用資産に相違はありますが，契約者側からはその資産運用に関係しないことから，変額保険の保険料も，税務上は定額保険と同様の処理を行うこととなります。

　このように投資性の強い生命保険の商品としては，このほかに外貨建ての保険や市場価格調整を利用した保険があります。

　外貨建ての保険は終身保険，養老保険，個人年金保険等の保険種類について，保険料の払込みや保険金等の受取りを外貨建てで行うもので，為替レートが変動することにより，受け取る円換算後の保険金額が契約時の円換算後の保険金額を下回ることや，受け取る円換算後の保険金額が払込保険料の総額を下回ることにより，損失が生ずる危険性もあります。

また，市場価額調整を利用した保険は，市場価額調整により解約返戻金が変動するもので，市場金利の変動により解約返戻金が払込保険料の総額を下回り，損失が生ずることもあります。

Q19 外貨建て生命保険の取扱い

前Qの外貨建ての生命保険について，保険料を支払った場合や保険金を受け取った場合の邦貨換算はどのように行いますか。

A 資産運用の新しい方法として外貨建ての生命保険が発売されていますが，これについては法人税基本通達13の2-1-2により換算して計算します。

為替レートの円換算に利用するのは，対顧客直物電信買相場（TTB）と対顧客直物電信売相場（TTS）があり，外為銀行が外貨の売買で法人・個人が外貨を円貨に換えるときは前者のTTB相場を使い，逆に円貨を外貨に換えるときには後者のTTS相場を使いますが，このQの場合の邦貨換算には原則として，このTTBとTTSの仲値のTTMを使用します。

ただし，継続適用を条件として，TTB又はTTSを使うことも認められています。したがって，保険料の支払い時，保険金の受取り時にはこのように邦貨換算して，各保険の種類や契約形態等に応じた税務処理を行います。

⑨ 個人年金保険

税法上，個人年金保険とは，法人が自己を契約者とし，役員又は使用人（これらの者の親族を含みます）を被保険者として加入した生命保険で，その保険契約に係る年金支払開始日に被保険者が生存しているときに所定の期間中，年金がその保険契約に係る年金受取人に支払われるものをいいます。

ⅰ 個人年金保険に係る保険料

個人年金保険は，被保険者が年金支払開始時に生存していれば一定期間年金

が支払われ，被保険者が同日前に死亡しているときには死亡給付金が支払われることとなっているため，この保険の保険料は積立保険料と危険保険料及び付加保険料で構成されています。

この個人年金保険に係る保険料は，それぞれのケースにより，次のように取り扱われます（平成2年5月30日　直審4-19）。

イ　死亡給付金（年金支払開始日前に被保険者が死亡した場合に支払われる死亡給付金又は死亡保険金をいいます）及び年金（年金支払開始日に被保険者が生存している場合に支払われる年金をいいます）の受取人がその法人である場合には，その支払った保険料の額は，資産に計上します。

ロ　死亡給付金及び年金の受取人がその被保険者又はその遺族である場合には，その支払った保険料の額は，その役員又は使用人に対する給与とします。

ハ　死亡給付金の受取人がその被保険者の遺族で，年金の受取人がその法人である場合には，その支払った保険料の額のうち，その90％に相当する金額はイにより資産に計上し，残額は期間の経過に応じて損金の額に算入します。ただし，役員又は部課長その他特定の使用人（これらの者の遺族を含みます）のみを被保険者としている場合には，その残額は，その役員又は使用人に対する給与とします。

（設例）個人年金保険料を500,000円支払いました。

❶　死亡給付金及び年金受取人が法人である場合

借　　方	金　　額	貸　　方	金　　額
保 険 積 立 金	500,000円	現 金 預 金	500,000円

❷　死亡給付金の受取人及び年金受取人が被保険者又はその遺族である場合

借　　方	金　　額	貸　　方	金　　額
給　　　　与	500,000円	現 金 預 金	500,000円

❸ 死亡給付金の受取人が被保険者の遺族で，年金受取人が法人である場合
  イ 普遍的加入である場合

借　　方	金　　額	貸　　方	金　　額
保 険 積 立 金 福 利 厚 生 費	（注）450,000 円 50,000 円	現 金 預 金	500,000 円

（注） 500,000 円 × 90 ％ = 450,000 円

  ロ 差別的加入である場合

借　　方	金　　額	貸　　方	金　　額
保 険 積 立 金 給　　　　与	（注）450,000 円 50,000 円	現 金 預 金	500,000 円

（注） 500,000 円 × 90 ％ = 450,000 円

ⅱ 年金支払開始日前に被保険者が死亡した場合

　年金の支払開始日前に被保険者が死亡した場合，その保険事故が生じた日の属する事業年度に，その保険事故の生じた日の属する事業年度において計上されている保険積立金等の全額を取り崩して益金の額に算入します。

（設例）年金の支払開始日前に被保険者が死亡し，その保険事故の生じた日の属する事業年度において計上されている保険積立金等の金額が 1,000,000 円で，死亡給付金が 3,000,000 円の場合

　ⅰ 死亡給付金及び年金受取人が法人である場合

借　　方	金　　額	貸　　方	金　　額
現 金 預 金	3,000,000 円	保 険 積 立 金 雑　　収　　入	1,000,000 円 2,000,000 円

　ⅱ 死亡給付金の受取人及び年金受取人が被保険者又はその遺族である場合
　　原則として，法人の経理処理の必要はありません。

　ⅲ 死亡給付金の受取人が被保険者の遺族で，年金受取人が法人である

場合

借　方	金　額	貸　方	金　額
雑　損　失	1,000,000 円	保 険 積 立 金	1,000,000 円

❶　契約者配当金（年金支払開始日前の支払い）

　法人が個人年金保険の保険契約に基づいて年金支払開始日前に支払いを受ける契約者配当の額については，その通知を受けた日の属する事業年度の益金の額に算入します。

　ただし，その保険契約の年金の受取人が被保険者であり，かつ，その法人とその被保険者との契約により，その法人が契約者配当の支払請求をしないでその全額を年金支払開始日まで積み立てておくこと（その積み立てた契約者配当の額が，生命保険会社において年金支払開始日にその保険契約の責任準備金に充当され，年金の額が増加する（これにより増加する年金を「増加年金」といいます）こと）が明らかである場合には，その契約者配当の額を益金の額に算入しないことができます。

（設例）配当金 30,000 円の通知を受けました（原則）。

借　方	金　額	貸　方	金　額
配 当 積 立 金	30,000 円	雑　収　入	30,000 円

❷　契約者配当金（年金支払開始日以後の支払い）

　法人が個人年金保険の年金の受取人である場合にその保険契約に基づいて年金支払開始日以後に支払いを受ける契約者配当の額については，その通知を受けた日の属する事業年度の益金の額に算入します。ただし，年金支払開始日に分配される契約者配当で，生命保険会社から年金として支払われるもの（年金受取人の支払方法の選択によるものを除きます）については，その契約者配当の額をその通知を受けた日の属する事業年度の益金の額に算入しないことができます。

　なお，益金の額に算入した契約者配当の額を一時払い保険料に充当した場合

には，資産計上した保険料等の取崩し規定により取り崩すまでは資産に計上します。

借　方	金　額	貸　方	金　額
（設例）配当金30,000円の通知を受けました。			
未　収　金 （又は現金預金）	30,000円	雑　収　入	30,000円

❸　資産に計上した保険積立料等の取崩し

ⅰ　年金支払開始日前に死亡給付金支払の保険事故が生じた場合

　その保険事故が生じた日（死亡給付金の受取人がその法人である場合には，死亡給付金の支払通知を受けた日）の属する事業年度において，その保険契約に基づいて資産に計上した支払保険料の額及び資産に計上した契約者配当等（配当を積み立てたことにより付される利子を含みます）の額の全額を取り崩して損金の額に算入します。

ⅱ　年金の受取人が役員又は使用人である保険契約に係る年金支払開始日が到来した場合

　その年金支払開始日の属する事業年度において，その保険契約に基づいて資産に計上した契約者配当等の額の全額を取り崩して損金の額に算入します。

借　方	金　額	貸　方	金　額
（設例）配当積立金300,000円の通知を受けました。			
雑　損　失	300,000円	配当積立金	300,000円

ⅲ　法人が支払いを受ける場合

イ　契約年金及び増加年金の支払いを受ける場合

　年金の受取人がその法人で保険契約に基づいて契約年金（年金支払開始日前の支払保険料に係る年金をいいます）及び増加年金の支払いを受ける場合（年金の一時支払いを受ける場合を除きます）には，その年金の支払通知を受けた日の属す

る事業年度において，次の算式により求められる積立保険料の額を取り崩して損金の額に算入します。

$$年金積立保険料の額 \times \frac{支払いを受ける契約年金の額＋増加年金の額}{年金支払総額}$$

　この場合の年金支払総額は，個人年金の種類によって次のように分けられます。

　㋑　確定年金（あらかじめ定められた期間中は被保険者の生死にかかわらず年金が支払われるもの）である場合…保証期間中に支払われる契約年金の額及び増加年金の額の合計額

　㋺　保証期間付終身年金（保証期間中は被保険者の生死にかかわらず年金が支払われ，あるいは保障期間中に被保険者が死亡したときは保証期間に対応する年金の支払残額が支払われ，保証期間経過後は年金支払開始日の応答日に被保険者が生存しているときに年金が支払われるもの）である場合…保証期間と被保険者の余命年数の期間とのいずれか長い期間中に支払われる契約年金の額及び増加年金の額の合計額

　　ただし，保証期間中に被保険者が死亡したとき以後は，保証期間中に支払われる契約年金の額及び増加年金の額の合計額となります。

　㋩　有期年金（保証期間中において被保険者が生存しているときに年金が支払われ，保証期間中において被保険者が死亡した場合で年金残高があるときには死亡一時金が支払われるもの）である場合…生存を前提とした保証期間中に支払われる契約年金の額及び増加年金の額の合計額

　なお，保証期間付終身年金で，かつ，被保険者の余命年数の期間中の年金支払総額に基づき年金積立保険料の額の取崩額を算定している保険契約に係る被保険者が死亡した場合には，次の金額をその死亡の日の属する事業年度において，それぞれ取り崩して損金の額に算入します。

　㋑　保証期間経過後に死亡の場合…年金積立保険料の額の取崩残額の全額

　㋺　保証期間中に死亡の場合…

$$年金積立保険料の額 \times \left(\frac{既に支払いを受けた年金の合計額}{保証期間中の年金総額} \right.$$

$$\frac{既に支払いを受けた年金の合計額}{余命年数に基づく年金総額}$$

(設例) 支払保険料累計額 21,506,000 円,契約者配当金累計額 960,500 円

年金支払開始日特別配当金 2,580,000 円,年金保証期間 10 年,余命年数 12 年

(確定年金の場合・契約年金 3,600,000 円,増加年金 600,000 円)

借 方	金 額	貸 方	金 額
現 金 預 金	4,200,000 円	保 険 積 立 金 雑 収 入	2,504,650 円 1,695,350 円

※年金年額 3,600,000 円＋600,000 円＝4,200,000 円
※年金支払総額 4,200,000 円×10 年＝42,000,000 円
※保険積立金の取崩額 (21,506,000 円＋960,500 円＋2,580,000 円)×(4,200,000 円／42,000,000 円)＝2,504,650 円

(保証期間付終身年金の場合・契約年金 2,400,000 円,増加年金 300,000 円)

借 方	金 額	貸 方	金 額
現 金 預 金	2,700,000 円	保 険 積 立 金 雑 収 入	2,087,208 円 612,792 円

※年金年額 2,400,000 円＋300,000 円＝2,700,000 円
※年金支払総額 2,700,000 円×12 年＝32,400,000 円
※保険積立金の取崩額 (21,506,000 円＋960,500 円＋2,580,000 円)×(2,700,000 円／32,400,000 円)＝2,087,208 円

(有期年金の場合・契約年金 3,500,000 円,増加年金 100,000 円)

借 方	金 額	貸 方	金 額
現 金 預 金	3,600,000 円	保 険 積 立 金 雑 収 入	2,504,650 円 1,095,350 円

※年金年額 3,500,000 円＋100,000 円＝3,600,000 円
※年金支払総額 3,600,000 円×10 年＝36,000,000 円
※保険積立金の取崩額 (21,506,000 円＋960,500 円＋2,580,000 円)×(3,600,000 円／36,000,000 円)＝2,504,650 円

ロ 年金受取人がその法人である保険契約に基づいて買増年金（年金支払開始日後の契約者配当により買い増した年金をいいます）の支払いを受ける場合（年金の一時支払いを受ける場合を除きます）

その買増年金の支払いを受ける日の属する事業年度において，その保険契約に基づいて支払いを受ける1年分の買増年金ごとに次の算式により求められる額に相当する額（その支払いを受ける買増年金が分割払の場合にあっては，その金額を分割回数により按分した額）の買増年金積立保険料の額を取り崩して損金の額に算入します。

なお，その保険契約が保証期間付終身年金で，保証期間及び被保険者の余命年数の期間のいずれをも経過した後においては，その保険契約に係る買増年金積立保険料の額の全額を取り崩して損金の額に算入します。

（算式）

買増年金の受取りに伴い取り崩すべき『買増年金積立保険料』の額（年額） ＝ 前年分の買増年金の受取りの時においてこの算式により算定される取崩額（年額）

$$+ \frac{新たに一時払保険料に充当した契約者配当の額}{新たに一時払保険料に充当した後の年金の支払回数}$$

（設例）買増年金 80,000円，買増年金積立保険料の前年取崩額 40,000円
　　　　契約者配当の額 280,000円，年金の支払残回数10回

（確定年金・保証期間付終身年金・有期年金の場合）

借　　方	金　　額	貸　　方	金　　額
現　金　預　金	80,000円	買増年金積立金 雑　　収　　入	68,000円 12,000円

※保険積立金の取崩額　40,000円＋（280,000円／10回）＝68,000円

ⅳ　法人が年金の一時支払いを受ける場合

その保険契約が年金の一時支払いのときに消滅するものか否かに応じて，それぞれ次に掲げるところにより処理します。

　イ　一時支払いのときに消滅するもの…年金の一時支払いを受ける日の属す

る事業年度において，その保険契約に係る年金積立保険料の額の取崩残額及び買増年金積立保険料の額（既に取り崩した額を除きます）の全額を取り崩して損金の額に算入します。

ロ　一時支払いのときには消滅しないもの…年金の一時支払いを受ける日の属する事業年度において，その保険契約に係る年金積立保険料の額及び買増年金積立保険料の額について，保証期間の残余期間を通じて年金の支払いを受けることとした場合に取り崩すこととなる額に相当する額を取り崩して損金の額に算入し，その余の残額については，保証期間経過後の年金の支払いを受ける日の属する事業年度において，上記ⅲにより取り崩して損金の額に算入します。

なお，年金の一時支払いを受けた後に被保険者が死亡した場合には，その死亡の日の属する事業年度において，その保険契約に係る年金積立保険料の額の取崩残額及び買増年金積立保険料の額（既に取り崩した額を除きます）の全額を取り崩して損金の額に算入します。

（設例）年金の一時支払いにより保険契約が消滅するもの
　　　　10年確定年金
　　　　年金一時払金額　22,000,000円，年金積立保険料累計額（既取崩金額考慮後）18,500,000円，年金支払日以後契約者配当金累計額（既取崩金額考慮後）180,000円

借　方	金　額	貸　方	金　額
現　金　預　金	22,000,000円	保　険　積　立　金 買増年金積立金 雑　　収　　入	18,500,000円 180,000円 3,320,000円

（設例）年金の一時支払いにより保険契約が消滅しないもの
　　　　終身年金
　　　　年金一時払金額　22,000,000円，年金積立保険料累計額（既取崩金額考慮後）18,500,000円，年金支払日以後契約者配当金累計額（既

取崩金額考慮後）180,000 円

契約年金　2,400,000 円，増加年金　300,000 円

年金既支払回数　2 回，年金保証期間 10 年，余命年数 12 年

年金の一時払額（保証期間分）16,800,000 円

借　　方	金　　額	貸　　方	金　　額
現 金 預 金	16,800,000 円	保 険 積 立 金 買増年金積立金 雑　　収　　入	12,333,333 円 180,000 円 4,286,667 円

※年金支払総額　(2,400,000 円＋300,000 円)×12 回＝32,400,000 円
※保証期間中に支払いを受ける契約年金と増加年金の合計額
　2,700,000 円×(10－2)回＝21,600,000 円
※保険積立金取崩額　18,500,000 円×(21,600,000 円／32,400,000 円)＝
　12,333,333 円

❻　解約及び契約者変更の場合

　保険契約を解約した場合及び保険契約者の地位を変更した場合には，その事実が生じた日の属する事業年度において，その保険契約に基づいて資産に計上した支払保険料の額及び資産に計上した契約者配当等の額の全額を取り崩して損金の額に算入します。

（設例）年金の一時支払いにより保険契約が消滅するもの
　　　　10 年確定年金
　　　　解約返戻金　20,000,000 円，支払保険料累計額 17,000,000 円，契約
　　　　者配当金累計額　380,000 円，解約時特別配当　400,000 円
（年金及び死亡給付金の受取人が法人の場合）

借　　方	金　　額	貸　　方	金　　額
現 金 預 金	20,780,000 円	保 険 積 立 金 配 当 積 立 金 雑　　収　　入	17,000,000 円 380,000 円 3,400,000 円

(年金及び死亡給付金の受取人が従業員（又はその遺族）の場合）

借　　方	金　　額	貸　　方	金　　額
現　金　預　金	20,780,000 円	配　当　積　立　金 雑　　収　　入	380,000 円 20,400,000 円

（年金の受取人が法人・死亡給付金の受取人が従業員の遺族の場合）

借　　方	金　　額	貸　　方	金　　額
現　金　預　金	20,780,000 円	保　険　積　立　金 配　当　積　立　金 雑　　収　　入	15,300,000 円 380,000 円 5,100,000 円

※保険積立金額の取崩額　17,000,000 円×90％＝15,300,000 円

❼　名義変更の場合

保険契約者である法人が，年金支払開始日前において，被保険者である役員又は従業員が退職したこと等に伴い個人年金保険の保険契約者及び年金受取人の地位（保険契約の権利）をその役員又は従業員に変更した場合には，所得税基本通達36-37に準じ，その契約を解約した場合の解約返戻金の額に相当する額（契約者配当等の額がある場合には，その金額を加算した額）の退職給与又は賞与の支払いがあったものとされます。

（設例）10年確定年金

　　　解約返戻金　20,000,000 円，支払保険料累計額 17,000,000 円，契約
　　　者配当金累計額　380,000 円，解約時特別配当　400,000 円

（年金及び死亡給付金の受取人が法人の場合）

借　　方	金　　額	貸　　方	金　　額
退職金（賞与）	20,780,000 円	保　険　積　立　金 配　当　積　立　金 雑　　収　　入	17,000,000 円 380,000 円 3,400,000 円

⑩ 契約変更等

❶ 払済保険への変更

通常，長期間に及ぶ保険契約において，その契約の途中で契約者の経済的な理由で保険料の払込みが困難となった場合にその払込みを中止し，既払保険料に係る解約返戻金を利用して契約の存続を図る方法がありますが，これを「払済保険」といいます。

この場合，保険期間は元契約のままで，その時の解約返戻金を主契約の保険の一時保険料に充当します。この行為は，解約返戻金を受領し，その解約返戻金を一時払いして終身保険等に加入したものとみることができます。

つまり，法人が既に加入している生命保険を払済保険に変更した場合には，法人税では，原則として，その変更時における解約返戻金相当額とその保険契約により資産に計上している保険料との差額を，その変更した日の属する事業年度の益金の額又は損金の額に算入します。

ただし，既に加入している生命保険の保険料の全額（傷害特約等に係る保険料を除きます）が役員又は従業員に対する給与となる場合は，この処理は不要です（法基通9-3-7の2）。

なお，養老保険，終身保険及び年金保険（定期保険特約が付加されていない場合に限ります）から，同じ種類の払済保険に変更した場合には，この洗替処理をせずに，保険事故の発生又は解約・失効等によりその契約が終了するまでそのまま資産計上をしていても構いません。

この払済保険への変更の行為の実体は，保険契約の転換と同様の経済的効果があります。

（設例）逓増定期保険特約付終身保険から払済終身保険へ変更する場合

　　　契約者　　　　　　法人
　　　被保険者　　　　　役員又は従業員
　　　保険金受取人　　　法人
　　　元の契約に係る資産計上保険積立金　800,000円（終身保険部分）
　　　資産計上前払保険料（逓増定期保険特約保険料の一部）　400,000円

1　生命保険

払済保険への変更時の解約返戻金相当額　5,500,000 円

借　　　方	金　　　額	貸　　　方	金　　　額
保 険 積 立 金	5,500,000 円	保 険 積 立 金 前 払 保 険 料 雑　　収　　入	800,000 円 400,000 円 4,300,000 円

❷　保険契約の転換

　保険契約転換制度とは，生命保険金の増額等をするために，旧保険の責任準備金や配当積立金等を基礎として新しい保険契約の保険料に充当する制度をいいます。

　法人が，このいわゆる契約転換制度によりその加入している養老保険又は定期付養老保険を他の養老保険，定期保険又は定期付養老保険に転換した場合には，資産に計上している保険料の額のうち，転換後契約の責任準備金に充当される部分の金額を超える部分の金額をその転換をした日の属する事業年度の損金の額に算入することができます。

　この場合において，資産計上額のうち充当額に相当する部分の金額については，その転換のあった日に保険料の一時払いをしたものとして，転換後契約の内容に応じて法人税基本通達9-3-4から9-3-6までの取扱いを適用します（法基通9-3-7）。

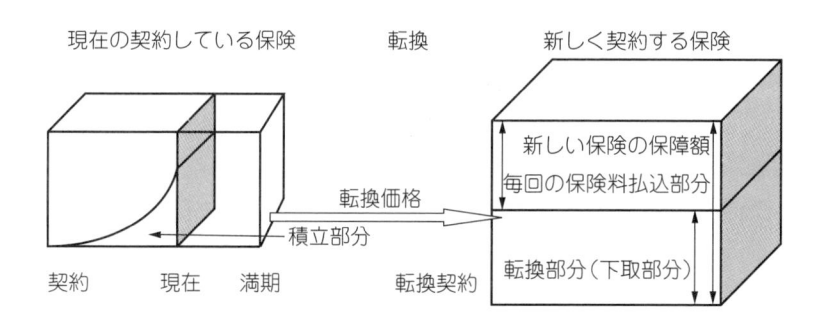

　つまり，保険契約の転換とは，既契約に係る責任準備金や配当金等の合計額を新たな保険契約に係る一時払保険料に充当する方法で契約を切り替えるもの

をいいます。

　その結果，保険契約の転換があった場合には，転換する前の契約に係る責任準備金や配当積立金等の金額が，転換後契約の転換部分の保険料に充当されることとなります。

　なお，転換価格を新しいどの部分に充当するかによって，次のようにいろいろな方式があります。

ⅰ　転換価格を主契約のみに充当する方式

　　この方法によりますと，主契約の保険料負担が軽減されます。なお，定期保険特約の保険料負担は軽減されません。

ⅱ　転換価格を定期保険特約のみに充当する方式

　　この方式によりますと，保険料負担が軽減されるのは定期保険特約のみで，主契約の保険料負担は軽減されません。

ⅲ　転換価格を一定の割合で分割し，主契約と定期保険特約のそれぞれに充当する方式

　　この場合には，主契約と定期保険特約それぞれについて，保険料負担が軽減されます。

（設例）養老保険を定期付終身保険に転換する場合

　　契約者・保険金受取人：法人　　　被保険者：役員及び従業員

　　被転換契約に係る資産計上保険積立金　　3,500,000 円

　　　　　　資産計上積立配当金　　　300,000 円

　転換価格　3,600,000 円　　　保険期間　20 年

（第一法）一時払保険料に充当する方法

借　方	金　額	貸　方	金　額
保 険 積 立 金	3,600,000 円	保 険 積 立 金	3,500,000 円
雑　　損　　失	200,000 円	積 立 配 当 金	300,000 円

（第二法）転換価格を定期保険特約へ充当する方法（終身保険部分 2,400,000 円，定期保険特約部分 1,200,000 円）

　　　転換後の定期保険の保険期間 10 年

1　生命保険

3月決算（契約変更10月1日）

借　方	金　額	貸　方	金　額
前払費用（注1）	3,420,000円	保険積立金	3,500,000円
支払保険料（注2）	180,000円	配当積立金	300,000円
雑　損　失	200,000円		

（注1）　3,600,000円－180,000円＝3,420,000円
（注2）　3,600,000円×6月／（12月×10年）＝180,000円
（注3）　次年度は前払費用のその年度分を取り崩して損金に算入する。

（第三法）転換後の養老保険と定期保険特約部分へ充当する方法（終身保険部分 2,400,000円，定期保険特約部分 1,200,000円）

転換後の定期保険の保険期間　10年

3月決算（契約変更10月1日）

借　方	金　額	貸　方	金　額
保険積立金	2,400,000円	保険積立金	3,500,000円
前払費用（注1,3）	1,140,000円	配当積立金	300,000円
支払保険料（注2）	60,000円		
雑　損　失	200,000円		

（注1）　1,200,000円－60,000円＝1,140,000円
（注2）　1,200,000円×6月／（12月×10年）＝60,000円
（注3）　次年度は前払費用のその年度分を取り崩して損金に算入する。

❸ 契約者変更

保険契約を個人契約から法人契約に，また，法人契約から個人契約や法人契約から他の法人契約に変更することがあります。

このような場合，その保険契約の権利，つまり，解約返戻金相当額で移転があったこととなります。

ⅰ　個人契約から法人契約に変更する場合

このようなケースとしては法人成りに伴う契約者の変更が考えられます。

（設例）　被保険者　　　　役員
　　　　　契約者　　　　　役員から法人へ変更

```
保険金受取人        役員から法人へ変更
解約返戻金相当額    1,000,000 円で変更
```

借　　方	金　　額	貸　　方	金　　額
保 険 積 立 金	1,000,000 円	現 金 預 金	1,000,000 円

（注）配当積立金があれば，別途その金額の対価の支払いの仕訳があります。

　なお，譲渡した役員については，解約返戻金相当額が既払保険料を超え，さらに，50万円の特別控除しても，なお所得がある場合にはその2分の1相当額は一時所得となります。

　この設例で，役員に対しその対価の支払いがない場合は次のようになります。

借　　方	金　　額	貸　　方	金　　額
保 険 積 立 金	1,000,000 円	雑　　収　　入	1,000,000 円

ⅱ　法人契約から個人契約に変更する場合

　このようなケースとしては，役員等の退職に際し，退職金として生命保険契約の契約者を変更する場合等が考えられます。

```
（設例）被保険者         役員
       契約者           法人から役員へ変更
       保険金受取人     法人から役員へ変更
       解約返戻金相当額 1,000,000 円で変更
```

借　　方	金　　額	貸　　方	金　　額
退　職　金	1,000,000 円	保 険 積 立 金	1,000,000 円

（注）配当積立金があれば，別途その金額の対価の支払いの仕訳があります。

　なお，契約者の変更を受けた役員は，他に現金支給される退職金があればそれらとともに退職所得して，所得税・住民税の課税対象となります。

ⅲ 法人契約を他の法人契約に変更する場合

このケースとしては,役員等が転籍により他の法人に異動する場合が考えられます。

（設例）　被保険者　　　　　　役員
　　　　契約者　　　　　　　法人から他の法人へ変更
　　　　保険金受取人　　　　法人から他の法人へ変更
　　　　解約返戻金相当額　　1,000,000円で変更

（イ）　変更を受けた法人

借　　方	金　　額	貸　　方	金　　額
保 険 積 立 金	1,000,000円	現 金 預 金	1,000,000円

（注）　配当積立金があれば,別途その金額の対価の支払いの仕訳があります。

（ロ）　変更をした法人

借　　方	金　　額	貸　　方	金　　額
現 金 預 金	1,000,000円	保 険 積 立 金	1,000,000円

（注）　配当積立金があれば,別途その金額の対価の受取りの仕訳があります。

なお,この取引が無償で行われる場合には,それぞれ受贈益,寄附金の仕訳となります。

❹　契約者貸付

生命保険契約は長期間にわたり,その期間中に諸般の事情から保険料の払込みが困難となることも考えられることから,保険金額の減額,払済保険への変更等のほか貸付制度を設け保険契約を継続できる取扱いがあります。

契約者貸付制度は,満期保険金に充てられる積立保険料が資産計上されていることから,保険会社はこれを担保として契約者貸付けを行います。つまり,税務上は,貸付けを受ける法人は,金融機関からの借入金と同様の経理処理を行います。

（設例）契約者貸付金 2,000,000 円を受けた。

借　　方	金　　額	貸　　方	金　　額
現 金 預 金	2,000,000 円	借 　入　 金	2,000,000 円

（設例）契約者貸付金 2,000,000 円を返済し，利息 50,000 円を支払った。

借　　方	金　　額	貸　　方	金　　額
借 　入　 金	2,000,000 円	現 金 預 金	2,050,000 円
支 払 利 息	50,000 円		

なお，契約者貸付金のある法人が満期保険金や死亡保険金を受け取った場合には，次のような仕訳を行います。

（設例）契約者貸付金 2,000,000 円（支払利息 150,000 円），保険積立金 5,000,000 円がある法人が，満期保険金 20,000,000 円を受け取った。

借　　方	金　　額	貸　　方	金　　額
現 金 預 金	17,850,000 円	保 険 積 立 金	5,000,000 円
借 　入　 金	2,000,000 円	雑 　収　 入	15,000,000 円
支 払 利 息	150,000 円		

❺　自動振替貸付制度

　生命保険契約は，長期的に継続する契約であることから，その保険期間中に保険契約者が経済的な事情等により保険料の払込みが困難となり，一時的にあるいは恒久的にその保険契約の継続が不可能となる場合があります。

　そこで，直ちにその保険契約を解約する等することなく，保険契約を継続する手法として，保険料の自動振替貸付制度があります。これは，保険契約を解約して解約払戻金を利用するほど窮迫していない状態の場合に，保険会社が解約払戻金の範囲内で保険料相当額を自動的に貸し付け，保険料に充当して保険契約を継続するものです。

　自動振替貸付制度は，保険会社によりその取扱いが違いますので，各会社に

問い合わせる必要があります。通常，次のような経理処理となります。

（設例）養老保険
　　　自動振替貸付金額　　250,000 円
　　　貸付金利　　　　　　　1,000 円

（振替通知がきたとき）

借　　方	金　　額	貸　　方	金　　額
保 険 積 立 金 支 払 利 息	250,000 円 1,000 円	借　入　金	251,000 円

（返済したとき）

借　　方	金　　額	貸　　方	金　　額
借　入　金	251,000 円	現 金 預 金 雑　収　入※	250,000 円 1,000 円

（注）※雑収入は，前払利息分の返済がある場合の金額です。

---

❻ 減額

保険金額の減額は，生命保険契約の一部解約と取り扱われていますので，次のように処理します。

（設例）保険金額　　　　　　6,000 万円
　　　減額した保険金額　　　2,000 万円
　　　保険積立金　　　　　　750 万円
　　　解約返戻金　　　　　　230 万円

借　　方	金　　額	貸　　方	金　　額
現 金 預 金 雑　損　失	2,300,000 円 200,000 円	保 険 積 立 金	2,500,000 円

（注）　保険積立金の取り崩すべき金額

$$= 保険積立金 750 万円 \times \frac{減額した保険金額\ 2,000 万円}{減額する前の保険金額\ 6,000 万円}$$

$$= 2,500,000 円$$

なお，減額する保険が定期保険の場合には，保険積立金がないことから，

> 減額に伴う解約返戻金相当額は雑収入となります。

❼ 復活

　保険契約が失効すると，その効力は停止しますが，保険契約者が3年以内に復活の申出をして，保険会社がこれを承諾した場合には，停止されていた保険契約の効力を回復することができます。

（設例）保険契約　　　　　養老保険の復活
　　　　払い込んだ保険料　　2,500,000円
　　　　振替貸付の金額　　　1,500,000円
　　　　借入金利息　　　　　　250,000円

借　　方	金　　額	貸　　方	金　　額
保 険 積 立 金	750,000円	現 金 預 金	2,500,000円
借　入　金	1,500,000円		
支 払 利 息	250,000円		

❽ 延長保険

　延長保険とは，加入している生命保険の保険料の払込みを中止して，その時の解約返戻金をもとに，既契約の生命保険と同額の一時払いの定期保険に変更することです。

　保険金額は元のものと変わりませんが，保険期間が元の契約と同じか，それよりも短くなります。

　つまり，既契約の養老保険に係る既払保険料のうち，積立保険料部分（責任準備金）を変更後の定期保険に係る一時払いの保険料に充当し，保険料の支払いを停止しますが，保証期間はその責任準備金の多寡により決まるため，保険金額はそのままで保証期間が延長されることもあります。

（設例）既契約の保険期間の満了日より以前に満了となる契約（生存保険金なし）
　　　　　終身保険　　　　　　変更後の保険期間10年

保険積立金　　　　　　2,000,000 円

解約返戻金相当額　　　1,200,000 円

借　方	金　額	貸　方	金　額
前 払 保 険 料 雑　　損　　失	1,200,000 円 800,000 円	保 険 積 立 金	2,000,000 円

(毎年度期末の処理)

借　方	金　額	貸　方	金　額
支 払 保 険 料	120,000 円	前 払 保 険 料	120,000 円

(注)　1,200,000×12月／(10年×12月)＝120,000円

(設例) 既契約の保険期間の満了日を超える契約 (生存保険金あり)

終身保険　　　　　　変更後の保険期間 10 年

保険積立金　　　　　　2,000,000 円

解約返戻金相当額　　　1,200,000 円

借　方	金　額	貸　方	金　額
保 険 積 立 金 雑　　損　　失	1,200,000 円 800,000 円	保 険 積 立 金	2,000,000 円

(注)　生命保険契約が消滅するまで，保険積立金は取り崩しません。

この設例で解約返戻金相当額1,200,000円のうち，300,000円が生存保険金相当額の場合，次のような処理が考えられますが，所轄の税務署に事前に相談確認してください。

借　方	金　額	貸　方	金　額
保 険 積 立 金 前 払 保 険 料 雑　　損　　失	300,000 円 900,000 円 800,000 円	保 険 積 立 金	2,000,000 円

(毎年度期末の処理)

借　方	金　額	貸　方	金　額
支 払 保 険 料	90,000 円	前 払 保 険 料	90,000 円

(注)　900,000×12月／(10年×12月)＝90,000円

2 損害保険

(1) 概　要

① 火災保険

　企業向けの火災保険には，事業遂行に伴う火災等のリスクをカバーするため大きく分けて，財物に対する補償と休業損失に対する補償に分類されます。財物に対する補償には，企業の所有する財物を保険の目的物として直接的な損害を補償する普通火災保険や店舗総合保険があり，休業損失に対する補償には，火災等の事故によって財物が物的損害を被った結果生ずる喪失利益を補償する店舗休業保険や利益保険，企業費用・利益総合保険，家賃担保特約保険などがあります。

　近年においては，ますますリスクの多様化・複雑化するなか，リスクヘッジ手法を提供するコンサルテングサービスや万一の事故発生時に，企業活動への影響を最小限にするための復旧支援付帯商品も登場しています。

　火災保険には，主に次のような商品があります。

イ　財物に対する補償

㋑　普通火災保険

　火災保険のなかで基本的な保険です。火災，落雷，破裂・爆発などによって家計向けの住宅物件以外の建物，動産（設備・什器・商品・製品等），屋外設備装置に損害が生じた場合に補償する保険であり，保険の目的物ごとに一般物件用・工場物件用・倉庫物件用の3種類があります。

㋺　店舗総合保険

　普通火災保険の補償内容をさらに充実させ，幅広い損害に対応した一般物件

の上級商品であり，一般物件のみを対象とした保険です。

(ハ) 物件種別の補償内容・費用保険金及び費用の一覧表

担保種別		普通火災保険			店舗総合保険
		一般	工場	倉庫	
担保危険	火災，落雷，破裂，爆発	○	○	○	○
	風，ひょう，雪災	○	○	×	○
	車両・航空機の衝突	×	○	×	○
	給排水設備の事故による漏水，放水，いっ水	×	○	×	○
	騒じょう・労働争議	×	○	×	○
	建物外部からの物体の飛来・衝突	×	×	×	○
	盗難	×	×	×	○
	水災	×	×	×	○
	持ち出し家財の損害	×	×	×	○
費用保険金	臨時費用保険金	○	○	○	○
	残存物取片づけ費用保険金	○	○	○	○
	失火見舞費用保険金	○	○	×	○
	地震火災費用保険金	○	○	×	○
	修理付帯費用保険金	○	○	×	○
	損害防止費用	○	○	○	○
	求償権の保全・行使等の費用	○	○	○	○

(出典：東京海上日動火災保険株式会社「損害保険の法務と実務」金融財政事情研究会)

ロ　休業損失に対する補償

(イ)　利益保険

　火災等で建物等が損害を受けた結果，営業が休止又は阻害されたことに伴い生産高又は売上高が減少したため生じる損失を補償する保険です。

(ロ)　家賃担保特約保険

　賃貸住宅建物が火災等によって滅失した結果，建物が復旧するまでの間に減少する家賃収入を補てんする保険です。

(ハ)　企業費用・利益総合保険

　火災等の偶然な事故より建物・施設等が損害を受けた場合及び電気・ガス・水道・電信・電話等の敷地外ユーティリティ設備の機能が中断した場合に被る休業損失又は営業を継続するための費用を補償する保険です。

㈢ 店舗休業保険

　利益保険を簡素化した保険で，小規模な企業や商店など小規模な物件を対象とした休業損失などの間接損害を補償する保険です。

② 傷害保険

　人間の身体の健全さを損なう原因は疾病と傷害に大別されますが，傷害を対象とするのが傷害保険です。また，すべての傷害が対象となるわけでなく，被保険者が，日本国内又は国外において，㋑急激かつ㋺偶然な㋩外来の事故による身体の傷害や死亡に対して保険金が支払われます。ここでいう㋑「急激な事故」とは，自動車の衝突事故のように原因から結果に至る過程において，結果の発生を避けることができないほど突発的な事故をいいますので，靴ずれなど緩慢な作用の繰り返しが加えられて発生するようなものや，過重労働の蓄積による死亡などは急激性を欠くものとなります。

　また，㋺「偶然な事故」とは，散歩の途中で自動車にひかれケガをしたり，テニス中に転倒し，足を骨折したように原因の発生，結果の発生の両方又はいずれか一方が，被保険者にとって予知できない状態で発生した事故をいいますので，炎天下で，日射病にかかり入院した場合などは偶然性を欠くものとなります。

　また，㋩「外来の事故」とは，傷害が被保険者の身体の外部からの作用による事故をいいます。外来性要件はもともと，身体の疾患等の内部的原因による疾病保険と区別する基準となっています。

　しかし，疾病の発作に基因して発生した事故など外部からの作用と被保険者の基礎疾患が協働して傷害が生じている場合の取扱いなどについては，明確ではありませんでしたが，2007年の最高裁において，「請求者は，被保険者の身体の外部からの作用による事故と被保険者の傷害との間に相当因果関係があることを主張，立証すれば足りる」と判示しています（平成19年10月19日　最高裁）。

　すなわち，疾病起因性の有無は外来性の判断要素に組み入れないこと，保険者は約款に免責事由として規定がある場合に限り，免責を主張，立証すること

ができることが明らかにされました。

　したがって，運転中に狭心症による意識障害を起こし適切な運転ができなくなり，事故を起こしてケガをした場合も該当することになります。

　傷害保険には，普通傷害保険，家族傷害保険，交通事故傷害保険，ファミリー交通傷害保険，積立型保険等があります。

イ　普通傷害保険

　家庭内，職場内，通勤途上，スポーツ中，旅行中などの日常生活の中で起こる様々なケガが補償され，傷害保険のなかでは最も古く，代表的な保険です。

　保険期間は，1年が基本ですが，それ以外にも保険期間が複数年で満期返戻金のある積立普通傷害保険もあります。

ロ　家族傷害保険

　普通傷害保険の家族型の保険であり，保険事故の対象となる被保険者の範囲は保険証券に記載されている被保険者本人だけでなく，その家族も対象となります。

ハ　交通事故傷害保険

　交通事故による傷害を主として対象とする保険であり，被保険者が，運行中の自動車，電車，航空機，船舶等（以下「交通乗用具」といいます）との衝突，接触，爆発などの事故・交通乗用具に乗っているときの偶然な外来の事故・建物や乗り物の火災・道路通行中の建物などの倒壊や物の落下，火災，爆発などより被った傷害により保険金が支払われます。

ニ　ファミリー交通傷害保険

　交通事故傷害保険の家族型の保険であり，保険事故の対象となる被保険者の範囲は保険証券に記載されている被保険者本人だけでなく，その家族も対象となります。

③　長期傷害保険

　長期傷害保険は，ケガでの入院，手術，通院費用や不慮の事故による死亡や後遺障害を保障する保険です。傷害保険との違いは保険期間と高水準に設定されている解約返戻金です。

長期傷害保険（終身保障タイプ）は，保険料は掛捨てでいわゆる満期保険金はありまんが，病気による死亡，保険契約の失効，告知義務違反による解除及び解約等の場合には，保険料の払込期間に応じた所定の払戻金が保険契約者に払い戻されます。これは，保険期間が長期にわたるため，高齢化するにつれて高まる災害死亡率等に対して，平準化した保険料を算出しているためであり，その結果，ピーク時の解約返戻率は50％を大きく超えているため従業員のケガによる入院や通院，死亡などの保障を確保しながら退職金の準備としても活用できる保険です。

④　**自動車保険**

　自動車事故に関する保険は，法律により加入が義務付けられている強制保険と任意に加入する任意保険に大別されます。強制保険である自動車損害賠償責任保険（以下「自賠責保険」といいます）については次の⑤で説明し，ここでは任意保険である自動車保険について説明します。

　自動車保険は，自動車事故によって発生する損害や傷害に対して保険金が支払われます。この自動車保険は，基本的には次のようなものがあり，これらを組み合わせてセットで販売されます。

イ　対人賠償保険

　対人賠償保険は，被保険自動車の所有，使用又は管理によって生じた偶然な事故で他人を死傷させることにより，被保険者が法律上の損害賠償責任を負担したときに保険金が支払われます。つまり，対人事故に関する賠償責任保険です。自賠責保険の支払額を超える部分に対して保険金が支払われます。

ロ　対物賠償保険

　対物賠償保険は，被保険自動車の所有，使用又は管理によって生じた偶然な事故で他人の財物に損害を与え，被保険者が法律上の損害賠償責任を負担したときに保険金が支払われます。つまり，対物事故に関する賠償責任保険です。

ハ　搭乗者傷害保険

　搭乗者傷害保険は，被保険自動車に搭乗中の者すべてを被保険者として，被保険自動車の運行によって生じた事故等により被保険者が死傷したときに保

金が支払われる，定額給付型の傷害保険です。

ニ　自損事故保険
　自損事故保険は，被保険自動車について，相手方がいない単独事故や，相手方がいてもその過失が無い事故において被保険者が死傷したときに保険金が支払われる，定額給付型の傷害保険です。

ホ　無保険車傷害保険
　無保険車傷害保険は，被害事故によって被保険者に死亡又は後遺障害が発生した場合に，加害者が対人賠償保険に加入していない等の無保険車であり，十分な補償が受けられないときに，被保険者等が加害者に対して有する損害賠償請求可能額を填補する傷害保険です。

ヘ　人身傷害補償保険
　人身傷害補償保険は，自動車事故によって被保険者が死傷したときに，被保険者等に発生する損害を填補する傷害保険です。運転者の過失割合にかかわらず，契約金額の範囲内で実損害額の全額について保険金が支払われます。

ト　車両保険
　車両保険は，偶然な事故により被保険自動車に損害が生じたときや，被保険自動車の盗難によって損害が生じたときに保険金が支払われる物保険です。保険金の支払いに代えて現物給付がされる場合もあります。

⑤　自賠責保険
　自賠責保険は自動車損害賠償保障法（以下「自賠法」といいます）によってすべての自動車に加入が義務付けられており，加入していない自動車は運行できないことになっています（自賠法5）。
　被保険自動車の保有者や運転者がその自動車の運行によって人身事故を起こし，他人を死傷させることにより法律上の損害賠償責任を負担したときに保険金が支払われます。つまり，対人事故に関する賠償責任保険です。
　保険金の限度額は，死亡の場合は3,000万円，傷害の場合は120万円，後遺障害の場合は介護の要否や程度に応じて75万円から4,000万円と定められています（自賠法3①，自賠法施行令2）。

2 損害保険

⑥ 介護費用保険

　介護費用保険は，被保険者が寝たきり又は認知症により介護が必要になった場合に，その介護費用を補償する損害保険です。補償対象は，主として医療費用や介護施設利用に伴う諸費用，在宅介護に伴う諸費用，介護のための住宅改修費用などがあります。これらに対して支払われる保険金は，医療費用・介護施設費用保険金，介護諸費用保険金，及び臨時費用保険金などです。主として公的な介護保険では不足する部分に活用します。

　支払保険料は掛捨てで，保険期間は終身であり，満期返戻金の支払いはありません。このような介護費用保険は，保険事故の多くが被保険者が高齢者になってから発生するにもかかわらず各年の支払保険料が毎年平準化されているため，保険期間の前半において支払う保険料の中に多額の前払保険料が含まれています。このため，60歳頃までに中途解約又は失効した場合には，相当多額の解約返戻金が生じます。このような特殊性があることから，税務上，支払保険料を単に支払いの対象となる期間の経過により損金の額に算入することは適当ではありません。そこで，その支払保険料の取扱いについては個別通達で定められています（平成元年12月16日付直審4-52，3-77）。

　また，最近では介護特約付健康長期保険という商品も販売されています。この保険は，介護費用保険の一種であり，保険料は掛捨てで満期返戻金はありませんが，被保険者が85歳に達するまでに保険契約の失効，告知義務違反による解除及び解約等が生じた場合には，保険料の払込期間等に応じた所定の払戻金が保険契約者に払い戻されることになっています。この保険には健康祝金支払特約を付帯することができます。この特約は，「契約時に定める所定の年齢まで介護基本保険金又は介護一時金の支払いがない場合には健康祝い金を支払う。」というものです。

　この保険の保険料等の税務上の取扱いについては，東京国税局では，個別の照会に対する回答で明らかにしています（平成16年1月28日東京国税局文書回答）。

⑦ 役員賠償責任保険（D&O保険）

　会社役員としての業務の遂行に起因して，保険期間中に株主代表訴訟や第三

者訴訟などにより損害賠償請求がなされたことによって被る法律上の損害賠償責任を補償する保険です。

1993年10月施行の商法改正では，株主代表訴訟に必要な手数料が請求額に関係なく一律8,200円となり，2006年5月施行の会社法では，機関設計の選択肢の拡大など規制緩和を目的とした制度の見直しが行われる一方で内部統制システムの構築をはじめとするコーポレート・ガバナンス強化のための改正が行われ，会社役員の権限と責任の拡大に伴い，会社役員の責任を追及する代表訴訟が多く提起されています。

役員賠償責任保険は，保険契約者は法人で，被保険者は会社法上の役員のほか，子会社（海外子会社を含みます）の役員，保険期間中に退任された役員や新たに選任された役員，役員が死亡した後にその債務を引き継ぐこととなった相続人など，対象となる範囲は広く，保険の適用地域は，日本国内のみならず全世界にわたります。また，保険金の範囲は，損害賠償金のほか，弁護士費用等，訴訟，仲裁，調停または和解等に要した争訟費用についても保険金が支払われます。

役員に対して提起される訴訟には，（イ）株主代表訴訟…役員が善管注意義務や忠実義務に違反し会社に損害を与え会社が請求を起こさない場合に，株主が会社に代わって会社法第847条を根拠として役員に対して起こす損害賠償請求 （ロ）第三者訴訟…役員が故意又は重過失などによって取引先などの第三者に損害を与えた場合に，民法や会社法第429条などを根拠として第三者が役員に対して起こす損害賠償請求 （ハ）会社訴訟…役員が善管注意義務や忠実義務に違反し会社に損害を与えた場合に，会社法第423条を根拠として会社が自社の役員に対して起こす損害賠償請求がありますが，この保険では，（イ）株主代表訴訟と（ロ）第三者訴訟が補償の対象となり，（ハ）会社訴訟は補償の対象になりません。

⑧ PL保険（生産物賠償責任保険）

製造・販売した製品の欠陥や完成して引き渡した工事の目的物等に伴う事故によって，その製品の消費者その他第三者が生命・身体または財産に被害を

被った場合，被保険者が負担する法律上の損害賠償責任を補償する保険です。

例えば，製造または販売した自転車が安全性を欠いていて，利用者がケガをした場合や設置ミスにより看板が落下し，通りかかった自動車を損壊させた場合などに保険金が支払われます。

また，この保険の対象は日本国内（輸入品を含みます）に限られ，海外に輸出する製品や海外で行った工事等は，英文約款による海外PL保険に加入する必要があります。

製品の欠陥により被害を被った被害者が，製品の製造業者に対して損害賠償請求する場合，以前は民法に基づいて，製造業者等に故意または過失があったことを証明しなければなりませんでした。しかし，1995年7月1日にPL法（製造物責任法）が施行され，被害者が損害の発生・当該製品の欠陥の存在・欠陥と損害との因果関係の3点を立証すれば，製造業者等は過失の有無にかかわらず，損害賠償責任を負わなければならなくなりました。

また，PL法とPL保険の対象は，完全に整合しているわけではく，PL保険が補償対象とする賠償責任は，PL法の責任に加えて，広く民事上の責任（債務不履行責任や不法行為責任）も対象としています。

⑨ 所得補償保険

日本国内又は国外において，業務中・業務外を問わず，被保険者が傷害又は疾病を被り，その直接の結果として就業不能になった場合に，その期間の給与や収益を補償する損害保険契約です。また，就業不能とは，被保険者が傷害又は疾病の治療のため入院し，又は，入院以外で医師の治療を受けていることにより，保険証券記載の業務に従事できない状態をいいます。

保険期間が満了し保険金支払いの対象となる就業不能又はけがの発生がない場合には，既払保険料の20％が保険契約者に支払われます。所得補償保険は，無事故戻しが設けられている数少ない商品です。

⑩ ゴルファー保険

日本国内又は国外を問わず，ゴルフの練習，競技または指導中に誤って他人

(キャディを含みます)にケガをさせた場合や他人の物を壊した場合に発生する法律上の損害賠償責任を負担することによって被った損害を補償する保険です。

また,ゴルフ場でゴルフの練習中・競技中・指導中に被ったゴルファー自身の傷害(傷害保険),ゴルフ用品の損害(物保険),及びゴルファーがホールインワンまたはアルバトロスを達成した場合に負担する記念品購入費用・祝賀会費用等(費用保険)も補償することができます。

(2) 各種損害保険の税務上の取扱い

① 火災保険
イ 支払保険料の取扱い

(イ) 支払保険料の損金算入時期

長期火災保険契約以外で掛捨てとなる火災保険の支払保険料については,一般に公正妥当と認められる会計処理の基準に従い,支払保険料のうち未経過分を除いては,その支払った日の属する事業年度の損金の額に算入することになります。また,未経過分については前払費用として資産計上します。ただし,保険期間が1年以内の期間の支払保険料については,経過,未経過の計算をせず,支払保険料の全額を契約年度の損金の額に算入することも認められます(法基通2-2-14)。

> (設例)当社は,本社ビルに対して火災保険に加入し,保険料24,000円を支払いました。この保険は次のような契約内容となっております。
>
> 保 険 契 約 者:法人
> 被 保 険 者:法人
> 保険料支払者:法人
> 保 険 期 間:1年
>
> | 借 方 | 金 額 | 貸 方 | 金 額 |
> |---|---|---|---|
> | 支 払 保 険 料 | 24,000円 | 現 金 預 金 | 24,000円 |

なお，被保険者とは，被害にあったときに保険会社より保険金を受け取る人をいいます。被保険者は補償対象物の所有者でなければなりません。

(ロ)　長期の損害保険契約に係る支払保険料

長期の損害保険契約とは，法人が，保険期間が3年以上で，かつ，その保険期間満了後に満期返戻金を支払う旨の定めのある契約をいいます。

損害保険契約の支払保険料は，未経過分を除いては，その支払った日の属する事業年度の損金の額に算入することとされていますが，長期の損害保険の保険料には満期返戻金に充てるための積立保険料が含まれており，これを支払時の損金の額に算入することは妥当でないことから，その支払った保険料の額のうち，積立保険料に相当する部分の金額は保険期間の満了又は保険契約の解除若しくは失効の時までは資産に計上するものとし，その他の部分の金額は期間の経過に応じて損金の額に算入することとされています。

(設例)　当社は，本社ビルに対して長期の火災保険に加入し，保険料100,000円を支払いました。なお，保険料のうち30,000円は積立保険料に相当する部分の金額です。この保険は次のような契約内容となっております。

保険契約者：法人　　被保険者：法人　　保険料支払者：法人

借　　方	金　　額	貸　　方	金　　額
支払保険料	70,000円	現　金　預　金	100,000円
積立保険料	30,000円		

(ハ)　賃借建物等を保険に付した場合の支払保険料

法人は，他人が所有する建物等を対象とする保険契約に係る保険料を支払った場合には，その支払った保険料については，次に掲げる場合の区分に応じ，それぞれ次によります（法基通9-3-10）。

㋑　法人が保険契約者となり，その建物等の所有者が被保険者の場合

満期返戻金，解約返戻金及び契約者配当金の請求権は保険契約者である法人に，損害保険金の請求権は建物等の所有者にありますので，満期返戻金の原資

である積立保険料部分の金額は保険期間の満了又は保険契約の解除若しくは失効の時までは資産に計上し，損害保険金の原資であるその他の部分の金額は期間の経過に応じて損金の額に算入することとされています。

ロ　建物等の所有者が保険契約者及び被保険者の場合

　保険料支払人である法人は，損害保険金の請求権及び満期返戻金等の請求権のいずれも有しないので，支払保険料については，積立部分とその他の部分とに区別せず，その全額を期間の経過に応じて建物等の賃借料とすることとされています。

（設例）当社は，賃貸している本社ビルに対して長期の火災保険に加入し，保険料100,000円を支払いました。なお，保険料のうち30,000円は積立保険料に相当する部分の金額です。この保険は次のような契約内容となっております。

　保険契約者：建物の所有者　　被保険者：建物の所有者
　保険料支払者：法人

借　　方	金　　額	貸　　方	金　　額
賃　借　料	100,000円	現 金 預 金	100,000円

（ニ）　役員又は従業員の建物等を保険に付した場合の支払保険料

　法人がその役員又は従業員の所有する建物等に係る長期の損害保険契約について保険料を支払った場合には，その保険料については，次に掲げる場合の区分に応じ，それぞれ次によります（法基通9-3-11）。

イ　法人が保険契約者となり，その役員又は従業員が被保険者の場合

　満期返戻金等の請求権は保険契約者である法人にありますので，満期返戻金の原資である積立保険料部分の金額は保険期間の満了又は保険契約の解除若しくは失効の時までは資産に計上し，一方，保険の目的である建物等は法人の事業の用に供されているものではありませんから，その他の部分はその建物等の所有者であり，損害保険金の請求者である役員又は従業員に経済的利益を供与したものとして，原則として給与として課税すべきものと考えられます。

しかし，このような掛捨て部分（その他の部分）に係る役員又は従業員が受ける経済的利益は，実際に保険事故が発生しない限り生じないので，給与所得として課税しなくても差し支えないこととされています（所基通36-31の7）から，法人が給与として経理しない場合には，給与として取り扱わないこととされています。ただし，特定の役員や従業員だけを対象としたものの保険料を支払った場合には，課税対象となります。

㋺ 役員又は従業員が保険契約者及び被保険者の場合

損害保険金の請求権及び満期返戻金等の請求権はともにその建物等の所有者である役員又は従業員にあるので，法人の支払った保険料の全額をその役員又は従業員に対する経済的利益を供与したものとして給与として課税することとなります。

（設例）当社は，役員及び従業員の住宅に対して長期の火災保険に加入し，保険料50,000円を支払いました。なお，保険料のうち10,000円は積立保険料に相当する部分の金額です。この保険は次のような契約内容となっております。

　　保険契約者：法人　　被保険者：建物の所有者である役員及び従業員
　　保険料支払者：法人

借　　方	金　　額	貸　　方	金　　額
福利厚生費	40,000円	現金預金	50,000円
積立保険料	10,000円		

ロ　保険金を受け取った場合の取扱い

法人が，保険事故の発生により保険金の支払いを受けた場合には，その保険金の額をその支払いの確定した日の属する事業年度の益金の額に算入するとともに，長期の損害保険契約に係る支払保険料（法基通9-3-9）の取扱いにより資産に計上されている積立保険料に相当する部分の金額を損金の額に算入することになります。

ただし，分損（80％以内の損害等）の場合は，その保険契約が失効せず，保

険金額が自動的に復元するときは、資産に計上している積立保険料に相当する部分の金額については、引続き契約保険料の全額の補償を担保しているので、保険期間の満了、保険契約の解除又は失効の時までは損金の額に算入することはできません（法基通9-3-12）。

なお、保険事故によって受け取った保険金で代替の固定資産を取得した場合は、圧縮記帳制度（法法47）の適用を受けることにより、保険差益に対する課税の繰延べが受けられます。

(設例) 当社の本社ビルが全焼し、建物の焼失に係る保険金を受け取りました。

　　保険契約者：法人　　被保険者：法人　　保険料支払者：法人

借　方	金　額	貸　方	金　額
現　金　預　金	5,000,000 円	積 立 保 険 料 雑　　収　　入	2,000,000 円 3,000,000 円

ハ　満期返戻金・解約返戻金等を受け取った場合の取扱い

法人が、長期の損害保険契約の満期が到来して満期返戻金及び契約者配当金の支払いを受けることが確定したとき又は、長期の損害保険契約を中途解約して解約返戻金及び契約者配当金の支払いを受けることが確定したときは、その確定した日の属する事業年度の益金の額に算入するとともに、長期の損害保険契約に係る支払保険料（法基通9-3-9）の取扱いにより資産に計上されている積立保険料に相当する部分の金額は、同事業年度において取り崩し、損金の額に算入することになります。

ニ　圧縮記帳の取扱い

法人の所有する固定資産が火災等により滅失又は損壊し、その滅失又は損壊のあった日から3年以内に支払いの確定した一定の保険金等の支払いを受け、その支払いを受けた事業年度において、その保険金等をもって代替資産を取得し、又は損壊を受けた固定資産や代替資産となるべき資産の改良をした場合には、これらの固定資産について圧縮限度額の範囲内で帳簿価額を損金経理する

ことにより減額するなど一定の方法で経理したときは、その減額した金額を損金の額に算入する圧縮記帳の適用を受けることができます。なお、保険金等で取得した固定資産等の圧縮限度額の計算は次のとおりです。

$$\text{圧縮限度額} = \text{保険差益の額} \times \frac{\text{代替資産の取得又は改良に充てた保険金の額のうち分母の金額に達するまでの金額}}{\text{保険金等の額} - \text{滅失又は損壊により支出する経費の額}}$$

保険差益の額＝保険金等の額－滅失又は損壊により支出する経費の額
　　　　　　　－滅失又は損壊をした固定資産の被害直前の帳簿価額のうち被害部分に相当する金額

　また、保険金等の支払いを受けた事業年度に代替資産の取得又は改良ができない場合でもその翌期首から原則として2年以内に代替資産の取得又は改良をする見込みであるときは、圧縮限度額の範囲内の額を特別勘定として経理し、損金の額に算入することができます（法法47,48）。

　また、特別勘定繰入限度額の計算は次のとおりです（法令89）。

$$\text{特別勘定繰入限度額} \times \frac{\text{代替資産の取得又は改良に充てようとする金額のうち分母の金額に達するまでの金額}}{\text{取得した保険金等の金額} - \text{滅失等により支出する経費の額}}$$

　なお、圧縮記帳の経理処理の詳細については「④自動車保険ニ（ロ）経理処理の方法」を参照してください。

（設例）当社の倉庫が全焼し、倉庫の焼失に係る保険金、商品の焼失に係る保険金を受け取りました。この保険金に自己資金を加えて代替資産を取得しました。

　被害倉庫の直前の帳簿価額：1,200万円

　倉庫に係る保険金：2,000万円

　被害商品の直前の帳簿価額：100万円　　商品に係る保険金：80万円

　滅失により支出した費用：70万円（うち50万円は倉庫に係る費用）

　代替資産の取得価額：3,500万円　　積立保険料の金額：30万円

❶ 焼失時

借　　方	金　　額	貸　　方	金　　額
火 災 未 決 算	12,000,000 円	建　　　　　物	12,000,000 円
火 災 未 決 算	1,000,000 円	商　　　　　品	1,000,000 円
雑　　損　　失	300,000 円	積 立 保 険 料	300,000 円

❷ 保険受領時

借　　方	金　　額	貸　　方	金　　額
現 　金 　預 　金	20,000,000 円	火 災 未 決 算	12,000,000 円
現 　金 　預 　金	800,000 円	保 険 差 益	8,000,000 円
雑　　損　　失	200,000 円	火 災 未 決 算	1,000,000 円
雑　　損　　失	700,000 円	現 　金 　預 　金	700,000 円

❸ 代替資産の取得

借　　方	金　　額	貸　　方	金　　額
建　　　　　物	35,000,000 円	現 　金 　預 　金	35,000,000 円

❹ 圧縮記帳

借　　方	金　　額	貸　　方	金　　額
建 物 圧 縮 損	7,500,000 円	建　　　　　物	7,500,000 円

保険差益の額 … 2,000万円 − 50万円 − 1,200万円 = 750万円

圧縮限度額 … $750 万円 \times \dfrac{1,950万円}{2,000万円 - 50万円} = 750 万円$

i 圧縮記帳の対象になるのは，固定資産の滅失等に基因して受けるものに限られますから，棚卸資産の損害に係る保険金等については圧縮記帳の適用はありません（法基通10-5-1）。

ii 共通の経費の額については，保険金等の額の比その他合理的な基準によりこれらの資産に配賦することとなります（法基通10-5-6）。

2 損害保険

ホ 課税関係一覧表

(イ) 火災保険契約

保険料負担者：法人

担保物件	契約者	被保険者	保険料		保険金
			保険料負担	被保険者	
法人所有の建物等	法人		損金（支払保険料）		・益金 ・損害部分の帳簿価額は損金算入 ・保険差益は圧縮記帳の対象
賃貸の建物等	法人	賃貸人	損金（支払保険料）	保険料を収入金額に算入し、同額を必要経費に算入	❶所有者が法人の場合 　同上 ❷所有者が個人事業主（個人）の場合 ・所得税非課税 ・「廃棄損（損害額）＞保険金額」の場合は差額分を必要経費（雑損控除）に算入
	賃貸人		損金（賃借料）		
役員・従業員の建物等	法人	役員・従業員	損金（福利厚生費）	所得税非課税	・所得税非課税 ・「損害額＞保険金額」の場合には差額分は雑損控除の対象
		役員又は特定の従業員	損金（給与）	給与所得	
		役員・従業員			

(ロ) 長期火災保険契約

保険料負担者：法人

担保物件	契約者	被保険者	保険料			保険金	満期返戻金等
			契約者		被保険者		
			積立保険料部分	損害保険料部分			
法人所有の建物等	法人		資産計上	損金（支払保険料）		・益金 ・損害部分の帳簿価額は損金算入 ・保険差益は圧縮記帳の対象（注）	満期返戻金・契約者配当金を益金に算入（注）

賃貸の建物等	法人	賃貸人	資産計上	損金（支払保険料）	損害保険料部分の金額を収入金額に算入し，同額を必要経費に算入する	❶所有者が法人の場合 ・益金 ・損害部分の帳簿価額は損金算入 ・保険差益は圧縮記帳の対象（注）	満期返戻金・契約者配当金を益金に算入（注）
	賃貸人		損金（賃借料）		保険料の全額を収入金額に算入し，積立保険料部分は資産計上，損害保険料部分の金額を必要経費に算入する	❷所有者が個人事業主（個人）の場合 ・所得税非課税 ・「廃棄損（損害額）＞保険金額」の場合は差額分を必要経費（雑損控除）に算入（注）	❶同上 ❷一時所得
役員・従業員の建物等	法人	役員・従業員	資産計上	損金（福利厚生費）	所得税非課税	・非課税 ・「損害額＞保険金額」の場合は差額分を雑損控除の対象（注）	満期返戻金・契約者配当金を益金に算入（注）
		役員又は特定の従業員	資産計上	損金（給与）	給与所得		
	役員・従業員			損金（給与）	給与所得		一時所得

（注）　法人が資産計上している積立保険料は，契約が満期・失効・解約時に損金算入する。

（出典：三輪厚二「Q＆A生命保険・損害保険の活用と税務」清文社，榊原正則「保険税務のすべて」新日本保険新聞社，多久和弘一「保険税務ハンドブック」保険毎日新聞社）

② 傷害保険

イ 支払保険料の取扱い

（イ）　支払保険料の損金算入時期

　積立傷害保険契約以外で掛捨てとなる傷害保険の支払保険料については，一般に公正妥当と認められる会計処理の基準に従い，支払保険料のうち未経過分を除いて，その支払った日の属する事業年度の損金の額に算入することになります。また，未経過分については前払費用として資産計上します。ただし，保

険期間が1年以内の期間の支払保険料については，経過，未経過の計算をせず，支払保険料の全額を契約年度の損金の額に算入することも認められます（法基通2-2-14）。

> （設例）当社は，普通傷害保険に加入し，保険料24,000円を支払いました。この保険は次のような契約内容となっております。
>
> 　　保険契約者：法人　　被保険者：役員・従業員の全員
> 　　保険料支払者：法人　　保険金受取人：役員・従業員の全員
> 　　保険期間：2年（うち未経過期間　1年）
>
> | 借　　方 | 金　　額 | 貸　　方 | 金　　額 |
> |---|---|---|---|
> | 福利厚生費
前払費用 | 12,000円
12,000円 | 現金預金 | 24,000円 |

（ロ）　長期の損害保険契約に係る支払保険料

　長期の損害保険契約とは，法人が，保険期間が3年以上で，かつ，その保険期間満了後に満期返戻金を支払う旨の定めのある契約をいいます。

　損害保険契約の支払保険料は，未経過分を除いて，その支払った日の属する事業年度の損金の額に算入することとされていますが，長期の損害保険の保険料には満期返戻金に充てるための積立保険料が含まれており，これを支払時の損金の額に算入することは妥当でないことから，その支払った保険料の額のうち，積立保険料に相当する部分の金額は保険期間の満了又は保険契約の解除若しくは失効の時までは資産に計上するものとし，その他の部分の金額は期間の経過に応じて損金の額に算入することとされています。

> （設例）当社は，長期の普通傷害保険に加入し，保険料100,000円を支払いました。なお，保険料のうち30,000円は積立保険料に相当する部分の金額です。この保険は次のような契約内容となっております。
>
> 　　保険契約者：法人　　被保険者：役員・従業員の全員
> 　　保険料支払者：法人　　保険金受取人：法人

借　　方	金　　額	貸　　方	金　　額
支 払 保 険 料	70,000 円	現 金 預 金	100,000 円
積 立 保 険 料	30,000 円		

　（ハ）　特約店の従業員を被保険者とする支払保険料

　法人が特約店等の役員及び従業員を被保険者とするいわゆる掛捨ての損害保険の保険料を負担した場合のその負担した金額は，販売奨励金等に該当し，期間の経過に応じて損金の額に算入することとされています（措通61の4（1）-7注）。ただし，特約店等の役員，部課長その他特定の従業員等のみを被保険者とする場合には，交際費等に該当することとなります。

（設例）当社は，特約店の役員及び従業員を被保険者とし，掛捨ての損害保険に加入し，保険料 50,000 円を支払いました。この保険は次のような契約内容となっております。

　　保険契約者　　：法人　　被保険者：特約店の役員及び従業員
　　保険料支払者：法人　　保険金受取人：特約店の役員及び従業員

借　　方	金　　額	貸　　方	金　　額
支 払 保 険 料	50,000 円	現 金 預 金	50,000 円

ロ　保険金を受け取った場合の取扱い

　（イ）　傷害の場合

　法人が，保険事故の発生により保険金の支払いを受けた場合には，その保険金の額をその支払いの確定した日の属する事業年度の益金の額に算入することになります。

　また，法人が保険金を受け取り，その保険金をもって被保険者に見舞金等を支払った場合，社会通念上相当と認められるものは，支出時の損金の額に算入されます。

　（ロ）　死亡の場合

　法人が，保険事故の発生により保険金の支払いを受けた場合には，その保険

金の額をその支払いの確定した日の属する事業年度の益金の額に算入するとともに，長期の損害保険契約に係る支払保険料（法基通9-3-9）の取扱いにより資産に計上されている積立保険料に相当する部分の金額が損金の額に算入することになります。

また，法人が死亡保険金を受け取り，その保険金をもって被保険者に退職金や弔慰金を支払った場合，社会通念上相当と認められるものは，支出時の損金の額に算入されます。

（設例）従業員が交通事故で4ヶ月間入院しました。当社は，傷害保険に加入していましたので保険金100,000円の支払いを受けました。また，社会通念上相当と認められる金額100,000円を見舞金として従業員に支払いました。

　保険契約者：法人　　被保険者：法人　　保険料支払者：法人

借　　方	金　　額	貸　　方	金　　額
現　金　預　金	100,000円	雑　　収　　入	100,000円
福　利　厚　生　費	100,000円	現　金　預　金	100,000円

ハ　満期返戻金・解約返戻金等を受け取った場合の取扱い

法人が，長期の損害保険契約の満期が到来して満期返戻金及び契約者配当金の支払いを受けることが確定したとき又は，中途解約して解約返戻金及び契約者配当金の支払いを受けることが確定したときは，その確定した日の属する事業年度の益金の額に算入するとともに，長期の損害保険契約に係る支払保険料（法基通9-3-9）の取扱いにより資産に計上されている積立保険料に相当する部分の金額は，同事業年度において取り崩し，損金の額に算入することになります。

（設例）当社は加入していた長期の普通傷害保険を解約し解約返戻金100,000円を受け取りました。なお，積立保険料累計額は80,000円です。

　保険契約者：法人　　被保険者：法人　　保険料支払者：法人

借　　方	金　　額	貸　　方	金　　額
現　金　預　金	100,000 円	積　立　保　険　料 雑　　収　　入	80,000 円 20,000 円

ニ　課税関係一覧表

（イ）　傷害保険契約

① 保険料負担者：法人

保険契約者：法人

被保険者	保険金受取人		保険料の課税関係		保険金の課税関係	
	傷害	死亡	契約者	被保険者	傷害	死亡
役員・従業員	法人	法人	損金 （支払保険料）		・益金 ・被保険者に社会通念上相当な金額を見舞金等として支払った金額は損金算入	・益金 ・被保険者の遺族に死亡退職金，弔慰金等として支払った金額は損金算入
役員・従業員	役員・従業員	左記の相続人	損金 （福利厚生費）	所得税非課税	・所得税非課税 ・被保険者の配偶者や同居親族が受け取った場合も同様	相続税のみなし相続財産
		役員又は特定の従業員	損金 （給与）	給与所得		
役員・従業員とその家族	役員・従業員とその家族	左記の相続人	損金 （福利厚生費）	所得税非課税	同上	・役員等の死亡により取得する金額は相続税 ・役員等が家族の死亡により取得する金額は一時所得，他の家族が取得する場合は贈与税
		役員又は特定の従業員	損金 （給与）	給与所得		
第三者	第三者	第三者の相続人	損金 （支払保険料）		同上	法人から個人への贈与は一時所得

2 損害保険

ロ 保険料負担者：法人

保険契約者：役員・従業員

被保険者	保険金受取人		保険料の課税関係		保険金の課税関係	
	傷害	死亡	契約者	被保険者	傷害	死亡
役員・従業員	役員・従業員	役員・従業員の相続人	損金（給与）	給与所得	・所得税非課税 ・被保険者の配偶者や同居親族が受け取った場合も同様	相続税のみなし相続財産

(ロ) 積立傷害保険契約

イ 保険料負担者：法人

保険契約者：法人

被保険者	保険金受取人				保険料		
	保険金の課税関係				契約者		被保険者
	傷害	満期	死亡		積立部分	損害保険料部分	
役員・従業員	法人				資産計上	損金（支払保険料）	
	・益金 ・被保険者に社会通念上相当な金額を見舞金等として支払った金額は損金算入	満期返戻金・契約者配当金を益金に算入（注）	・益金 ・被保険者の遺族に死亡退職金，弔慰金等として支払った金額は損金算入（注）				
役員・従業員	役員・従業員 ・所得税非課税 ・被保険者の配偶者や同居親族が受け取った場合も同様	法人 満期返戻金・契約者配当金を益金に算入（注）	役員・従業員の相続人 相続税のみなし相続財産（注）		資産計上	損金（支払保険料）	所得税非課税

				資産計上	損金（給与）	給与所得
役員・従業員	役員又は特定の従業員 ・所得税非課税 ・被保険者の配偶者や同居親族が受け取った場合も同様	法人 満期返戻金・契約者配当金を益金に算入（注）	役員又は特定の従業員の相続人 相続税のみなし相続財産（注）	資産計上	損金（給与）	給与所得
役員・従業員とその家族	役員・従業員とその家族 ・所得税非課税 ・被保険者の配偶者や同居親族が受け取った場合も同様	法人 満期返戻金・契約者配当金を益金に算入（注）	役員・従業員とその家族の相続人 ・役員等の死亡により取得する金額は相続税 ・役員等が家族の死亡により取得する金額は一時所得．他の家族が取得する場合は贈与税（注）	資産計上	損金（支払保険料）	所得税非課税
役員・従業員とその家族	役員又は特定の従業員とその家族 ・所得税非課税 ・被保険者の配偶者や同居親族が受け取った場合も同様	法人 満期返戻金・契約者配当金を益金に算入（注）	役員又は特定の従業員とその家族の相続人 ・役員等の死亡により取得する金額は相続税 ・役員等が家族の死亡により取得する金額は一時所得．他の家族が取得する場合は贈与税（注）	資産計上	損金（給与）	給与所得

ロ 保険料負担者：法人

保険契約者：役員・従業員

被保険者	保険金受取人			保険料		被保険者
	保険金の課税関係			契約者		
	傷害	満期	死亡	積立部分	損害保険料部分	
役員・従業員	役員・従業員		役員・従業員の相続人	損金（給与）		給与所得
	・所得税非課税 ・被保険者の配偶者や同居親族が受け取った場合も同様	一時所得	相続税のみなし相続財産			

（注）法人が資産計上している積立保険料は、契約が満期・失効・解約時に損金算入する。

（出典：多久和弘一 前掲書，榊原正則 前掲書）

③ 長期傷害保険

　長期傷害保険は，平成14年に初めて発売されましたが，支払保険料の税務上の取扱いについては，実務上では全額損金処理がされていました。しかし，中途解約の場合には，多額の解約返戻金が支払われることから，支払保険料の全額損金処理について問題がありましたが，平成18年4月28日に国税庁から照会に対する回答として，次のように明らかにされています。

イ 支払保険料の取扱い

　法人が長期傷害保険（終身保障タイプ）に加入してその保険料を支払った場合（役員又は部課長その他特定の従業員（これらの者の親族を含みます）のみを被保険者とし，災害死亡保険金受取人を被保険者の遺族としているため，その保険料の額がその役員又は従業員に対する給与となる場合を除きます）には，次のとおり取り扱います。

　（イ）終身払込の場合

　　㋐　計算上の保険期間満了時の年齢を105歳とし，保険期間の開始の時から

その保険期間の 70 ％に相当する期間（前払期間）を経過するまでの期間にあっては、各年の支払保険料の額のうち 4 分の 3 に相当する金額を前払金等として資産に計上し、残額については損金の額に算入する。

ロ　保険期間のうち前払期間を経過した後の期間にあっては、各年の支払保険料の額を損金の額に算入するとともに、イによる資産計上額の累計額（既にこのロの処理により取り崩したものを除きます）につき、次の算式により計算した金額を取り崩して損金の額に算入する。

$$資産計上額の累計額 \times \frac{1}{(105-前払期間経過年齢)} = 損金算入額（年額）$$

（設例）当社が長期傷害保険（終身保障タイプ）の保険料を 200,000 円支払いました。

この保険は次のような契約内容となっております。

　保険契約者：法人　　保険期間：終身　　被保険者：役員及び従業員
　保険料払込期間：終身　　保険金受取人：法人　　契約年齢：45 歳
　前払期間…（105－45）×70％＝42 年間

❶　42 年目まで

借　方	金　額	貸　方	金　額
支 払 保 険 料 前 払 費 用	50,000 円 150,000 円	現 　金 　預 　金	200,000 円

資産計上額＝200,000 円×3/4＝150,000 円

損金算入額＝200,000 円－150,000 円＝50,000 円

❷　43 年目以降

借　方	金　額	貸　方	金　額
支 払 保 険 料	500,000 円	現 　金 　預 　金 前 　払 　費 　用	200,000 円 300,000 円

取り崩す金額＝6,300,000 円×1/(105－84)＝300,000 円

(ロ) 有期払込の場合

保険料払込方法が有期払込（一時払を含む）の場合には，次の算式により計算した金額を当期分保険料として上記イ，ロの経理処理を行います。

$$支払保険料 \times \frac{保険料払込期間}{(105-加入時年齢)} = 当期分保険料（年額）$$

支払保険料から当期分保険料を差し引いた残余の金額については，前払金等として資産に計上し，払込期間が終了した後は毎年当期分保険料と同額を取り崩し，「各年の支払保険料」を「当期分保険料」に読み替えて，上記イ，ロの経理処理を行うこととなります。

(ハ) 特約に係る保険料

終身保険等に付された長期傷害保険特約（特約の内容が長期傷害保険（終身保障タイプ）と同様のものをいいます）に係る保険料が主契約たる当該終身保険等に係る保険料と区分されている場合には，その特約に係る保険料について，同様の取扱いとなります。

(ニ) 払済保険へ変更した場合の保険料

長期傷害保険特約が付された養老保険，終身保険及び年金保険から同種類の払済保険に変更した場合には法人税基本通達9-3-7の2の原則に従い，その変更時における解約返戻金相当額とその保険契約により資産計上している保険料の額との差額を，その変更した日の属する事業年度の益金の額又は損金の額に算入することとなります。

ロ　保険金を受け取った場合の取扱い

(イ) 傷害の場合

法人が，保険事故の発生により保険金の支払いを受けた場合には，その保険金の額をその支払いの確定した日の属する事業年度の益金の額に算入することになります。

(ロ) 死亡の場合

法人が，保険事故の発生により保険金の支払いを受けた場合には，その保険金の額をその支払いの確定した日の属する事業年度の益金の額に算入するとともに，支払保険料の額のうち資産に計上されている前払金等に相当する部分の

金額が損金の額に算入することになります。

ハ 解約返戻金等を受け取った場合の取扱い

　法人が，長期の損害保険契約を中途解約して解約返戻金の支払いを受けることが確定したときは，その確定した日の属する事業年度の益金の額に算入するとともに，支払保険料の額のうち資産に計上されている前払金等に相当する部分の金額は，同事業年度において取り崩し，損金の額に算入することになります。

（設例）当社は長期傷害保険（終身保障タイプ）を解約し，解約返戻金を受け取りました。

　　解約返戻金…3,000,000円　　資産計上額…1,500,000円

借　　方	金　　額	貸　　方	金　　額
現　金　預　金	3,000,000円	雑　収　入 前　払　費　用	1,500,000円 1,500,000円

ニ 課税関係一覧表

保険料負担者：法人　　保険契約者：法人　　被保険者：役員・従業員

保険金受取人		保険料の課税関係			保険金の課税関係		
傷害	死亡	契約者		被保険者	傷害	死亡	解約返戻金
		前半70％の期間	後半30％の期間				
法人	法人	1/4部分は損金（支払保険料） 3/4部分は資産計上	損金＋資産計上額を期間の経過により損金算入（支払保険料）		・益金 ・被保険者に社会通念上相当な金額を見舞金等として支払った金額は損金算入	・益金 ・被保険者の遺族に死亡退職金，弔慰金等として支払った金額は損金算入（注）	・益金（注）

110

2 損害保険

役員・従業員	左記の相続人	同上	同上	所得税非課税給与所得	・所得税非課税 ・被保険者の配偶者や同居親族が受け取った場合も同様	相続税のみなし相続財産（注）	同上
役員又は特定の従業員		損金 (給与)					

（注） 法人が資産計上している前払費用は，契約が失効・解約時に損金算入する。

④ 自動車保険

イ 支払保険料の取扱い

　法人が自己を契約者とし，役員又は従業員その他の搭乗者を被保険者とする自動車保険に加入してその保険料を支払った場合には，その支払った保険料は，次に掲げる区分に応じ，それぞれ次により取り扱われます。

　（イ）　被保険自動車の所有者が法人である場合及び所有者は役員又は従業員であるがその自動車を業務用に使用している場合には，期間の経過に応じて損金の額に算入されます。

　　　なお，いわゆる短期前払費用に該当するものは全額支出時の損金の額に算入することが認められています（法基通2-2-14）。

　（ロ）　被保険自動車の所有者が役員又は従業員であり，その自動車を業務用以外に使用している場合には，その所有者である役員又は従業員に対する給与とされます。

（設例）法人が自動車保険の保険料50,000円を支払いました。

❶ 被保険自動車の所有者が法人である場合及び所有者は役員又は従業員であるがその自動車を業務用に使用している場合

借　　方	金　　額	貸　　方	金　　額
支払保険料	50,000円	現金預金	50,000円

❷ 被保険自動車の所有者が役員又は従業員であり，その自動車を業務用以外に使用している場合

借　　方	金　　額	貸　　方	金　　額
給　　与	50,000円	現　金　預　金	50,000円

ロ　損害賠償金を支払ったときの取扱い

　法人の役員又は従業員が起こした自動車事故によって法人が損害賠償金を支払った場合には，その支払った損害賠償金は，次に掲げる区分に応じ，それぞれ次により取り扱われます（法基通9-7-16）。

（イ）　その事故が業務遂行に関連するものであり，かつ，故意又は重過失に基づかないものである場合には，給与以外の損金の額に算入されます。

（ロ）　その事故が，業務遂行に関連するものであるが故意又は重過失に基づくものである場合，又は業務遂行に関連しないものである場合には，その役員又は従業員に対する債権として計上されます。この債権について，その役員又は従業員の支払能力等からみて求償できない部分について，損金経理を条件に貸倒損失として損金の額に算入することができます（法基通9-7-17）。

　　　ただし，この貸倒れ等として経理した金額のうち回収が確実であると認められる部分については，この役員又は従業員に対する給与とされます（法基通9-7-17ただし書き）。

　なお，法人が支払った損害賠償金が保険金等によって補てんされる場合には，この求償権は，法人がその損害賠償金を受取保険金の額を超えて支払った場合のその超過額について生じることになります。

　上記（イ）の損害賠償金の損金算入の時期は，原則としてその損害賠償金の額が確定した時ですが，全体の賠償額が確定しない場合でも，申出金額については未払金に計上することができます（法基通2-2-13）。

　ただし，この損害賠償金が保険金により補てんされる場合には，保険金との収支対応関係から，補てんされる金額については，その保険金の額が確定して収益に計上されるまでは損金の額に算入しないこととされています（法基通2-1-43（注））。

　また，自動車による人身事故に係る損害賠償金（上記（ロ）に該当するものを

除きます)のうち,示談の成立等による確定前において内払いしたものは,その支出時に損金の額に算入することができます。この場合には,保険金との収支対応関係から,保険金見積額のうち損金の額に算入した内払額に達するまでの金額を益金の額に算入します(法基通9-7-18)。

> (設例) 当社の従業員が勤務中に自動車による人身事故を起こし,その被害者からの損害賠償の請求に応じ,その賠償交渉中に,賠償額の一部200,000円を内払いしました。この事故は従業員の故意又は重過失によるものとは認められませんでした。
>
> なお,当社は自賠責保険と任意の自動車保険に加入しており,保険金額についてはまだ確定していませんが,保険金見積額は1,000,000円です。
>
> | 借 方 | 金 額 | 貸 方 | 金 額 |
> |---|---|---|---|
> | 損害賠償金 | 200,000円 | 現金預金 | 200,000円 |
> | 未収入金 | 200,000円 | 雑収入 | 200,000円 |

ハ 保険金受領時の取扱い

　法人が保険事故の発生により保険金の支払いを受けた場合には,その受け取った保険金は,次に掲げる保険金の種類に応じ,それぞれ次により取り扱われます。

(イ) 賠償保険金

　法人が対人賠償保険金又は対物賠償保険金の支払いを受けた場合には,基本的にはその保険金の額が確定した時に益金の額に算入されます。ただし,上記ロのように,損害賠償金との収支対応関係から保険金の額が確定する前に益金の額に算入される場合もあります。

(ロ) 搭乗者傷害保険金,自損事故保険金

　搭乗者傷害保険金及び自損事故保険金が支払われる場合には,法人が自動車保険の契約者であり,法人が保険料を負担した場合であっても,その保険料を役員又は従業員が負担したものとして取り扱われます。特別に指定のない限り,傷害保険金は被保険者に,死亡保険金は被保険者の相続人に支払われますので,

これらの場合には法人において行う経理処理はありません。

なお，被保険者本人が支払いを受けた傷害保険金は，身体の傷害に基因して受け取るものなので，所得税は非課税とされます（所令30Ⅰ）。

また，保険金受取人が支払いを受けた死亡保険金の課税関係は，保険料負担者と被保険者及び保険金受取人の関係により次の表のとおりになります（所法34，35，相法3，5）。

保険料の負担者	被保険者	保険金受取人	税金の種類
B	A	B	所得税
A	A	B	相続税
B	A	C	贈与税

　(ハ)　人身傷害補償保険金

　人身傷害補償保険金も基本的には上記（ロ）と同様に取り扱われますので，法人において行う経理処理はありません。

　ただし，保険金受取人が支払いを受けた死亡保険金のうち，相手方過失割合に対応する金額等の損害賠償金の性格を有する金額については，所得税は非課税とされ（所令30Ⅰ），相続税や贈与税の課税関係も生じません（相基通3-10，5-1，個別通達平成11年10月18日）。

　(ニ)　無保険車傷害保険金

　無保険車傷害保険金も上記（ロ）と同様に，特別に指定のない限り死亡保険金は被保険者の相続人に，その他の傷害保険金は被保険者に支払われますので，法人において行う経理処理はありません。

　なお，保険金受取人が支払いを受けた保険金は，損害賠償金としての性格を有することから，所得税は非課税とされ（所令30Ⅰ），相続税や贈与税の課税関係も生じません（相基通3-10，5-1）。

　(ホ)　車両保険金

　法人が車両保険金の支払いを受けた場合には，基本的にはその保険金の額が確定した時に益金の額に算入されます。事故自動車の滅失等による損失も基本的にはその額が確定した時に損金の額に算入されますが，保険金等と滅失損と

は収支対応するものですので，滅失損については，保険金等が確定するまでは仮勘定として処理すべきと考えられます。

また，支払いを受けた保険金で代替自動車を取得した場合には，圧縮記帳（法法47）の適用を受けることにより保険差益分だけ課税を繰り延べることができます。

> （設例）当社の従業員が当社所有の自動車を駐車場に駐車させる際に自動車を壁に接触させてしまいました。当社はこの接触による自動車の傷を100,000円で修理し，この接触事故について100,000円の保険金の支払いを受けました。
>
> ❶ 修理をしたとき
>
> | 借　　方 | 金　　額 | 貸　　方 | 金　　額 |
> |---|---|---|---|
> | 修　繕　費 | 100,000円 | 現　金　預　金 | 100,000円 |
>
> ❷ 保険金の支払いを受けたとき
>
> | 借　　方 | 金　　額 | 貸　　方 | 金　　額 |
> |---|---|---|---|
> | 現　金　預　金 | 100,000円 | 雑　　収　　入 | 100,000円 |

ニ　圧縮記帳の取扱い

（イ）概　要

法人が，その所有自動車の事故又は盗難による滅失又は損壊により支払いを受けた一定の保険金等で，その支払いを受けた事業年度に代替資産を取得又は改良した場合に，圧縮限度額の範囲内で帳簿価額を損金経理により減額するなど一定の方法で経理したときは，その減額した金額を損金の額に算入する圧縮記帳の適用を受けることができます（法法47①）。

法人が保険金等の支払いに代えて代替資産の交付を受けた場合にも，その代替資産について，圧縮記帳の適用を受けることができます（法法47②）。

また，保険金等の支払いを受けた事業年度の翌期首から2年以内に代替資産の取得又は改良をする見込みであるときは，圧縮限度額の範囲内の額を特別勘定として経理し，損金の額に算入することができます（法法48）。

圧縮記帳の適用を受けた自動車の税務上の取得価額は，その実際の取得価額から損金に算入した圧縮損の金額を控除した金額となります（法令87の2）。

　圧縮記帳をしようとする場合には，所有自動車に係る滅失損は，保険金の見積り計上をするときを除き，その保険金の額が確定するまでは仮勘定とし，損金の額に算入することはできません（法基通10-5-2）。

　なお，圧縮限度額の計算については「①火災保険」の「ニ　圧縮記帳の取扱い」を参照してください。

　　（ロ）　経理処理の方法

　上記（イ）で述べたように，圧縮記帳を適用するには，税法に定める一定の方法で経理しなければなりません。この場合の経理処理の方法としては，㋑取得資産の帳簿価額を損金経理により直接減額する方法，㋺損金経理により積立金として積み立てる方法，及び㋩当期中，又は当期末後の決算確定日までに剰余金の処分により積立金として積み立てる方法（法令86）が認められています。いずれの経理処理の方法による場合も，確定した決算において処理しなければなりません。

　これらのうち，㋑の方法による場合には，税務上の取得価額と企業会計上の帳簿価額とが一致することになりますので，申告調整は必要ありません。㋺又は㋩の方法による場合には税務上の取得価額と企業会計上の帳簿価額とが一致しないことになりますので，その後の減価償却費や譲渡損益等の計算に当たっては税務上一定の申告調整が必要になります。さらに㋩の方法による場合には企業会計上は圧縮損が損金計上されませんので，税務上は圧縮損を損金とするための申告調整が必要になります。

（設例）当社が所有していた自動車が当期首に盗難にあい，5,000,000円の保険金の支払いを受けました。この自動車の帳簿価額は3,000,000円です。当社はこの保険金で4,000,000円の代替自動車を購入しました。なお保険差益については圧縮記帳を適用します。

2 損害保険

❶ 盗難にあったとき

借　　方	金　　額	貸　　方	金　　額
保 険 未 決 算	3,000,000 円	車 両 運 搬 具	3,000,000 円

❷ 保険金の支払いを受けたとき

借　　方	金　　額	貸　　方	金　　額
現 金 預 金	5,000,000 円	保 険 未 決 算 保 険 差 益	3,000,000 円 2,000,000 円

❸ 代替自動車を取得したとき

借　　方	金　　額	貸　　方	金　　額
車 両 運 搬 具	4,000,000 円	現 金 預 金	4,000,000 円

❹ 圧縮記帳をしたとき

（ケース1）帳簿価額を直接減額する方法

借　　方	金　　額	貸　　方	金　　額
車 両 圧 縮 損	(注1) 1,600,000 円	車 両 運 搬 具	(注1) 1,600,000 円

（ケース2）損金経理により積立金として積み立てる方法

借　　方	金　　額	貸　　方	金　　額
圧縮積立金積立損	(注1) 1,600,000 円	圧 縮 積 立 金	(注1) 1,600,000 円

（ケース3）剰余金の処分により積立金として積み立てる方法（注2）

借　　方	金　　額	貸　　方	金　　額
繰越利益剰余金	(注1) 1,600,000 円	圧 縮 積 立 金	(注1) 1,600,000 円

（注1）　2,000,000 円×4,000,000 円/5,000,000 円＝1,600,000 円
（注2）　この仕訳は，当期中に積み立てる場合には当事業年度に，当期末後の決算確定日までに積み立てる場合には翌事業年度にします。

ホ 課税関係一覧表

保険契約者：法人　　　保険料負担者：法人　　　被保険者：役員・従業員その他の搭乗者

被保険自動車の所有者	保険料		保険金（注1）	
	契約者	被保険者	賠償保険金	車両保険金（注2）
法人	損金（支払保険料）	所得税非課税	益金	・益金 ・損失部分の帳簿価額は損金 ・保険差益は圧縮記帳の対象
役員・従業員	・業務用：損金（支払保険料） ・業務用以外：損金（給与）	・業務用：所得税非課税 ・業務用以外：給与所得	同上	所得税非課税

（注1）搭乗者傷害保険金，自損事故保険金，人身傷害補償保険金及び無保険車傷害保険金の取扱いについては上記ハ（ロ），（ハ），（ニ）を参照してください。
（注2）車両保険金は，被保険自動車の所有者に支払われます。

⑤　自賠責保険

　自賠責保険の支払保険料，受取保険金等の税務上の取扱いは基本的には自動車保険の対人賠償保険と同じです。

　ただし，保険期間が最長3年の一括払いである自賠責保険の支払保険料については，法人が支出時において損金経理をしている場合には税務上もその処理が認められると考えられます。その理由は，自賠責保険は強制加入であり，加入していない自動車は運行できないことになっていますので，自賠責保険料は租税公課としての性格を有しているとも考えられるからです。さらに，その保険期間は車検期間に対応して最長3年と比較的短期間ですし，保険料も少額で一括払いとされているからです。

（設例）当社は，当期首に自動車を購入し，3年分一括払の自賠責保険の保険料30,000円を支払いました。

借方	金額	貸方	金額
支払保険料	30,000円	現金預金	30,000円

⑥　介護費用保険

イ　支払保険料の取扱い

　法人が，自己を契約者とし，役員又は従業員（これらの者の親族を含みます）を被保険者とする介護費用保険に加入してその保険料を支払った場合には，その支払った保険料は，次に掲げる区分に応じ，それぞれ次により取り扱われます（平成元年12月16日付直審4-52，3-77）。

　　（イ）　役員又は特定の従業員（これらの者の親族を含みます）のみを被保険者として，その保険金の受取人を被保険者としている場合には，その役員又は特定の従業員の給与とされます。

　　（ロ）　上記（イ）以外の場合には，それぞれ次によります。

㋑　保険料を年払い又は月払いする場合

　支払いの対象となる期間の経過に応じて損金の額に算入されますが，保険料払込期間のうち被保険者が60歳に達するまでの支払分については，その50％相当額を前払費用等として資産に計上し，被保険者が60歳に達した場合には，その資産に計上した前払費用等の累積額を60歳以後の15年で期間の経過により損金の額に算入します。

㋺　保険料を一時払いする場合

　保険料払込期間を加入時から75歳に達するまでと仮定し，その期間の経過に応じて期間経過分の保険料について㋑の取扱いによります。

㋩　数年分の保険料を前納する場合

　いったんその保険料の全額を前払金として資産に計上し，その支払いの対象となった期間の経過に応ずる経過期間分の保険料について㋑の取扱いによります。

㋥　被保険者の年齢が60歳に達する前に保険料を払済みとする保険契約又は払込期間が15年以下の短期払済みの年払い又は月払いの保険契約の場合

　支払保険料の総額を一時払いしたものとして㋺の取扱いによります。

㋭　保険事故が生じたため以後の保険料の支払いが免除された後に，要介護の状態がなくなったため再度保険料の支払いを要することとなった場合

　支払いの対象となる期間の経過に応じて損金の額に算入されます。

（設例）当社は，全従業員を被保険者とする介護費用保険に加入し，以下のような内容で保険料を支払いました。

（ケース1）

・保険料は年払い
・40歳加入70歳払込済み
・年払保険料　60,000円

❶　40歳から60歳に達するまでの各事業年度

借　　方	金　　額	貸　　方	金　　額
福 利 厚 生 費 前 払 費 用	30,000円 30,000円	現 金 預 金	60,000円

❷　60歳から70歳に達するまでの各事業年度

借　　方	金　　額	貸　　方	金　　額
福 利 厚 生 費	100,000円	現 金 預 金 前 払 費 用	60,000円 （注）40,000円

（注）　30,000円×20年（60歳－40歳）/15年＝40,000円

❸　70歳から75歳に達するまでの各事業年度

借　　方	金　　額	貸　　方	金　　額
福 利 厚 生 費	（注）40,000円	前 払 費 用	（注）40,000円

（注）　30,000円×20年（60歳－40歳）/15年＝40,000円

（ケース2）

・保険料は一時払い
・40歳加入
・一時払保険料　1,050,000円

❶　契約時

借　　方	金　　額	貸　　方	金　　額
福 利 厚 生 費 前 払 費 用	（注）15,000円 1,035,000円	現 金 預 金	1,050,000円

（注）　1,050,000円/35年（75歳－40歳）×50％＝15,000円

❷ 翌年以降60歳に達するまでの各事業年度

借　　方	金　　額	貸　　方	金　　額
福 利 厚 生 費	(注) 15,000 円	前 払 費 用	(注) 15,000 円

(注)　1,050,000 円/35 年（75 歳 − 40 歳）× 50 ％ = 15,000 円

❸ 60歳から75歳に達するまでの各事業年度

借　　方	金　　額	貸　　方	金　　額
福 利 厚 生 費	(注) 50,000 円	前 払 費 用	(注) 50,000 円

(注)　ⅰ　1,050,000 円/35 年（75 歳 − 40 歳）= 30,000 円
　　　ⅱ　15,000 円 × 20 年（60 歳 − 40 歳）/15 年 = 20,000 円
　　　ⅲ　ⅰ + ⅱ = 50,000 円

ロ　保険契約者の地位を変更した場合の取扱い

　保険契約者である法人が，被保険者である役員又は従業員が退職したことに伴い介護費用保険の保険契約者の地位（保険契約の権利）を退職給与の全部又は一部としてその役員又は従業員に供与した場合には，生命保険等に関する権利の評価の取扱い（所基通36-37）に準じ，その契約を解除した場合の解約返戻金の額相当額が退職給与として支給されたものとして取り扱われます（平成元年12月16日付直審4-52，3-77）。

（設例）上記イ（設例）（ケース1）の場合に，加入から20年経過後に被保険者が定年退職しましたので，これに伴い保険契約者の地位（保険契約の権利）を退職給与としてこの定年退職者に引き継ぎました。なお，この時点での保険料の資産計上額は600,000円で，この時点に解約した場合の解約返戻金の額は700,000円です。

借　　方	金　　額	貸　　方	金　　額
退　職　金	700,000 円	前 払 費 用 雑　収　入	600,000 円 100,000 円

ハ 保険金受領時の取扱い

保険事故が生じた場合には，保険金は被保険者である役員又は従業員に支払われます。したがって，法人においては，この保険金について行う経理処理はありませんが，資産計上している保険料を全額取り崩して損金の額に算入することができます（平成元年12月16日付直審4-52，3-77）。

なお，被保険者である役員又は従業員が支払いを受けた保険金は，所得税は非課税とされます（所令30Ⅰ）。

> （設例）上記イ（設例）（ケース1）の場合に，加入から15年経過後の55歳のときに被保険者が要介護の状態となって保険金が支払われることになりました。なお，この時点での保険料の資産計上額は450,000円です。
>
> | 借　方 | 金　額 | 貸　方 | 金　額 |
> |---|---|---|---|
> | 雑　　損 | 450,000円 | 前払費用 | 450,000円 |

ニ 解約・失効返戻金受領時の取扱い

介護保険契約を中途解約し，又は被保険者の死亡により失効した場合には，解約返戻金又は失効返戻金は保険契約者である法人に支払われます。支払いを受けた解約返戻金又は失効返戻金は益金の額に算入されます。また，資産計上している保険料を全額取り崩して損金の額に算入します。

> （設例）上記イ（設例）（ケース1）の場合に，加入から15年経過後の55歳のときに被保険者が死亡し，失効返戻金500,000円を受け取りました。なお，この時点での保険料の資産計上額は450,000円です。
>
> | 借　方 | 金　額 | 貸　方 | 金　額 |
> |---|---|---|---|
> | 現金預金 | 500,000円 | 前払費用 | 450,000円 |
> | | | 雑　収　入 | 50,000円 |

ホ 介護特約付健康長期保険に係る取扱い

(イ) 保険料の損金算入の時期等

介護特約付健康長期保険に係る支払保険料の損金算入時期，保険契約者の地位を変更した場合の取扱い，保険金受領時の取扱い，解約・失効返戻金受領時の取扱いについては，上記イからニまでと同様になります。

(ロ) 健康祝金支払特約を付帯した契約に係る保険料の取扱い

健康祝金支払特約を付帯した契約については，毎回の支払保険料のうち，この特約に係る保険料を前払費用等として資産に計上し，この特約に係る保険事故が生じた場合には，資産計上しているその特約に係る保険料を全額取り崩して損金の額に算入することができます（平成16年1月28日東京国税局文書回答）。

また，毎回の支払保険料のうち，この特約に係る保険料以外の部分の取扱いについては，上記イと同様になります。

(設例) 当社は，全従業員を被保険者とする介護特約付健康長期保険に加入し，以下のような内容で保険料を支払いました。この保険には健康祝金支払特約を付け，健康祝金は75歳まで介護保険金又は介護一時金の支払いがない場合に350,000円支払われます。この時点での特約に係る保険料の資産計上額は300,000円とします。

・保険料は年払い
・40歳加入70歳払込済み
・年払保険料　70,000円（うち，特約に係る保険料　10,000円）

❶　特約以外の保険料について

上記イ（設例1）の（ケース1）と同様の仕訳をします。

❷　特約に係る保険料を支払ったとき

借　　方	金　　額	貸　　方	金　　額
前 払 費 用	10,000円	現 金 預 金	10,000円

❸　健康祝金が支払われたとき

借　方	金　額	貸　方	金　額
現 金 預 金	350,000 円	前 払 費 用 雑　収　入	300,000 円 50,000 円

ヘ　課税関係一覧表

保険契約者：法人　　保険料負担者：法人

被保険者	保険金受取人	保険料		保険金	解約・失効 返戻金等
		契約者	被保険者		
役員・従業員	役員・従業員	期間の経過に応じて損金算入（福利厚生費）（上記イ参照）	所得税非課税	所得税 非課税	益金（注）
役員・特定の従業員	役員・特定の従業員	損金（給与）	給与所得	同上	益金

（注）　資産計上している保険料があれば全額取り崩して損金の額に算入します。

⑦　役員賠償責任保険（D&O保険）

　役員賠償責任保険の保険料の税務上の取扱いについて，照会に対する回答として，次のように明らかにされています（平6法8-2）。

イ　支払保険料の取扱い

　（イ）　基本契約（普通保険特約部分）の保険料

　基本契約に係る保険料（第三者訴訟の役員敗訴，第三者及び株主代表訴訟の役員勝訴に係る部分）を会社が負担した場合のその保険料については，役員個人に対する給与課税を行う必要はなく，保険料を負担した会社の損金の額に算入されます。

　（ロ）　株主訴訟担保特約の保険料（特約保険料）

　特約保険料（株主代表訴訟の役員敗訴に係る部分）について，会社と役員との利益が相反するため敗訴の場合に担保する保険の保険料は，役員個人が負担すべきとする会社法上の問題を配慮し，会社が負担することは認められず，役員個人が負担又は役員報酬から天引きすることになりますが，これを会社が負担した場合には，役員に対して経済的利益の供与があったものとして給与課税を行

うこととされています。

　また，その供与される経済的利益の額が毎月おおむね一定であるものは，定期同額給与に該当することとなり（法令69①二・法基通9-2-11）過大役員給与に該当しない限り損金の額に算入されます。

> （設例）当社は役員賠償責任保険の保険料を500,000円支払いました。保険料のうち特約保険料50,000円は，法人が負担しています。
>
> | 借　　方 | 金　　額 | 貸　　方 | 金　　額 |
> |---|---|---|---|
> | 支払保険料
給　　　与 | 450,000円
50,000円 | 現　金　預　金 | 500,000円 |
>
> 特約保険料を法人が負担した場合には，役員に対する給料（定期同額給与）として損金の額に算入されます。

ロ　保険料負担の配分方法

　保険料の配分方法については，経営活動等の状況からみて，その法人にとっての合理性があり，かつ，課税上の弊害も生じない場合に限り次のような方法が認められます。

　（イ）　特約保険料の役員間の配分について

　取締役の報酬の総額及び監査役の報酬の総額は定款又は株主総会の決議により定めることになっていますが，通常その配分方法は取締役及び監査役の協議に委ねられています。したがって，特約保険料の役員間の配分もまた取締役会及び監査役の協議において合理的な配分方法を定め得るものと考えられますが，実務上は，次のいずれかの方法により合理的な基準により配分を行った場合には，課税上認められます。

　㋑　役員の人数で均等に分担する方法

　無報酬あるいはごくわずかな役員報酬しか得ていない取締役にまで均等に負担させることが適当でないと認められる場合には，その者への配分割合を縮小もしくは配分しない方法が含まれます。

　㋺　役員報酬に比例して分担する方法

(ハ) 会社法上の区分別に分担する方法

　会社法に定められた代表取締役，取締役，監査役ごとにそれぞれの役割に応じた額を定める方法

　（ロ）　保険料の会社間の配分方法について

　子会社を含めた契約を契約者が希望する場合は，保険料は一括して算定されることになりますが，契約に当たっては，保険会社からそれぞれの子会社ごとの保険料を内訳として示すこととなっています。契約者においては，これに従って各社ごとの配分額を決定します。

ハ　課税関係一覧表

契約者：法人　　被保険者：役員

訴訟類型	第三者訴訟		株主訴訟		会社訴訟
	役員勝訴	役員敗訴	役員勝訴	役員敗訴	
保険による担保	基本契約（普通保険約款）で担保		株主代表訴訟担保契約で担保		対象外
保険料	損金（支払保険料）			役員負担	対象外

（出典：中村直美・中村慈美「企業の保険をめぐる税務」大蔵財務協会）

⑧　PL保険（生産物賠償責任保険）

イ　支払保険料の取扱い

　PL保険の保険料は，前事業年度の売上高や業種等をもとに算定した概算保険料を支払い，保険期間が終了した時点で，売上高等の実績に基づいて確定保険料が算出されるとともに概算保険料との差額について精算することとなります。また，中小企業や保険会社によっては，一定の条件のもと前年の売上高をもとに確定保険料を算定し，精算不要とすることもあります。この保険料については，明文規定はありませんが労働保険料の損金算入の時期等（法基通9-3-3）に準じて取り扱うと思われます。

　（イ）　概算保険料を支払った場合

　概算保険料は，本来は前払保険料として経理したうえで保険期間の経過に応じて損金に算入されます。ただ，保険期間が1年の掛捨て保険ですから，その保険料は短期前払保険費用に該当するため全額支出時の損金の額に算入するこ

とが認められています（法基通2-2-14）。

　(ロ)　確定保険料と精算する場合
㋑　確定保険料が概算保険料を上回った場合
　確定保険料の不足額は，その支払った日の属する事業年度の損金の額に算入することとされています。
㋺　確定保険料が概算保険料を下回った場合
　確定保険料を超える部分の金額は，確定保険料が確定した日の属する事業年度の益金の額に算入することとされています。

（設例）当社はPL保険の概算保険料500,000円を支払いました。翌年に保険料が確定しました。

❶　概算保険料を支払った場合

借　　方	金　　額	貸　　方	金　　額
支払保険料	500,000円	現金預金	500,000円

❷　確定保険料（600,000円）と精算した場合

借　　方	金　　額	貸　　方	金　　額
支払保険料	100,000円	現金預金	100,000円

❸　確定保険料（400,000円）と精算した場合

借　　方	金　　額	貸　　方	金　　額
現金預金	100,000円	雑収入	100,000円

ロ　保険金を受け取った場合の取扱い

　法人が他の者から支払いを受ける損害賠償金の額は，その支払いを受けるべきことが確定した日の属する事業年度の益金の額に算入しますが，法人がその損害賠償金の額について実際に支払いを受けた日の属する事業年度の益金の額に算入している場合には，これが認められます（法基通2-1-43）。

ハ　損害賠償金を支払った場合の取扱い

　法人が他の者に与えた損害につき損害賠償金の支払いをする場合には，原則としてその支払うべき金額が確定した日の属する事業年度の損金の額に算入す

ることとされていますが，その事業年度終了の日までにその賠償すべき額が確定していないときであっても，同日までにその額として相手側に申し出た金額に相当する金額をその事業年度の未払金に計上したときは，これが認められます（法基通2-2-13）が，その損害賠償金が保険金等により補てんされる部分の金額については，その保険金等の額が確定して収益に計上されるまでは損金の額に算入されないこととなります（法基通2-1-43（注））。

これは，保険金収入等との対応関係を要求するものであり，費用収益対応の原則に照らしても相当と思われます。

（設例）当社で製造し販売した食料品が腐っていたために，購入者が食中毒を起こした事故について，当期において賠償額100,000円が確定し被害者に支払いました。また，保険金100,000円は翌期に支払いが確定し支払いを受けました。

❶　当期　損害賠償金を支払った場合

借　　方	金　　額	貸　　方	金　　額
保 険 未 決 算	100,000円	現 　金 　預 　金	100,000円

❷　保険金の額が確定した場合

借　　方	金　　額	貸　　方	金　　額
現 　金 　預 　金	100,000円	雑　　収　　入	100,000円
損 害 賠 償 金	100,000円	保 険 未 決 算	100,000円

⑨　所得補償保険

イ　支払保険料の取扱い

法人が自己を契約者とし，役員又は従業員を被保険者とする保険料を支払った場合には，次に掲げる場合の区分に応じ，それぞれ次によります。

（イ）　役員又は従業員が被保険者である場合は，その支払った保険料の額は期間の経過に応じて損金の額に算入されます。なお，いわゆる短期前払費用に該当するものは全額支出時の損金の額に算入することが認められています（法基通2-2-14）。

(ロ) 役員又は特定の従業員が被保険者である場合は，その支払った保険料の額は当該役員又は特定の従業員に対する給与とされます。また，役員については過大報酬又は賞与に該当する場合には損金不算入となります（法法34）。

(設例) 当社は所得補償保険の保険料500,000円を支払いました。

❶ 役員又は従業員の全員が被保険者である場合

借　　方	金　　額	貸　　方	金　　額
福 利 厚 生 費	500,000 円	現 金 預 金	500,000 円

❷ 役員又は特定の従業員が被保険者である場合

借　　方	金　　額	貸　　方	金　　額
給　　　　与	500,000 円	現 金 預 金	500,000 円

ロ　保険金受領時の取扱い

保険金の受取人が法人の場合は，その支払いのあった日の属する事業年度の益金の額に算入されます。

なお，その保険金を法人が被保険者である役員又は従業員に支払った場合は原則として損金の額に算入されます。また，役員については過大報酬又は賞与に該当する場合には損金不算入となります。

(設例) 当社は所得補償保険の保険金200,000円を受け取りました。

借　　方	金　　額	貸　　方	金　　額
現 金 預 金	200,000 円	雑 　 収 　 入	200,000 円

ハ　無事故返戻金受領時の取扱い

無事故返戻金の受取人が法人の場合は，その支払いを受けることが確定した日の属する事業年度の益金の額に算入されます。

(設例) 当社は無事故返戻金50,000円を受け取りました。

借方	金額	貸方	金額
現金預金	50,000円	雑収入	50,000円

ニ 課税関係一覧表

契約者：法人

被保険者	保険金受取人	保険料（契約者）	保険金		無事故返戻金	
			（契約者）	（被保険者）	（契約者）	（被保険者）
役員・従業員	同左	損金（福利厚生費）		所得税非課税		一時所得
	法人		益金（雑収入）		益金（雑収入）	
役員・特定の従業員	同左	損金（給与）		所得税非課税		一時所得
	法人	損金（支払保険料）	益金（雑収入）		益金（雑収入）	

⑩ ゴルファー保険

　法人が自己を契約者とし、役員又は従業員を被保険者とするゴルファー保険の保険料を支払った場合には、その支払った保険料の額はその役員又は従業員に対する給与とされると思われます。

　つまり、法人の事業活動において、ゴルフ自体は本来の業務に関係なく、一般に必要でない行為に係る保険であり、また、本来法人が加入すべきものではないことから、この保険料は個人が負担すべきものとして取り扱われます。

　なお、現在法人契約によるゴルファー保険を取り扱っている損害保険会社はほとんどないと思われます。

（設例）当社が自己を契約者、役員又は従業員を被保険者とするゴルファー保険の保険料 50,000 円を支払いました。

借方	金額	貸方	金額
給与	50,000円	現金預金	50,000円

3 確定拠出年金(日本版401K)の税務上の取扱い

(1) 概　要

　確定拠出年金制度は，従来の我国の年金制度の中心であった確定給付型の年金と違い，拠出された掛金が個人ごとに明確に区分され，個人別に拠出された掛金とその運用収益との合計額をもとに年金の給付額が決定される年金制度です。

　つまり，この年金制度は毎月の各人別の拠出額が決まっていて，その運用による実績に基づいて退職一時金や年金の支払いが行われ，元本は保証されていません。

　従来の厚生年金基金や適格退職年金等の企業年金制度等は，将来における給付額が確定し，約束されるというところに特徴がありますが，①現行の企業年金制度は中小零細企業や自営業者に十分普及していないこと，②離転職時の年金資産の持ち運び（ポータビリティ）が十分確保されておらず，労働移動への対応が困難であり，また，③これらの労働者の老後保障に関する選択肢が限られている等の問題点が指摘されていたことから，平成13年10月に公的年金に上乗せされる部分における新たな選択肢として，この確定拠出年金制度が導入されました。

　この制度は，「企業型」と「個人型」の2つに分けられます。この企業型年金の承認規約数は3,835件，企業型年金の加入者数は約4,006千人（平成23年6月末速報値），実施事業主数15,117社（平成23年7月31日現在厚生労働省年金局発表）となっています。

　ここでは，前者の「企業型」年金の概要（確定年金拠出法第2章）を説明します。

❶ 企業型年金の対象者と拠出限度額等

この企業型年金の場合には，掛金を厚生年金適用事業所の事業主が拠出し，それを加入者である従業員が自己責任のもとで運用します。

イ 実施主体………企業型年金規約の承認を受けた企業
ロ 加入できる者…実施企業に勤務する60歳未満の従業員（国民年金第2号被保険者）
ハ 掛金の拠出……企業が拠出（従業員が拠出し，上乗せすることはできません）
ニ 拠出の方法……定額又は給与に一定率を乗ずる方法等これに類する方法により算出（資格・職種・勤続年数・年齢等で額や率に格差をつけられない）
ホ 拠出限度額……厚生年金基金等の確定給付型の年金を実施していない場合…51,000円（月額）
　　　　　　　　　厚生年金基金等の確定給付型の年金を実施している場合…25,500円（月額）

❷ 制度の運用

企業型年金の運営は，事業主，運営管理機関，資産管理機関がその役割を分担して実施します。

イ 事業主は制度を実施する主体（スポンサー）で，労使合意による確定拠出年金規約の作成及び厚生労働大臣への申請を行い，掛金拠出や拠出限度額を管理し，加入者への資産運用に関する基礎的資料の提供を行います。
ロ 運営管理機関は，確定拠出年金の記録関連業務（レコードキーピング）と運用関連業務の2つの運営管理に関する業務を行います。
ハ 資産管理機関は，積立金を企業資産から分離して管理・保全し，加入者の運用指図に基づき運用商品の売買を執行し，運営管理機関からの指図に基づき給付金の支払等を行い，限定列挙された信託銀行，生損保会社，農業協同組合連合会，厚生年金基金又は企業年金基金が契約可能な相手方とされています。

また，運用商品については，次のように取り扱われます。

ⅰ 運用商品の中から，実施型年金規約の承認を受けた企業ではなく，加入

者等自身が運用指図を行います。
ii 運用商品は，預貯金，公社債，投資信託，株式，信託，保険商品等です。
iii 運用商品を選定・提示する運用管理機関は，必ず3つ以上の商品を選択肢として提示します。

❸ **離転職の場合等の年金資産の移換**
i 資産残高（掛金と運用収益の合計額）は個々の加入者等ごとに記録管理されており，資産額等の記録が年1回以上通知されます。
ii 加入者等が転職した場合等には，退職して国民年金の加入者となった場合等には個人型年金へ，転職した場合は転職先の企業型年金へ資産を移換することができます。

❹ **給付**
i 老齢給付金…5年以上の有期又は終身年金（規約の規定により一時金の選択可能）により，原則として60歳に達した場合に受給することができますが（所得税は雑所得課税），60歳時点で確定拠出年金への加入期間が10年に満たない場合には，支給開始年齢が以下のように引き伸ばされます。

8年以上10年未満	61歳
6年以上8年未満	62歳
4年以上6年未満	63歳
2年以上4年未満	64歳
1月以上2年未満	65歳

ii 障害給付金…5年以上の有期又は終身年金（規約の規定により一時金の選択可能）による給付で，70歳に達する前に傷病によって一定以上の障害になった加入者が傷病になっている一定の期間（1年6ヶ月）を経過した場合に受給することができます（所得税では非課税）。
iii 死亡一時金…加入者が死亡したときには，その遺族が資産残高を一時金で受給することができます（相続税法上，みなし相続財産）。
iv 脱退一時金…一定の要件を満たした場合に一時金で受給することができます（所得税は一時所得課税）。

この場合の一定の要件とは，次に掲げるケースです。

イ　個人型記録関連運営管理機関又は国民年金基金連合会に請求するケース

　　a　60歳未満であること。

　　b　企業型年金加入者でないこと。

　　c　個人型年金の加入者となれる者でないこと。

　　d　障害給付金の受給権者でないこと。

　　e　掛金の通算拠出期間が3年以下であること（退職金等から確定拠出年金へ資産の移換があった場合には，その期間も含みます）又は個人別資産額が50万円以下であること。

　　f　最後に企業型年金加入者又は個人型年金加入者の資格を喪失した日から起算して2年を経過していないこと。

ロ　企業型年金を資格喪失した後に企業型記録関連運営管理機関に請求するケース

　　a　企業型年金加入者，企業型年金運用指図者，個人型年金加入者及び個人型年金運用指図者でないこと。

　　b　個人別資産額が15,000円以下であること。

　　c　最後に当該企業型年金加入者の資格を喪失してから6ヶ月を経過していないこと。

(2) 税務上の取扱い

イ　企業の支出する掛金の拠出時は非課税です（企業が拠出した掛金額は，全額損金算入となります（法令135三））。

ロ　運用時には，積み立てた年金資産に対して，特別法人税1％が課税されます（平成26年3月31日まで凍結となっています（措法68の4））。

ハ　給付時について，事業主には課税関係は生じませんが，従業員等には，年金として受給の場合に公的年金等控除（一定の年金額までは非課税），一時金として受給の場合には退職所得控除の適用があります。

Q1 確定拠出年金に係る掛金の経理処理

確定拠出年金に係る掛金 659,800 円を支払いました。どのような経理処理となりますか。

A 法人が企業型の確定拠出年金の掛金を支払った場合，その金額は損金の額に算入され，従業員等の給与とされません。

借　　方	金　　額	貸　　方	金　　額
福利厚生費	659,800 円	現　金　預　金	659,800 円

Q2 確定拠出型と確定給付型の相違点

確定拠出型と従前の確定給付型とでは，どのようなところに相違がありますか。

A 資産の運用等に次のような相違があります。

	確定拠出型	確定給付型	
制　　度	確定拠出年金	厚生年金基金	確定給付企業年金
仕　　組	確定額を保障（給付額は，運用成果により決まる）	給付額を保障	
運営主体	事業主（企業型年金）本人拠出のみ（個人型年金）	厚生年金基金	企業年金基金又は事業主

掛金		事業主拠出のみ（企業型年金） 本人拠出のみ（個人型年金）	加算部分（多くは事業主負担） 代行部分（事業主と加入者が折半）	事業主拠出が原則（加入者が同意した場合は加入者拠出が可能）
資産運用等		加入者が運用を行い，資産は個人別に管理される。	制度実施者（企業等）がまとめて運用管理を行う。	
税制	拠出時	非課税	非課税	非課税（加入者拠出は実質課税（生命保険料控除））
	運用時	特別法人税課税（平成26年3月末まで凍結）	実質非課税	特別法人税課税（平成26年3月末まで凍結）
	給付時	年金：公的年金等控除 一時金：退職所得控除	年金：公的年金等控除 一時金：退職所得控除	年金：公的年金等控除 一時金：退職所得控除 ※加入者拠出相当部分は非課税

（出典：厚生労働省「確定拠出年金制度の概要」）

Q3 確定拠出型年金のメリット

この確定拠出型年金のメリットはどのようなところにありますか。

A 拠出する企業側及び拠出される従業員にとって次のようなメリットがあげられます。

❶ 加入者個人の運用の方法を決めることができ，企業側は運用結果に対する責任はない。
❷ 社員の自立意識が高まる。
❸ 経済・投資等への関心が高まる。
❹ 運用が好調であれば年金額が増加する。
❺ 年金資産が加入者ごとに管理されるので，各加入者が常に残高を把握できる。
❻ 一定の要件を満たせば，離転職に際して年金資産の持ち運びが可能であり，雇用の流動化に対応しやすい。

❼ 企業にとっては、掛金の追加負担が生じないので、将来の掛金負担の予測が容易である。つまり、将来にわたる年金費用の見積りがしやすい。
❽ 掛金を算定するための複雑な数理計算や財政検証が不要である。
❾ 拠出限度額の範囲で掛金が税控除される。

Q4 確定拠出型年金のデメリット

確定拠出型年金のメリットは分かりましたが、逆にデメリットはどのようなところにありますか。

A 次のようなデメリットが考えられます。

❶ 投資リスクを加入者が負うこととなる。
❷ 老後に受け取る年金額が事前に確定しない。
❸ 運用するために一定の知識が必要である（企業側では投資教育等の費用がかかる）。
❹ 運用が不調であれば年金額は減少する。
❺ 原則60歳までに途中引出しができず、現金化できない。つまり、退職金の代わりとはならない。
❻ 勤続期間が3年未満の場合には、資産の持ち運びができない可能性がある。
❼ 加入者ごとに記録の管理が必要となるため、管理コストが高くなりやすい。

Q5 確定拠出年金制度の個人型年金の概要

確定拠出年金制度には個人型年金があるようですが，この概要を教えてください。

A 個人型年金の加入できる者及び拠出限度額は次のようになっています。

① 実施主体…国民年金基金連合会
② 加入できる者
　イ　自営業者等（農業者年金の被保険者，国民年金の保険料を免除されている者を除きます）（国民年金第1号被保険者）
　ロ　企業型年金加入者，厚生年金基金等の加入員等の対象となっていない企業の従業員（国民年金第2号被保険者）
③ 掛金の拠出…加入者個人が拠出（企業は拠出できません）
④ 拠出限度額
　イ　自営業者等　68,000円（月額）なお，国民年金基金の限度額と枠を共有します。
　ロ　企業型年金や厚生年金基金等の確定給付型の年金を実施していない場合　23,000円（月額）

また，個人型年金の加入者が拠出した掛金額は，小規模企業共済等掛金控除として全額所得控除の適用を受けられます。

3 確定拠出年金（日本版401K）の税務上の取扱い

■確定拠出年金の対象者・拠出限度額と他の年金制度への加入の関係

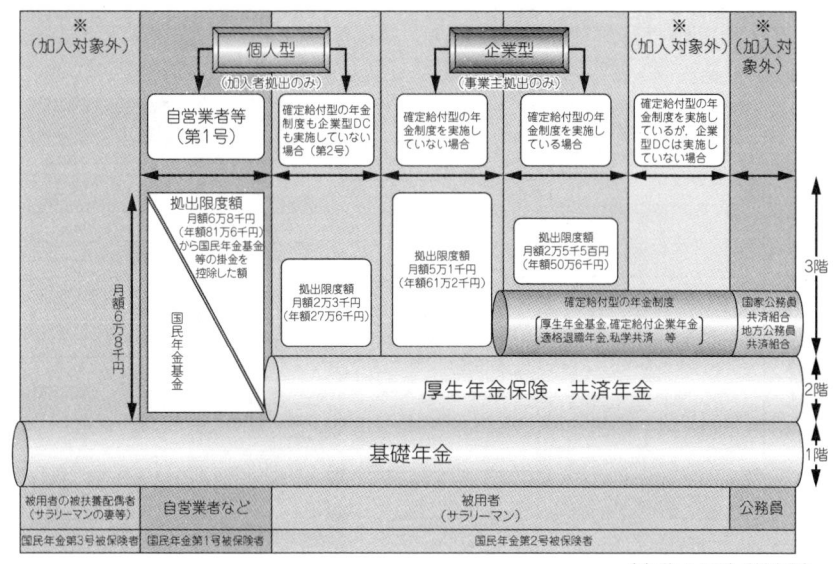

(出典：厚生労働省)

■確定拠出年金間のポータビリティ

- 企業型年金の加入者だった者が，転職した先の企業の企業型年金加入者となった場合には企業型年金へ，国民年金の第1号被保険者となった場合には個人年金へ資産を移換する必要があります。
- 転職した先の企業に企業年金がない場合は，個人型年金へ資産を移換する必要があります。ただし，転職先の確定給付型の年金制度の加入者となった場合は，個人型年金運用指図者（掛金を拠出せず，運用の指図のみ行う者）となります。
- 国民年金の第3号被保険者となった場合や公務員になった場合などは，個人型年金運用指図者となります。

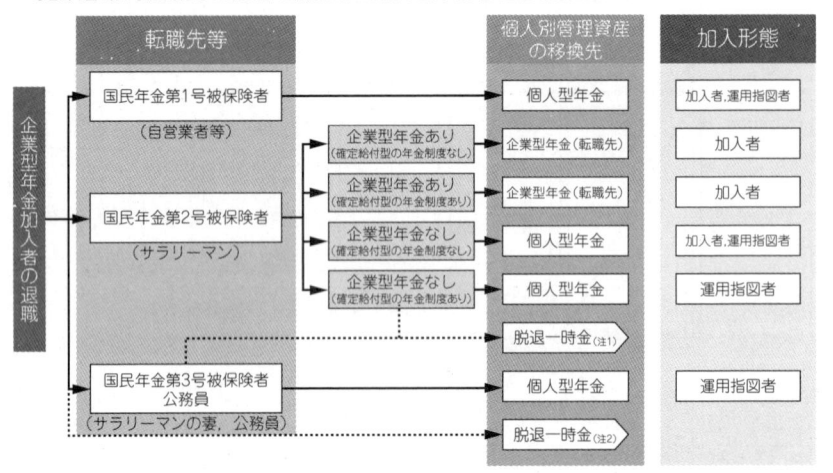

企業型年金加入者の退職	転職先等		個人別管理資産の移換先	加入形態
	国民年金第1号被保険者（自営業者等）		個人型年金	加入者,運用指図者
	国民年金第2号被保険者（サラリーマン）	企業型年金あり（確定給付型の年金制度なし）	企業型年金（転職先）	加入者
		企業型年金あり（確定給付型の年金制度あり）	企業型年金（転職先）	加入者
		企業型年金なし（確定給付型の年金制度なし）	個人型年金	加入者,運用指図者
		企業型年金なし（確定給付型の年金制度あり）	個人型年金	運用指図者
			脱退一時金（注1）	
	国民年金第3号被保険者　公務員（サラリーマンの妻，公務員）		個人型年金	運用指図者
			脱退一時金（注2）	

（注1）確定拠出年金制度に加入できない者であること，資産額が50万円以下又は掛金の通算拠出期間が3年以下であることなどに該当する場合。
（注2）資産額が1.5万円以下であることなどに該当する場合。

（出典：厚生労働省）

4 各種保険の活用方法
～節税メリットと課税リスク

(1) 役員退職金・従業員退職金の資金準備

① 資金準備の必要性

 「社長・役員の報酬・賞与・退職金　最新支給データと中小企業の従業員退職金相場」によりますと，役員退職金のモデル平均支給額は，会長17,637.9万円，社長5,183.6万円となっています。これは，212社という少ないサンプルに基づくものですが，役員の退職に際し，役員退職慰労金についてはかなりの金額が必要となることが分かります。

 また，その退職慰労金及び弔慰金の原資としては，企業が保険料を負担した生命保険契約によっているのが全体の66.5％に達しています。

 このデータからは，中小企業にとっては企業利益の面からも，また，資金繰りの観点からも役員退職金の資金手当てについては，生命保険金の存在を重要視していることが分かり，その結果，今後も生命保険の特性を生かし，有効に活用する方法を検討する必要があります。

 従業員については，「会社の各種手当　支給相場＆関連料金・規程　資料大集」において，高校卒勤続年数30年でモデル退職金の平均額は634万円，大学卒勤続年数30年で平均値としては773万円となっています。この原資は，最も多くの企業で中小企業退職金共済制度を利用しています。

 東京都労働相談情報センターの「中小企業の賃金・退職金事情（平成22年版）」においても，高校卒勤続年数30年でモデル退職金の平均額は683万円，大学卒勤続年数30年で平均値としては847万円とほとんど同様の金額となっています。

このため，複数の従業員が同一年度で退職という事態が生じた場合にも，大きな資金が必要となります。

中小企業にとっては，役員退職金及び従業員退職金の支給は，単年度の企業利益に対しても大きな影響を与え，さらに，役員や従業員の退職に際しての相当の金額の資金手当ても考えなくてはなりません。この一助になるものが生命保険金と考えられます。

② 退職所得の意義

税務上，退職所得とは，退職手当，一時恩給その他の退職により一時に受ける給与及びこれらの性質を有する給与（以下「退職手当等」といいます）に係る所得をいいます（所法30①）。

この場合の退職手当等とは，本来退職しなかったとしたならば支払われなかったもので，退職したことに基因して一時に支払われることとなった給与をいいます。

したがって，退職に際し又は退職後に使用者等から支払われる給与で，その支払金額の計算基準等からみて，他の引続き勤務している者に支払われる賞与等と同性質であるものは，退職手当等に該当しません（所基通30-1）。

退職手当等は生存退職金と死亡退職金に区分されます。このうち，生存退職金については所得税法，後者の死亡退職金については相続税法の課税対象とされています。

所得税法において，退職所得に対しての課税方法は次のようになっています。

$$（収入金額－退職所得控除額）\times \frac{1}{2}＝退職所得の金額$$

この場合の退職所得控除額は次のとおりです。

勤続期間20年以下	40万円×勤続年数
勤続期間20年超	800万円＋70万円×（勤続年数－20年）

また，相続税法での死亡退職金については現行法では，法定相続人1人に対して500万円が非課税とされています（相法12①六）。

なお，この場合の法定相続人の数は，相続の放棄をした人がいても，その放棄がなかったものとした場合の相続人の数をいい，法定相続人のなかに養子がいる場合の法定相続人の数は，次のとおりとなります。

　イ　被相続人に実子がいる場合は，養子のうち1人を法定相続人の数に含めます。

　ロ　被相続人に実子がいない場合は，養子のうち2人を法定相続人の数に含めます。

相続人以外の人が取得した退職手当金等には，この非課税規定の適用はありません。

このほか，被相続人の雇用主などから弔慰金などの名目で受け取った金銭などのうち，実質上退職手当金等に該当すると認められる部分は相続税の対象になりますが，これ以外の部分については，弔慰金等に相当する金額とし，その金額を超える部分に相当する金額が退職手当金等として相続税の対象となります（相基通3-20）。

　イ　被相続人の死亡が業務上の死亡であるときは，被相続人の死亡当時の普通給与の3年分に相当する額

　ロ　被相続人の死亡が業務上の死亡でないときは，被相続人の死亡当時の普通給与の半年分に相当する額

この場合の普通給与とは，俸給，給料，賃金，扶養手当，勤務地手当，特殊勤務地手当などの合計額をいいます（相基通3-21）。

③　法人税法での退職金の取扱い

法人がその役員に対して支給する給与の額のうち不相当に高額な部分の金額として一定の金額は，その内国法人の各事業年度の所得の金額の計算上，損金の額に算入しないこととなっていますが（法法34②），役員退職金については「各事業年度においてその退職した役員に対して支給した退職給与の額が，その役員のその内国法人の業務に従事した期間，その退職の事情，その内国法人と同種の事業を営む法人でその事業規模が類似するものの役員に対する退職給与の支給の状況等に照らし，その退職した役員に対する退職給与として相当で

あると認められる金額を超える場合におけるその超える部分の金額」が損金不算入の対象となります（法令70）。

　つまり，平成18年4月1日以後に開始する事業年度において，法人が役員に支給する退職金で適正額であるものについては，損金の額に算入されます。

　その役員退職金の損金算入時期は，原則として，株主総会の決議等によって退職金の額が具体的に確定した日の属する事業年度となります（法基通9-2-28）。

　ただし，法人が退職金を実際に支払った事業年度において，損金経理をした場合は，その支払った事業年度において損金の額に算入することも認められます（法基通9-2-28）。

　なお，退職金の額が具体的に確定する事業年度より前の事業年度において，取締役会で内定した金額を損金経理により未払金に計上した場合であっても，未払金に計上した時点での損金の額に算入することはできません。

　また，法人が退職年金制度を実施している場合に支給する退職年金は，その年金を支給すべき事業年度が損金算入時期となります。

　したがって，退職した時に年金の総額を計算して未払金に計上しても損金の額に算入することができません（法法34，法令70，平18改正法附則23，法基通9-2-28〜29）。

　つまり，役員退職金として適正額であり，かつ，原則として，株主総会の決議等によって具体的に確定した日の属する事業年度の損金の額に算入されます。

　なお，使用人については，役員と特殊の関係のある使用人に対して支給する給与（債務の免除による利益その他の経済的な利益を含みます）の額のうち不相当に高額な部分の金額は，その内国法人の各事業年度の所得の金額の計算上，損金の額に算入されません（法法36）。

④　役員退職金額の算定方法

　役員退職金には，役員が存命中に役職の退職に伴い支給される生存退職金と役員在職中に死亡したことによる死亡退職金がありますが，どちらも，一般的には次のような算式でその金額が計算されます。

　　最終役員報酬月額×役員在位年数×功績倍率＝役員退職慰労金

この算式における功績倍率については，多くの判例等でその判断が明らかにされておりますが，「3」前後の功績倍率が採用されている例がみられます。

しかし，単純に「3」であれば相当な額として税務上認められるものではなく，支給額については十分な検討が必要です。

判例等で多く採用されている功績倍率3.0とした場合，社長の退職時最終報酬月額が100万円で役員通算在位年数30年のときには，次のように計算します。

100万円×30年×3.0＝9,000万円

ただし，この方法により算出すると，最終役員報酬が経営状態の悪化や地位の変動等により減額されていたような場合には，低い金額が導き出されます。

このような場合，次に示すように『ただし書き』を加えることによって，その算出される金額の調整を図ることも可能と考えます。

なお，税務署からこの調整が過度とみなされ，相当な金額を超えていると認定されることもありますので，この採用には十分な注意が必要です。

（基本額の算定方法）

第〇条　退職慰労金は，次の算式で算出した額を基本支給額とし，これに功労加算金を加算することができる。ただし，退職時最終報酬月額が役員在任中の最高額を下回る時は，最高報酬月額とする。

退任時最終報酬月額×通算在任年数×功績倍率

また，退任時に役員報酬の支給がない場合や以前よりもその支給額が低額となっている場合には，次のような方法の採用も考えられます。

① （役位別役員報酬月額×役位別在任年数×役位別功績倍率）の総和
② （役位別役員報酬月額×役位別在任年数）の総和
③ （役位別定額×役位別在任年数）の総和

例えば，①については次のように計算します（功績倍率　社長3.0　専務取締役2.8　取締役2.0の場合）。

取締役	8年	50万円×8年×2.0＝	800万円
専務取締役	2年	70万円×2年×2.8＝	392万円
社長	6年	100万円×6年×3.0＝	1,800万円
計			2,992万円

③による場合は次のようになります（社長250万円，専務取締役150万円，取締役100万円の定額の場合）。

取締役	8年	100万円×8年＝	800万円
専務取締役	2年	150万円×2年＝	300万円
社長	6年	250万円×6年＝	1,500万円
計			2,600万円

なお，役員退職慰労金支給の損金算入に関しては，役員退職慰労金支給規程のほか，次に示すような株主総会議事録や取締役会議事録の作成も必要となります。

また，従業員に対しても，役員と同様に適正額の支給をしていることを従業員退職金支給規程により証明しなければなりません。

⑤　採用する保険の種類

役員退職金や従業員退職金の支給に際し，その支払いのために生命保険金を活用することは多くみられ，特に適しているのは逓増定期保険です。

2006年11月からは，各生命保険会社で新逓増定期保険を発売しています。これは従来の逓増定期保険の逓増率を変更するとともに契約年齢範囲を拡大等したものです。

次に掲げる表は，契約者及び受取人を法人とし，被保険者を50歳の男性役員とした場合で，72歳払込み，保険期間満了，基本保険金額1億円，逓増率変更年度第15保険年度で，保険料を年払い5,021,200円とした場合のシミュレーションです。

これによると，保険料の損金算入額を考慮した解約払戻金の負担額累計に対する割合でみると，保険年度第4年度ですでに100％を超えています。

つまり，この年度以降で勇退すれば一番効率的で，節税効果の高い保険加入

であることがいえます。この解約返戻金を勇退時の退職慰労金の財源として利用することができます。

また，このシミュレーションでは，68歳から72歳の間に死亡した場合には，法人では5億円の死亡保険金を取得することができます。この場合，これを死亡退職金の財源に充てることも可能となります。

逓増定期保険は，保険期間の経過とともに保障が逓増します。そのため保険料も高額となっていますが，将来の前払保険料が含まれているため，保険期間が長いものほど解約返戻金も大きいものとなっています。このことから，役員に万が一のことがあった場合には十分活用できる保険であるといえます。

同じような商品としては，長期平準定期保険や養老保険・個人年金もあり，これらも同様に活用できます。

○新逓増定期保険

契約者・受取人／法人　被保険者／役員（50歳男性）／72歳払込／保険期間満了
基本保険金額／1億円　保険料年払い／5,021,200円

年齢（経過年数）	①払込総保険料	②解約払戻金	③解約返戻率（②÷①）	保険料の損金算入額を考慮した試算			死亡・高度障害保険金
				④損金算入額累計	⑤負担額累計[①-④×40.87％]	⑥②÷⑤	
歳(年)	約　　万円	約　　万円	約　　％	約　　万円	約　　万円	約　　％	万円
51(1)	503	230	45.9	251	400	57.6	10,000
52(2)	1,005	633	63.1	502	800	79.3	10,000
53(3)	1,507	1,134	75.3	753	1,199	94.6	10,000
54(4)	2,009	1,735	86.4	1,004	1,599	108.6	10,000
55(5)	2,511	2,217	88.3	1,255	1,998	111.0	10,000
56(6)	3,013	2,681	89.0	1,506	2,398	111.8	10,000
57(7)	3,515	3,154	89.7	1,757	2,797	112.8	10,000
58(8)	4,017	3,635	90.5	2,008	3,197	113.7	10,000
59(9)	4,520	4,125	91.3	2,259	3,596	114.7	10,000
60(10)	5,022	4,625	92.1	2,510	3,996	115.8	10,000
61(11)	5,524	5,135	93.0	2,761	4,395	116.8	10,000
62(12)	6,026	5,655	93.9	3,012	4,795	118.0	10,000
63(13)	6,528	6,187	94.8	3,263	5,194	119.1	10,000
64(14)	7,030	6,731	95.8	4,128	5,343	126.0	10,000

65(15)	7,532	7,071	93.9	4,993	5,492	128.8	15,000
66(16)	8,034	7,198	89.6	5,858	5,640	127.6	22,500
67(17)	8,537	6,943	81.3	6,722	5,789	119.9	33,750
68(18)	9,039	6,036	66.8	7,587	5,938	101.7	50,000
69(19)	9,541	4,923	51.6	8,452	6,086	80.9	50,000
70(20)	10,043	3,574	35.6	9,317	6,235	57.3	50,000
71(21)	10,545	1,949	18.5	10,181	6,384	30.5	50,000
72(22)	11,047	0	0.0	11,046	6,532	0.0	50,000

(注)　「⑤負担額累計」及び「⑥」は，毎年，損金額を上回る益金計上があることを前提に，法人税・住民税・事業税などの実効税率（40.87％※）が前提条件のまま保険期間満了まで変わらないものとして試算したものです（平成23年8月現在の税制を適用しています）。

（出典：大同生命）

※　参考：実効税率＝ $\dfrac{\text{法人税}30\%＋\text{住民税}5.19\%(30\%×17.3\%)＋\text{法人事業税の合算税率}9.6\%}{1＋\text{法人事業税の税率}(9.6\%)}$ ＝40.87％

⑥　節税メリットと課税リスク

　⑤のシミュレーションのように，それぞれのピーク時に役員及び従業員の退職の事実が生じるように設計すれば企業経営上も，税務上も有利となりますが，生命保険は活用する期間が長いことから，現在の税制が見直される可能性もあり，契約後もその取扱いには十分な注意が必要です。

　シミュレーションの数値は，現状での試算ですので，当然予想額にずれが生じた場合には保険期間の途中であっても，例えば，変更時の解約払戻金を一時払いの保険料に充当し，保険期間を終身とする払済保険へ変更することによって死亡・高度障害保障が生涯続けることができますので，被保険者の年齢や会社の状況等も勘案して，このような見直しを行い，その調整をすることも必要となります。

　つまり，長い保険期間中には予定していないトラブルは当然生ずるものとして，保険契約の見直し等を常時行う必要があります。

　なお，法人が支払う死亡退職金と収受する生命保険金とは基本的に関係はなく，支払う死亡退職金が過大かどうかは受け取った保険金額の数値には左右されることなく，別個に考えるべきものとされており（昭和62年4月16日長野地裁，平成5年6月29日高松地裁），適正額はその業務に従事した期間等の要素により判定されますので注意が必要です。

4　各種保険の活用方法

役員退職慰労金規程

第1条　（総則）
　本規程は、退職した取締役又は監査役（以下、役員という。）の退職慰労金について定める。

第2条　（退職慰労金額の決定）
　退職した役員に支給すべき退職慰労金は、次の各号のうち、いずれかの額とする。
　①　本規程に基づき、取締役会が決定し、株主総会において承認された額。
　②　本規程に基づき計算すべき旨の株主総会の決議に従い、取締役会が決定した額。

第3条　（退職慰労金の額の算出）
　役員の退職慰労金の額は次の算式によって得たものとする。
　①　退職慰労金の額＝退職時の報酬月額×役員在任年数×最終役位別倍率
　②　各役位別の倍率は次の通りとする。

　　　　会　長　　　2．8
　　　　社　長　　　3．2
　　　　副社長　　　2．8
　　　　専　務　　　2．6
　　　　常　務　　　2．3
　　　　取締役　　　2．0
　　　　監査役　　　2．0

> （注）この役位係数は、一般的に使われている数値を参考にしていますが、所轄の税務署・顧問税理士と事前相談をしてください。

　ただし、役位に変更がある場合には、役員在任中の最高位をもって最終役位とする。
　また、役位の変更によって、報酬月額に減額が生じた場合も、退任時の報酬月額は役員在任中の最高報酬月額とする。

第4条　（役員報酬）
　役員報酬とは、名目のいかんを問わず、毎月定まって支給されるものの総額をいう。

第5条　（役員在任年数）
　役員在任年数は、1か年を単位とし、端数は月割とする。ただし、1か月未満は1か月に切り上げる。

第6条　（在任期間の特例）
　役員がその在任期間に死亡し、又はやむを得ない事由により退職したときは、在任中の残存期間を在職月数に加算して計算する。

第7条　（非常勤期間）
　役員の非常勤期間について、原則として、退職慰労金算出の際の役員在任年数から除く。

ただし、特別の場合は、取締役会で別に定める。

第8条　（功労加算金）

取締役会は、特に功績顕著と認められる役員に対しては、第3条により算出した金額にその30％を超えない範囲で加算することができる。なお、監査役が功労加算金の対象となる場合は、監査役の同意を要する。

第9条　（弔慰金）

任期中に死亡した時は、次の金額を弔慰金として支給する。

① 業務上の死亡の場合・・・死亡時の報酬月額×3年分
② その他の死亡の場合・・・死亡時の報酬月額×6か月分

第10条　（特別減額）

取締役会は、退職役員のうち、在任中特に重大な損害を会社に与えたものに対し、第3条により算出した金額を減額、又は支給しないことができる。

第11条　（支給時期及び方法）

退職慰労金の支給時期は、株主総会で承認、又は株主総会直後の取締役会での決定後2か月以内とする。

ただし、経済界の景況、会社の業績等によって、当該役員又はその遺族と協議のうえ、支給時期、支給回数、支給方法について別に定めることがある。

第12条　（死亡役員に対する退職金）

死亡した役員に対する退職慰労金は遺族に支給する。この場合の遺族とは、配偶者を第1順位とし、配偶者がない場合には、子、父母、孫、祖父母、兄弟姉妹の順位とする。なお、該当者が複数いるときは代表者に対して支給するものとする。

第13条　（会社加入の事業保険との関連）

退職慰労金と関連のある会社加入の保険契約の受取保険金（中途解約払戻金も同様）は、全額会社に帰属する。

第14条　（規程の改正）

この規程は、取締役会の決議及び監査役の協議を経て随時改正することができる。ただし、株主総会において決議を得た特定の退任役員に対して支給する退職慰労金は、その決議当時の規程による。

付則

本規程は、平成　　年　　月　　日より実施する。

　　　　　　　　　　　（出典：大同生命「役員退職慰労金に関する
　　　　　　　　　　　　　　　社内規程・議事録」を加筆・修正
　　　　　　　　　　　　　　　以下同じ）

第〇〇回 〇時株主総会議事録

平成〇〇年〇〇月〇〇日午〇〇〇時〇〇分より当会社本店において、第〇〇回〇時株主総会を開催した。

議決権のある株主総数	〇〇	名
この議決権の総数	〇〇	個
出席株主数（委任状による者を含む。）	〇〇	名
この議決権の総数	〇〇	個

以上のとおり株主の出席があったので、定款の規定により代表取締役〇〇〇〇は、議長席につき、〇時総会は適法に成立したので、開会する旨を宣し、直ちに議事に入った。

（議案）死亡退職した〇〇〇〇殿の弔慰金並びに死亡退職金等の支給に関する件

平成〇〇年〇〇月〇〇日死亡により退任した〇〇〇〇殿の遺族に対し、弔慰金、死亡退職金等を支給することについて上程があったところ、株主〇〇〇〇氏から弔慰金、死亡退職金等を贈呈すること、その金額、時期、方法等を取締役会に一任したいと動議がなされた。

引き続いて議長から、取締役会に一任の動議について、弔慰金、死亡退職金を支給することとし、その金額は、平成〇〇年〇〇月〇〇日に開かれた〇〇会で決議された役員退職慰労金規程の範囲内とし、支給時期、支給方法等については、取締役会に一任しては、と提案して議場にその賛否を諮ったところ、全員異議なく議長提案どおり承認可決された。

議長は、以上をもって本日の議事が終了した旨を述べ、午〇〇時〇〇分閉会した。

以上の決議を明確にするため、取締役〇〇〇〇はこの議事録を作成し、議長及び出席取締役がこれに記名押印する。

平成〇〇年〇〇月〇〇日

　　（商号）〇〇〇〇

　　　　　議長　代表取締役　〇〇〇〇　㊞
　　　　　　　　出席取締役　〇〇〇〇　㊞
　　　　　　　　　同　　　　〇〇〇〇　㊞
　　　　　　　　　同　　　　〇〇〇〇　㊞
　　　　　　　　　同　　　　〇〇〇〇　㊞

取締役会議事録

　平成○○年○○月○○日午○○○時○○分より、当会社の本店において、取締役会を開催した。
　　出席取締役○○名(全取締役○○名)
　代表取締役○○○○は、選ばれて議長となり、下記の議案につき、可決確定のうえ、午○○○時○○分散会した。

　(議案)取締役○○○○殿の死亡に伴う弔慰金、死亡退職金等の支給に関する件

　平成○○年○○月○○日取締役○○○○殿の死亡に伴う、弔慰金、死亡退職金等の決定については、平成○○年○○月○○日株主総会決議をもって「金額の決定及びその支給手続については取締役会決議に一任された」ので、役員退職慰労金規程に基づき、次のように原案を提示して議場に賛否を問うたところ全員異議なく原案通り決定した。

記

金額の確定
　弔慰金　　　○○○万円　　死亡退職金○○○万円　　功労加算金○○○万円
　支払期日　　平成○○年○○月○○日
　支払方法　　遺族代表者へ、現金又は小切手により支払う。
　以上の決議を明確にするため、この議事録を作成し、出席取締役全員がこれに記名押印する。
　　平成○○年○○月○○日
　　　(商号)○○○○　取締役会
　　　　　　議長・代表取締役　　　　○○○○　　㊞
　　　　　　出席取締役　　　　　　　○○○○　　㊞
　　　　　　出席取締役　　　　　　　○○○○　　㊞
　　　　　　出席取締役　　　　　　　○○○○　　㊞
　　　　　　出席取締役　　　　　　　○○○○　　㊞

(2) 従業員の福利厚生対策

① 福利厚生費

　企業を経営するうえで従業員の福利厚生として，従業員の在職中における死亡保障，医療保障，休業保障，財産形成の保障，退職後の従業員の老後保障等のために生命保険を活用する方法があります。

　一般に，福利厚生費とは，その企業に所属する従業員の労働力の確保とその向上を図るために支出されるものをいいます。

　税務上では，直接的に福利厚生費の概念を定義する規定はありませんが，措通61の4（1）-10の『交際費と福利厚生費との区分』では次のようにされています。

> 　社内の行事に際して支出される金額等で次のようなものは交際費等に含まれないものとする。
> (1) 創立記念日，国民祝日，新社屋落成式等に際し従業員等におおむね一律に社内において供与される通常の飲食に要する費用
> (2) 従業員等（従業員等であった者を含む。）又はその親族等の慶弔，禍福に際し一定の基準に従って支給される金品に要する費用

　つまり，福利生費とは，従業員等に対し，おおむね一律・おおむね一定の基準に従って給付されるものをいいます。

　ただし，所得税基本通達では『課税しない経済的利益』として，著しく多額ではなく，社会通念上一般的と認められるものをその対象としています（所基通36-29，36-30）。

　第54回福利厚生費調査結果報告（2009年度（2009年4月～2010年3月）2011年1月28日（社）日本経済団体連合会）によると，従業員1人1ヶ月当たりの法定外福利厚生費は25,960円，前年度比6.2％減少し，従業員の育児支援や健康管理支援への重点化傾向は変わらないとしていますが，ライフサポートについ

て，第三次産業において「保険」が法定外福利費に占める割合は6.6％で，依然として主要な項目であることに変わりはないとしています。

また，「平成19年度生活保障に関する調査」（生命保険文化センター）によると，「ケガや病気に対する不安の内容」として，「障害などにより就業不能となる」，「治療の長期化で収入が途絶える」が，それぞれ回答の3割を超えており，休業時に所得がなくなる不安が強いことがわかります。

② 採用する保険の種類

このように考えますと，企業としての福利厚生としては，それぞれの不安に対して保障を設けることが必要であり，これにはまず保険料が比較的低額な団体保険の採用が考えられます。

団体保険は，単一契約で多数の被保険者を保障することができる生命保険契約で，総合福祉団体定期保険，団体定期保険，医療保障保険，団体就業不能保障保険があります。

例えば，休業時に所得がなくなる不安に対しては，団体就業不能保障保険の採用が考えられます。

これは，責任開始期以後に発生した傷害又は発病した疾病を直接の原因として，保険期間中に不支給期間を超えて継続した就業不能状態に該当したときに，就業不能保障保険金が支払われます。

この場合の「就業不能状態」とは，傷害又は疾病により，「病院若しくは診療所」への治療を目的とした入院又は医師の指示による自宅療養をしており，かつ，所定の業務に全く従事できない状態をいいます。

また，医療保障保険（団体型）は，団体の所属員を被保険者とした1年定期の医療保障保険です。この保険の保険金及び給付金について，治療給付金は被保険者が傷害又は疾病によって治療のために入院した場合に，公的医療保険の自己負担割合と診療報酬点数に応じて，一定の金額が支払われるものです。また，入院給付金・死亡保険金や特約もあります。

生命保険会社が福祉厚生型で販売している生命保険には，死亡保障を目的とした保険料が損金に算入できるタイプのものと資産計上するタイプのものがあ

4 各種保険の活用方法

ります。

また，保険料が損金に算入されるものであっても，契約形態によって給与所得として課税される場合もあります。

例えば，定期付養老保険で養老保険と定期保険の保険料がそれぞれ区分されている場合には，税務上，次のように取り扱われますので，課税関係を理解して有効に活用する必要があります（所基通36-31の3，36-31の4）。

区分	給与課税がない場合	給与課税がある場合
①養老保険に対応する部分	①死亡保険金及び満期保険金の受取人が使用者である場合 ②死亡保険金の受取人が被保険者の遺族で，満期保険金の受取人が使用者である場合	①死亡保険金及び満期保険金の受取人が被保険者又は遺族である場合 ②死亡保険金の受取人が被保険者の遺族で，満期保険金の受取人が使用者である場合であっても，特定の使用人や役員のみを被保険者としている場合，つまり，差別的加入をしている場合（保険料の2分1相当額について給与課税）
②定期保険に対応する部分	①死亡保険金の受取人が使用者である場合 ②死亡保険金の受取人が被保険者の遺族である場合	死亡保険金の受取人が被保険者の遺族である場合であっても，特定の使用人や役員のみを被保険者としている場合
③特約保険料部分	右記以外	特定の使用人や役員のみを傷害特約等に係る給付金の受取人とする場合

なお，長期傷害保険（終身保障タイプ）は，掛捨て保険で満期保険金はありませんが，保険金が長期であり，従業員の災害の死亡の際の災害死亡保険金，災害による障害給付金が支払われることから福利厚生の目的に合致しています。

また，病気やけがの際の保障としては，傷害保険や医療保険，がん保険があります。

③ 節税メリットと課税リスク

生命保険会社で販売している福祉厚生型の生命保険のうち，保険料損金算入プランは一般の定期保険ですが，長期平準定期保険や逓増定期保険は保険料の一部が損金に算入することも可能ですので，節税策の1つとして検討対象とな

155

ります。

　また，資産計上プランで保険料を資産計上する終身保険の場合，節税効果はありませんが，中途解約により，その返戻金を期待することができます。

イ　養老保険2分1損金算入プランの加入要件

　福利厚生プランとして販売している役員及び従業員を被保険者とし，満期保険金受取人を会社，死亡保険金受取人を被保険者の遺族とする養老保険は，保険料の2分の1を損金に算入できますが，原則として全員加入のほか，いくつかの加入要件があります。

　この形態のプランでの加入要件は，裁決等（平成8年6月25日，7月4日）でも明らかにされていますが，次のような点に注意が必要です。

　　i　契約の継続性

　　保険料の2分の1が損金に計上されることを利用して節税を図れることから，保険加入して早々の解約等については，税務上問題とされる場合があり得ます。

　　ii　普遍的加入

　　全員加入が原則ですが，一定の客観的基準によりその加入対象者を限定することは可能です。ただし，これに関しては合理的な基準により普遍的加入が必要です。

　　iii　適正な保険金額

　　福利厚生規程等に基づいた適正な保険金額であって，異常に高額な保険料とならないように設定することとなります。

　　iv　加入者の構成

　　役員・従業員の大部分が同族関係者である場合には，同族関係者の保険料の2分の1については福利厚生費でなく，給与とされます。

　　v　役員・従業員の同意

　　福利厚生プランで加入する場合には，役員・従業員の同意が必要です。

　　つまり，使用者が一方的に締結した保険契約でないことです。

　　vi　加入する目的

　　保険加入する目的が，投資目的として課税の繰延べを意図したものでなく，

あくまで福利厚生がその目的であることが必要です。

ロ　団体保険のメリット

団体保険のうち，総合福祉団体定期保険加入の経営者側のメリットとしては，各企業等の支給規程に基づいた弔慰金・死亡退職金等の財源を確保でき，さらに，突発的な高額な費用負担の平準化が図れるとともに，災害総合保障特約の付加をすれば役員及び従業員の不慮の事故における障害・入院時の給付に関する企業等の支給規程に基づいた給付金の財源となり，また，ヒューマン・ヴァリュー特約の付加をすれば役員・従業員の死亡の場合に企業の負担すべき諸費用の財源を確保できることとなります。

さらに，法人が負担した保険料は，全額損金算入が認められますので，法人税・事業税・住民税も軽減されます。

従業員側のメリットとしては万が一の事態が生じた場合も企業等の福利厚生制度に基づき確実な保障が受けられ，災害総合保障特約が付加されることによって，企業等の支給規程に基づく不慮の事故における障害・入院時の給付を確実に受けることができます。なお，団体で一括加入，しかも診査がないところにも特徴があります。

ただし，総合福祉団体定期保険の契約に際しては被保険者の同意が必要で，ヒューマン・ヴァリュー特約又は災害総合保障特約を付加する場合には，主契約と併わせて特約内容も確認し，被保険者となることの同意確認を行い，その結果，被保険者となることに同意しない従業員は被保険者から除外されることとなります。

加入対象者としては，企業の福利厚生規程に基づく弔慰金や死亡退職金の支給対象となる役員及び従業員が加入対象となり，契約期間は1年ごとに更新する仕組で契約者（企業等）から解約の申し出がなければ自動更新されます。

このようなことから，役員及び従業員の退職金支給規程等の範囲内の適正な保険金額であるとともに，普遍的加入と加入者全員の同意が必要となりますが，総合福祉団体定期保険は福利厚生目的として十分に活用することができます。

ハ　医療保険の留意点

医療保険について受取人を会社としている場合に，保険事故が発生し生存給

付金を受け取った場合には、法人ではその給付金額を雑収入とし、被保険者である役員・従業員に支払う見舞金は社会通念上相当な金額であれば損金の額に算入されますが、役員について適正額を超える額は役員賞与とされますので、適正な支給額を定めた慶弔見舞金規程を整備する必要があります。

ただし、このような医療保険については、法人契約とせずに個人契約とすれば、受け取る給付金（生存給付金・特定疾病保険金（3大成人病に罹った場合の保険金））は、『疾病により重度障害の状態になったことなどにより』支払われるものに該当し（所基通9-21）、全額非課税となりますので、個人契約で加入したほうが得策と思われます。

(3) 事業承継・相続対策

① 株価対策としての生命保険

オーナーの所有する財産は、通常、不動産と自社株がほとんどで、預貯金を中心とした流動性資金が少ないことが多く、相続が生じた場合、相続人間で遺産分割に問題が生じます。

このうち、非上場の自社株の評価方法について検討してみますと、相続税法において、次のように規定しています。

まず、取引相場のない株式（上場株式、登録銘柄、店頭管理銘柄及び公開途上にある株式以外の株式をいいます）を相続や贈与などで取得した株主を、その株式を発行した会社の経営支配力を持っている同族株主と、それ以外の株主等とに区分して、次に掲げる評価通達を適用して、それぞれを原則的評価方式又は特例的な評価方式の配当還元方式により評価します（評基通178～180、185、188、188-2、189～189-6）。

❶ 原則的評価方法

原則的評価方式は、評価する株式を発行した会社を次の図表に示すように従業員数、総資産価額及び取引金額により大会社、中会社又は小会社のいずれかに区分して、原則として次のような方法で評価をすることになっています。

ⅰ　大会社

　大会社は、原則として、類似業種比準方式により評価します。この場合の類似業者比準方式とは、上場会社の事業内容を基として定められている類似業種比準価額計算上の業種目のうち、評価会社と事業内容と類似するものを選定し、その業種の株価、1株（50円）当たりの「配当金額」、「年利益金額」及び「純資産価額」を比準要素として、株式の価額を求める方法です。

　なお、大会社は純資産価額方式との選択適用することができます。

　（原則）類似業種比準価額

　（特例）純資産価額

ⅱ　小会社

　小会社は、原則として、純資産価額方式によって評価します。この場合の純資産価額方式とは、会社の総資産や負債を原則として相続税の評価額に置きかえて、その評価した総資産の価額から負債や評価差額に対する法人税額等相当額を差し引いた残りの金額により評価する方法です。

　なお、小会社は中会社の評価で使用する類似業種比準方式と純資産価額方式との併用方式の選択は可能です。

　（原則）純資産価額

　（特例）類似業種比準価額×0.5＋純資産価額×（1－0.5）

ⅲ　中会社

　中会社は、大会社と小会社の評価方法を併用して評価します。つまり、類似業種比準方式と純資産価額方式との併用方式によりますが、類似業種比準価額について純資産価額を選択することができます。

　（原則）類似業種比準価額×L＋純資産価額×（1－L）

　（特例）純資産価額×L＋純資産価額×（1－L）

会社規模判定基準

直前期末以前1年間における従業員数に応ずる区分			100人以上の会社は，大会社				
			100人未満の会社は，次の①及び②により判定				
①直前期末の総資産価額（帳簿価額）及び直前期末以前1年間における従業員数に応ずる区分				②直前期末以前1年間の取引金額に応ずる区分			
総資産価額（帳簿価額）			従業員数	取引金額			会社規模とLの割合（中会社）の区分
卸売業	小売・サービス業	卸売業，小売・サービス業以外		卸売業	小売・サービス業	卸売業，小売・サービス業以外	
20億円以上	10億円以上	10億円以上	50人超	80億円以上	20億円以上	20億円以上	大会社
14億円以上20億円未満	7億円以上10億円未満	7億円以上10億円未満	50人超	50億円以上80億円未満	12億円以上20億円未満	14億円以上20億円未満	0.90
7億円以上14億円未満	4億円以上7億円未満	4億円以上7億円未満	30人超50人以下	25億円以上50億円未満	6億円以上12億円未満	7億円以上14億円未満	0.75
7,000万円以上7億円未満	4,000万円以上4億円未満	5,000万円以上4億円未満	5人超30人以下	2億円以上25億円未満	6,000万円以上6億円未満	8,000万円以上7億円未満	0.60
7,000万円未満	4,000万円未満	5,000万円未満	5人以下	2億円未満	6,000万円未満	8,000万円未満	小会社

判定	大会社	中会社			小会社	
		Lの割合				
		0.90	0.75	0.60		

※『会社規模とLの割合（中会社）の区分』欄は，①欄の区分（「総資産価額（帳簿価額）」と「従業員数」とのいずれか下位の区分）と②欄（取引金額）の区分とのいずれか上位の区分により判定します。

（出典：「評価上の株主の判定及び会社規模の判定の明細書」）

❷ 特例的な評価方法

取引相場のない株式は，原則として，❶の方式により評価しますが，同族株主以外の株主等が取得した株式については，その株式の発行会社の規模にかかわらず❶の評価方式に代えて特例的な評価方式の配当還元方式で評価します。

この配当還元方式は，その株式を所有することによって受け取る1年間の配

4 各種保険の活用方法

当金額を，一定の利率（10％）で還元して元本である株式の価額を評価する方法です。

❸ 特定の評価会社の株式の評価

次のような特定の評価会社の株式は，原則として，ⅰ～ⅴについては純資産価額方式により，ⅵについては清算分配見込額により評価することになっています。

なお，ⅰ～ⅳの会社の株式を取得した同族株主以外の株主等については，特例的な評価方式である配当還元方式により評価することもできます。

ⅰ 類似業種比準方式で評価する場合の3つの比準要素である配当金額，利益金額及び簿価純資産価額のうち直前期末の要素のいずれか2つがゼロであり，かつ，直前々期末の要素のいずれか2つ以上がゼロである会社（比準要素数1の会社）

ⅱ 総資産価額中に占める株式や出資の価額の合計額の割合が次に掲げる割合以上の会社（株式保有特定会社）

会社の規模	大会社	中会社	小会社
株式等の保有割合	25％以上	50％以上	50％以上

ⅲ 総資産価額中に占める土地などの価額の合計額の割合が次の割合以上の会社（土地保有特定会社）

会社区分	総資産価額（帳簿価額）	土地等の保有割合
大会社	①卸売業……………………………20億円以上 ②小売・サービス業……………10億円以上 ③①，②以外の業種……………10億円以上	70％以上 （土地保有特定会社）
小会社	総資産価額基準が大会社に該当するもの	
小会社	総資産価額基準が大・中会社に該当しないもの	
中会社	総資産価額基準が中会社に該当するもの	
中会社	①卸売業………………7,000万円～20億円未満 ②小売・サービス業…4,000万円～10億円未満 ③①，②以外の業種…5,000万円～10億円未満	90％以上 （土地保有特定会社）

（出典：梶野研二「株式・公社債の評価の実務」大蔵財務協会）

なお,「土地等の保有割合」は,相続税評価額により計算した評価会社の有する各資産の価額の合計額のうちに占める相続税評価額により計算した土地等の価額の割合をいいます。

iv 課税時期において開業後の経過年数が3年未満の会社や,類似業種比準方式で評価する場合の3つの比準要素である配当金額,利益金額及び簿価純資産価額の直前期末の要素がいずれもゼロである会社(開業後3年未満の会社等)

v 開業前(会社設立の登記は完了したが,現に事業活動を開始するまでに至っていない場合をいいます)又は休業中(課税時期の前後において相当期間にわたり休業している場合をいいます)の会社

vi 清算中の会社

なお,❶及び❸における純資産価額により取引相場のない株式について相続税評価額を計算する場合,法人が生命保険契約に加入していた場合,次のように評価することとなります。

(1) 評価する法人の資産の中に生命保険契約で保険事故が発生していないものがあるときは解約返戻金相当額で評価します。この解約返戻金相当額は通常,保険会社に依頼して算出することとなります(財基通214)。

(2) 評価する法人の資産の中に生命保険契約で保険事故が発生したものがあるときは,その保険金相当額を未収保険金(生命保険請求権)として資産の部の「相続税評価額」及び「帳簿価額」のいずれにも記載します。

　この場合,これをもとに死亡退職金を支払う場合には,負債の部の「相続税評価額」及び「帳簿価額」のいずれにも次のように記載します。

　なお,生命保険金の掛金が資産に計上されているときはこれを資産から除外します。また,支払う退職金を控除した後の保険差益について,法人税が課されることとなるときには,その法人税等に相当する金額を負債として計上します。

> (設例) 定期保険に係る死亡保険金 6,000 万円, 死亡退職金 4,000 万円
> 保険差益に対する法人税等 （6,000 万円－4,000 万円）×45 ％
> ＝900 万円

第5表 1株当たりの純資産価額（相続税評価額）の計算明細書

1. 資産及び負債の金額（課税時期現在）							
資 産 の 部				負 債 の 部			
科 目	相続税評価額	帳簿価額	備考	科 目	相続税評価額	帳簿価額	備考
未収保険金	60,000千円	60,000千円		未払退職金	40,000千円	40,000千円	
				保険差益に対する法人税等	9,000千円	9,000千円	

② 生命保険金の株式評価への影響

取引相場のない株式対策として生命保険の活用を考えてみますと，次のようになります。

i 生前退職の場合

例えば，満期保険金の受取人が法人，死亡保険金の受取人が従業員の遺族である養老保険の場合，株式評価上，毎年の保険料の2分1が損金として計上されているため，類似業種比準価額の1株当たり利益金額を減らすことができ，また，養老保険の解約返戻金以上に生前退職金を支給した場合には，その株式を贈与等する場合の純資産価額は低く計算することができます。

また，生前退職した後の事業年度での株式評価において，支給する退職慰労金が，法人の受領した生命保険金から保険積立金累計額を控除した金額以上であれば，その差額分だけ利益が減少し，評価額の減額が図られることになります。

ii 死亡退職金の場合

死亡退職のときに，純資産価額により評価する場合，上記①で説明したように，加入している保険契約の種類によりますが，生命保険金請求権という

未収保険金を資産の部に計上するとともに，支払う死亡退職金を負債の部に計上することから，受け取る保険金より，死亡退職金のほうが多い場合には，株式評価額における純資産価額の算定においては減額を図ることができます。

また，逆に，受取保険金が死亡退職金より多い場合には，その保険差益の額から繰越欠損金の額を控除した後の部分に対応する法人税額等は負債の部に計上することができます。

もちろん，損金に算入された保険料については，その年度の利益額が減少した数値として現れます。

③ 採用する保険の種類と節税メリット及び課税リスク

非上場株式の評価において，生命保険の加入により一般法人及び特定の評価会社における純資産価額の株価算定上，減額される可能性があります。

損金に算入される部分がある保険，例えば定期保険については，類似業種比準価額の1株あたり利益金額の算定上減額され，株式評価上もメリットはあります。

しかし，遺族への保障財源としても考慮すると，死亡の場合の死亡保険金，解約の場合の多額の満期保険金がある養老保険が適しているものと考えます。

法人が生命保険に加入する場合の目的は，いくつかのことが考えられます。生命保険本来の目的であるリスクに備えることは当然のこととして，節税，内部留保の充実，事業保障，事業承継，福利厚生，退職金対策等，そのシミュレーションを組んだ時点でその目的に見合った保険を採用することとなりますが，日々新しい保険商品が販売され，税務の取扱いはそのあとを追う状態となっていますので，その後の税務上の取扱いの見直しによる課税リスクがある点も常に念頭にいれておかなければなりません。

(4) 事業保障対策

① 資金調達財源

中小企業においてオーナーが死亡した場合，後継者が存在し，その後継者が

次世代を担う者として育っていても，その直後の事業運営資金の調達に支障をきたすことが考えられます。

殊に，それまでオーナー自身がその企業の資金繰りや営業をはじめ，すべての分野をひとりで取り仕切っていた場合には，そのオーナーが亡くなった途端，すべての業務が停止してしまう可能性もあります。そこで，まず，事業継続のための資金が必要となります。つまり，企業防衛対策資金を準備しておく必要があります。

永年経営のトップにいたオーナーの死亡により，売上げが急激に減少し，その結果，取引先への信用も不安定なものとなり，金融機関も資金貸出しを渋ることがあります。

そこで，そのような財政的な不安を招かないように，法人自ら生命保険契約の加入等の何らかの手段によりその対策を検討しておく必要があります。

その資金繰り対策としてどの程度の資金が必要であるかどうかは，その企業の経営者の影響度合いやその企業の体力の強度によることとなりますが，その後の経営を支配する後継者がどの程度の経営手腕をもっているかも大きな関係があります。

一般的には1年以内に返済が生ずる短期借入金や買掛金相当額に，従業員の数ヶ月から1年間の給与及び事業維持費を加算した金額とされています。

これにより計算しますと相当な金額となりますが，これを最高額として，その準備をしておくことが必要です。

② 採用する保険の種類

事業保障対策に適当な生命保険の種類としては，社長を被保険者として，死亡保険金あるいは満期保険金の受取人を法人とした，定期保険，長期平準定期保険，終身保険及び養老保険が考えられます。

例えば，一般の定期保険で法人を受取人としていれば，比較的低額な保険料で，万が一の場合の備えともなりますし，損金に計上できることから節税効果もあります。

長期平準定期保険は一般の定期保険と違い，全額が損金とはなりませんが，

相当な金額の解約返戻金がありますので，その解約返戻率が一番高くなるピークのときに保険を解約して，事業運営資金に活用する方法もあります。

○長期平準定期保険

40歳男性契約：100歳払込　保険期間満了　死亡・高度障害保険金：1億円
契約者：法人　被保険者：役員　受取人：法人　年払保険料：1,962,400円

年齢 (経過年数)	① 払込 総保険料	② 解約 払戻金	③ 解約返戻率 (②÷①)	保険料の損金算入額を考慮した試算		
				④ 損金算入額 累計	⑤ 負担額累計 [①−④× 40.87％]	⑥ ②÷⑤
歳(年)	約　万円	約　万円	約　　％	約　万円	約　万円	約　　％
41(1)	197	122	62.2	98	157	78.1
42(2)	393	307	78.2	196	313	98.3
43(3)	589	494	83.9	294	469	105.5
44(4)	785	684	87.1	392	625	109.5
45(5)	982	876	89.3	490	781	112.2
46(6)	1,178	1,071	91.0	588	937	114.3
47(7)	1,374	1,268	92.3	686	1,093	116.0
48(8)	1,570	1,468	93.5	784	1,250	117.5
49(9)	1,767	1,670	94.6	883	1,406	118.8
50(10)	1,963	1,874	95.5	981	1,562	120.0
51(11)	2,159	2,064	95.6	1,079	1,718	120.2
52(12)	2,355	2,256	95.8	1,177	1,874	120.4
53(13)	2,552	2,448	96.0	1,275	2,030	120.6
54(14)	2,748	2,642	96.2	1,373	2,186	120.9
55(15)	2,944	2,838	96.4	1,471	2,343	121.2
56(16)	3,140	3,035	96.7	1,569	2,499	121.5
57(17)	3,337	3,233	96.9	1,668	2,655	121.8
58(18)	3,533	3,433	97.2	1,766	2,811	122.1
59(19)	3,729	3,635	97.5	1,864	2,967	122.5
60(20)	3,925	3,838	97.8	1,962	3,123	122.9
61(21)	4,122	4,043	98.1	2,060	3,280	123.3
62(22)	4,318	4,249	98.4	2,158	3,436	123.7
63(23)	4,514	4,457	98.7	2,256	3,592	124.1
64(24)	4,710	4,664	99.0	2,354	3,748	124.5
65(25)	4,906	4,872	99.3	2,453	3,904	124.8

4 各種保険の活用方法

66(26)	5,103	5,062	99.2	2,551	4,060	124.7
67(27)	5,299	5,251	99.1	2,649	4,216	124.6
68(28)	5,495	5,437	98.9	2,747	4,373	124.4
69(29)	5,691	5,620	98.8	2,845	4,529	124.1
70(30)	5,888	5,802	98.6	2,943	4,685	123.9
71(31)	6,084	5,981	98.3	3,041	4,841	123.6
72(32)	6,280	6,158	98.1	3,139	4,997	123.2
73(33)	6,476	6,333	97.8	3,237	5,153	122.9
74(34)	6,673	6,506	97.5	3,336	5,309	122.6
75(35)	6,869	6,675	97.2	3,434	5,465	122.1
76(36)	7,065	6,841	96.8	3,532	5,621	121.7
77(37)	7,261	7,003	96.4	3,875	5,677	123.4
78(38)	7,458	7,160	96.0	4,219	5,733	124.9
79(39)	7,654	7,314	95.6	4,562	5,789	126.4
80(40)	7,850	7,462	95.1	4,906	5,845	127.7
81(41)	8,046	7,605	94.5	5,249	5,901	128.9
82(42)	8,243	7,742	93.9	5,592	5,957	130.0
83(43)	8,439	7,873	93.3	5,936	6,013	131.0
84(44)	8,635	7,997	92.6	6,279	6,069	131.8
85(45)	8,831	8,113	91.9	6,623	6,124	132.5
86(46)	9,028	8,221	91.1	6,966	6,180	133.0
87(47)	9,224	8,320	90.2	7,309	6,236	133.4
88(48)	9,420	8,409	89.3	7,653	6,292	133.7
89(49)	9,616	8,484	88.2	7,996	6,348	133.7
90(50)	9,812	8,544	87.1	8,340	6,404	133.4
91(51)	10,009	8,584	85.8	8,683	6,460	132.9
92(52)	10,205	8,598	84.3	9,027	6,516	132.0
93(53)	10,401	8,572	82.4	9,370	6,572	130.5
94(54)	10,597	8,490	80.1	9,713	6,627	128.1
95(55)	10,794	8,316	77.0	10,057	6,683	124.4
96(56)	10,990	7,990	72.7	10,400	6,739	118.6
97(57)	11,186	7,394	66.1	10,744	6,795	108.8
98(58)	11,382	6,296	55.3	11,087	6,851	91.9
99(59)	11,579	4,201	36.3	11,430	6,907	60.8
100(60)	11,775	0	0.0	11,774	6,963	0.0

（注）「⑤負担額累計」及び「⑥」は，毎年，損金額を上回る益金計上があることを前提に，法人税・住民税・事業税などの実効税率（40.87％）が前提条件のまま保険期間満了まで変わらないものとして試算したものです（平成23年8月現在の税制を適用しています）。

（出典：大同生命）

例えば，このような長期平準定期保険では，3保険年度のときから，保険料の損金算入額を考慮した試算による解約払戻金の負担額累計に対する割合は，すでに105.5％となっています。

　このシミュレーションでは，単純な解約返戻率の計算でも保険年度6年目から91％を超える割合が算出されています。

　長期平準定期保険は保険料が平準化されており，保険期間の前半において支払う保険料の中に多額の前払保険料が含まれているものです。このため，途中解約すると多額の解約返戻金を期待できます。

　オーナーの死が突然にくることが多々あります。そのような場合であっても，このような保険であれば，損金に計上できる部分もあり，また，かなりの事業保障資金対策になる生命保険であると考えます。

③　節税メリットと課税リスク

　②のような契約の長期平準定期保険では，経営者が万一のときには死亡高度障害保険金を受け取り，これを事業保障資金の財源として活用することができます。また，一時的に資金が必要となったときには，解約返戻金のうちの一定額の範囲内で契約者貸付制度にも利用できます。

　②のシミュレーションでは，保険期間の当初6割相当期間は，保険料の2分の1が損金に算入され，残りの2分の1は前払保険料として資産計上されることとなります。

　保険期間の残りの4割相当期間は，保険料全額を損金に算入できるとともに，当初の保険期間の6割相当期間で資産に計上してきた前払保険料の累計額を残存の保険期間で均等に取り崩して損金に算入する経理処理をします。

　長期平準定期保険は，このように保険期間の6割相当期間の節税効果は限られますが，その後の4割期間に節税効果を取り戻せるという特徴があります。

　また，いざというときの資金調達財源の対象となります。ただし，保険期間が長期にわたるため，常にその時点で締結している保険の現在の内容を再確認する必要があります。

(5) 自社株買取資金の準備

① 相続税の納税対策

　中小企業のオーナーに相続が発生すると，残された相続人は保有する同族株式に課される相続税の納税資金に苦労することとなります。

　相続財産に流動性のある現金・預金等が十分あれば問題はありませんが，そのような資産が少ない場合，相続人は相続した同族株式をその発行会社に買い取ってもらうことにより，相続税の納税資金を調達する方法が考えられます。つまり，同族会社にとっては，自己株式の取得ということになります。

　この場合，法人の自己株式の取得に応じた株主が交付を受ける金銭等が，法人の資本金等の額のうち，その交付の基因となった法人の株式に対応する部分の金額を超えるときは，その超える部分の金額はみなし配当として配当所得課税が行われます（所法25①）。

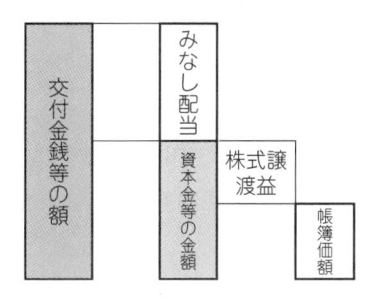

　　　　　株式譲渡益の場合　　　　　　　　株式譲渡損の場合

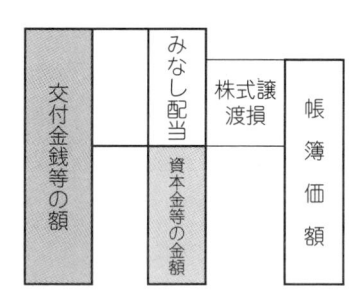

　通常，自己株式の譲渡を行った場合，譲渡者はその譲渡して得た金額の大部分が配当所得として，一般の所得に上乗せされ累進課税によりかなりの税負担となります。

　しかし，相続又は遺贈による財産の取得をした個人でその相続又は遺贈について，相続税額があるものが，その相続の開始があった日の翌日からその相続税の申告書の提出期限の翌日以後3年を経過する日までの間にその相続税額に係る課税価格の計算の基礎に算入された上場株式等以外の株式（以下「非上場

株式」といいます）をその非上場株式の発行会社に譲渡した場合については，①その非上場株式の譲渡の対価としてその発行会社から交付を受けた金銭の額がその発行会社の資本等の金額のうちその交付の基因となった株式に対応する部分の金額を超えるときは，その超える部分の金額については，みなし配当課税を行わず，②上記①の適用を受ける金額について，株式等に係る譲渡所得等に係る収入金額とみなして，株式等に係る譲渡所得等の課税の特例である「相続財産に係る非上場株式をその発行会社に譲渡した場合のみなし配当課税の特例」（措法9の7）の適用することができます。

　さらに，この特例の適用後に，租税特別措置法第39条の相続税額の取得費加算の特例の適用も受けることができます。

　この相続税額の取得費加算の特例は，相続により取得した土地，建物，株式などを，一定期間内に譲渡した場合には，相続税額のうち一定金額を譲渡資産の取得費に加算することができるというものです。

　ただし，この特例を受けるには次の要件を満たさなくてはなりません。

　イ　相続や遺贈により財産を取得した者であること。
　ロ　その財産を取得した人に相続税が課税されていること。
　ハ　その財産を，相続開始のあった日の翌日から相続税の申告期限の翌日以後3年を経過する日までに譲渡していること。

　この特例により，譲渡資産の取得費に加算する相続税の額は，土地等以外の財産（建物や株式等）を売った場合には，土地等以外の建物や株式などを売った人にかかった相続税額のうち，譲渡した建物や株式などに対応する額です。

<算式>

$$その者の相続税額 \times \frac{（その者の相続税の課税価格の計算の基礎とされた譲渡資産の価額）}{（その者の相続税の課税価格）＋（その者の債務控除額）}$$

　＝取得費に加算する相続税の額

　つまり，個人株主が所有している自己株式を，この自己株式取得制度（金庫株制度）を利用して，その法人に買い取ってもらった場合には，通常，資本金の金額を超える部分の金額は「みなし配当」となり，配当所得として総合課税

で課税されることから，多額の所得税が発生することになりますが，相続により取得した自社株に限っては，みなし配当課税ではなく，譲渡代金に対する「譲渡所得課税」となり，譲渡利益に対し一律20％（所得税15％・住民税5％）の税率で課税されることとなり，さらに譲渡所得の対象となることから「相続財産を譲渡した場合の譲渡所得の取得費加算の特例」の適用が可能となりますので，相続税の申告期限から3年以内に，相続により取得した自社株を金庫株として買い取ってもらう方法により相続人にとっては節税となります。

　この法人の自社株買取りの手法の資金対策として，生命保険金を活用することとなります。社長の財産の大半が自社株で，その自社株の評価が高く，かつ，相続人となる後継者に納税する相続税資金が不足しているような場合にはこの方法を検討する必要があります。

　また，例えば，長男が後継者として株式を相続し，その法人の経営に関与しない次男に対しては株式以外の財産を相続させたい場合で現預金が不足する場合にも適しています。つまり，長男は株式を相続しその後自己株式として一部を法人に購入してもらい，取得した現金をもって次男に代償財産として渡す方法や次男にある程度の自社株を相続してもらい，それを会社に譲渡してもらう方法が考えられます。

　また，譲渡所得の課税の特例の適用はされませんが，過去に取引のあった得意先や退職した従業員がその会社の株式を所有している場合のその買取資金として生命保険金を活用することもできます。

　なお，会社が自己の株式を有償で取得する場合，その取得と引換えに交付する金銭等の総額（帳簿価額）は，その行為が「効力を生ずる日における分配可能額」を超えてはなりません（会社法461①二，三）。

　この場合の分配可能額は，次のように計算します。

```
　剰余金の額
　＋臨時損益計算書の期間損益
　＋臨時損益計算書の自己株式処分対価
　－自己株式の帳簿価額
```

> －最終事業年度末日後に，自己株式を処分した場合の対価
> －臨時損益計算書の期間損失
> －その他法務省令で定める勘定科目の合計額（計算規則第186条）
> ＝分配可能額

　自己株式の取得が認められるケースは会社法第155条に限定列挙されていますが，相続等に関係するのは，「相続等により当該株式を取得した株主との間での合意による有償取得（会社法155①三，156，162）」と「相続人等に対する売渡しの請求に関する定款の定めに基づく強制取得（会社法155①六，174）」が該当します。

　前者の「相続等により当該株式を取得した株主との間での合意による有償取得」は，株主総会の決議を条件として株主との間で合意取得（有償）することを認める規定です。

　これによる場合は，まず，株主総会の特別決議により，ⅰ取得する株式の数，ⅱ取得と引き換えに交付する金銭等の内容・総額，ⅲその決議に基づき自己株式を取得できる期間を決定します（会社法156①）。

　その後，取得するごとに取得する株式数等を定めます（会社法157①）。これらの決定事項を株主へ通知し（会社法158），売却希望株主の譲渡申込みを受け付け，これにより売買が成立します。

　これに対し，後者の「相続人等に対する売渡しの請求に関する定款の定めに基づく強制取得」は，定款で別紙のような定めのある会社から相続等により株式を取得した者について行う株式取得の請求で，強制力があります。ただし，この規定は譲渡制限株式に限られています。

　この規定により相続人等に対して別紙のような売渡しの請求をする場合には，その都度株主総会の特別決議により，ⅰ売渡し請求をする株式の数，ⅱその株式を有する者又は名称を決議しなければなりません（会社法175①）。なお，その会社が相続その他の一般承継があったことを知った日から1年以内に請求しなければなりません（会社法176①）。また，売買価額については，会社と株主の協議によりますが（会社法177①），裁判所に対して売買価額の決定の申し立

4 各種保険の活用方法

てをすることもできます（会社法177②）。この場合，裁判所は価格について会社の資産状態等の事情を考慮して決定します。この後者の規定は，少数株主に相続が発生した場合に，相続により，会社経営上好ましくない者に自社株が相続されることを回避するためのもので，オーナー株主についても適用されます。

例えば，この制度は，相続により株式を取得した兄弟姉妹のうち，会社の経営に直接関係しない兄弟姉妹の取得した株式について，後継者となる社長がその株主から強制取得する場合に利用できます。

また，旧従業員が退職後も保有していた場合で，その旧従業員に相続が生じた場合にも活用できます。

② 採用する保険の種類

相続財産の大半が評価額の高い自社株で納税資金が不足するような場合や，後継者でない今後直接に経営に関係しない者が自社株を所有している場合等には，自社株の買取対策が必要となり，この資金として適する保険としては，定期保険，長期平準定期保険，逓増定期保険及び終身保険が該当します。

長期平準定期保険は中途解約による相当多額の解約返戻金を受けることができますし，多額の死亡保障もありますので，自社株の買取資金対策となります。

○終身保険

契約者　法人／被保険者　役員50歳・男性／保険料払込期間　5年／保険金額　1億円
保険料　14,188,900円

年齢 （経過年数）	① 払込総保険料	② 解約払戻金	③ 解約返戻率（②÷①）
歳(年)	約　　万円	約　　万円	約　　％
51(1)	1,419	1,173	82.7
52(2)	2,838	2,523	88.9
53(3)	4,257	3,900	91.6
54(4)	5,676	5,306	93.5
55(5)	7,095	6,743	95.0
56(6)	7,095	6,829	96.3
57(7)	7,095	6,915	97.5
58(8)	7,095	7,001	98.7

59(9)	7,095	7,089	99.9
60(10)	7,095	7,177	101.2
61(11)	7,095	7,265	102.4
62(12)	7,095	7,354	103.7
63(13)	7,095	7,443	104.9
64(14)	7,095	7,532	106.2
65(15)	7,095	7,621	107.4
66(16)	7,095	7,709	108.7
67(17)	7,095	7,797	109.9
68(18)	7,095	7,884	111.1
69(19)	7,095	7,970	112.3
70(20)	7,095	8,056	113.6
71(21)	7,095	8,140	114.7
72(22)	7,095	8,224	115.9
73(23)	7,095	8,307	117.1
74(24)	7,095	8,390	118.3
75(25)	7,095	8,471	119.4
76(26)	7,095	8,550	120.5
77(27)	7,095	8,628	121.6
78(28)	7,095	8,705	122.7
79(29)	7,095	8,780	123.8
80(30)	7,095	8,852	124.8
81(31)	7,095	8,923	125.8
82(32)	7,095	8,992	126.7
83(33)	7,095	9,058	127.7
84(34)	7,095	9,122	128.6
85(35)	7,095	9,183	129.4
86(36)	7,095	9,241	130.3
87(37)	7,095	9,297	131.0
88(38)	7,095	9,350	131.8
89(39)	7,095	9,401	132.5
90(40)	7,095	9,448	133.2
91(41)	7,095	9,493	133.8
92(42)	7,095	9,535	134.4
93(43)	7,095	9,575	135.0
94(44)	7,095	9,611	135.5
95(45)	7,095	9,646	136.0
96(46)	7,095	9,677	136.4

97(47)	7,095	9,706	136.8
98(48)	7,095	9,733	137.2
99(49)	7,095	9,758	137.5
100(50)	7,095	9,780	137.9

(注)「⑤負担額累計」及び「⑥」は、毎年、損金額を上回る益金計上があることを前提に、法人税・住民税・事業税などの実効税率（40.87％）が前提条件のまま保険期間満了まで変わらないものとして試算したものです（平成23年8月現在の税制を適用しています）。

(出典：大同生命)

　この終身保険によれば、10保険年度で解約返戻率は100％を超えています。また、50保険年度では137.9％という高率の解約返戻率となっていますので、資金運用としても、また、本来の生命保険の目的である保障も十分満たしています。

　つまり、終身保険は一生涯の保障も約束され、貯蓄性の高い保険ですので、役員が死亡した場合の死亡保険金や、途中解約をした場合に多額の解約返戻金を期待することもできることから生存退職金の資金としても活用できます。

　この設例は年額1,418万円という高額な保険料となっていますので、保険料支払年度の5年間は資金繰りには大きな影響が生じることとなりますが、契約以後の保険料の払込みを中止し、払済終身保険へ変更することもできます。この場合、変更後の死亡保険金額は、変更前の契約の解約払戻金によって計算され、変更前の死亡保険金額以下となります。

③　節税メリットと課税リスク

　終身保険は、支払保険料の全額が資産に計上されることから節税効果はありませんが、生活保障のほか、不測の事態が生じたときには、契約者貸付を受けたり、解約による払戻しを受けることもできます。

　また、終身保険には、保険料を被保険者が死亡するまで支払い続ける終身払込終身保険や、上記②のように一定期間又は一定年齢まで限定して払い込む有期払込終身保険、その他契約時に一括して払い込む一時払終身保険もあります。

　なお、常にその法人の資金状態を考慮し、また、その契約形態も常に見直す等をしてその目的に合致した生命保険を活用することとなります。

＜特定株主からの合意取得＞

第○○回　定時株主総会議事録

　平成○○年○○月○○日午○○○時○○分より当会社本店において、第○○回○時株主総会を開催した。

議決権のある株主総数	○○　名
この議決権の総数	○○　個
出席株主数（委任状による者を含む。）	○○　名
この議決権の総数	○○　個

　以上のとおり株主の出席があったので、定款の規定により代表取締役○○○○は、議長席につき、○時総会は適法に成立したので、開会する旨を宣し、直ちに議事に入った。

（議案）特定株主からの自己株式取得の件

　議長は、本議案を上程し、本総会終了後1年以内に特定の株主から自己株式を取得できる当社の株式の種類、総数及び取得価額の総額を以下のとおりしたい旨説明し、議場にその賛否を諮ったところ、出席株主の議決権(売主となる特定の株主の議決権の数を除く。）のうち、会社法309条2項が定める要件を満たす株主の賛成により、議長提案どおり承認可決された。

記

取得するべき株式の種類	○○株式
取得と引換えに交付する金銭の総額	○○○万円
株式を取得することができる期間	本総会終了後1年間
売主たる株主の氏名	○○　○○
	○○　○○
	以上○名

　議長は、以上をもって本日の議事が終了した旨を述べ、午○○時○○分閉会した。
　以上の決議を明確にするため、取締役○○○○はこの議事録を作成し、議長及び出席取締役がこれに記名押印する。

　平成○○年○○月○○日

(商号)○○○○

　　　　議長　代表取締役　　○○　○○　㊞
　　　　　　　出席取締役　　○○　○○　㊞
　　　　　　　　　同　　　　○○　○○　㊞
　　　　　　　　　同　　　　○○　○○　㊞
　　　　　　　　　同　　　　○○　○○　㊞

取締役会議事録

　平成〇〇年〇〇月〇〇日午〇〇〇時〇〇分より、当会社の本店において、取締役会を開催した。
　　出席取締役〇〇名（全取締役〇〇名）
　代表取締役〇〇〇〇は、選ばれて議長となり、下記の議案につき、可決確定のうえ、午〇〇〇時〇〇分散会した。

　　　　　　　　（議案）特定株主からの自己株式取得について

　議長から定時株主総会の決議に基づき、次のとおり特定株主から自己株式の取得をしたい旨の提案があり、議場に諮ったところ全員異議なくこれを可決した。
　なお、出席取締役のうちに本決議について特別の利害関係を有する者はいない。
　1　取得株式の種類・総数　普通株式〇〇〇株
　2　1株当たりの取得価額　金〇〇〇円
　3　取得価額の総額　金〇〇〇円
　4　取得期間　平成〇〇年〇〇月〇〇日から同〇〇年〇〇月〇〇日まで
　5　通知すべき特定の株主　〇〇　〇〇
　　　　　　　　　　　　　　〇〇　〇〇
　　　　　　　　　　　以上2名

　以上の決議を明確にするため、この議事録を作成し、出席取締役全員がこれに記名押印する。
　　　平成〇〇年〇〇月〇〇日
　　　　（商号）〇〇〇　取締役会
　　　　　　　議長・代表取締役　　　　〇〇　〇〇　　㊞
　　　　　　　出席取締役　　　　　　　〇〇　〇〇　　㊞
　　　　　　　出席取締役　　　　　　　〇〇　〇〇　　㊞
　　　　　　　出席取締役　　　　　　　〇〇　〇〇　　㊞
　　　　　　　出席取締役　　　　　　　〇〇　〇〇　　㊞

＜相続人等に対する売渡請求＞

相続人等に対する売渡しの請求の定款の記載例

(相続人等に対する売渡しの請求)
第〇〇条　当会社は、相続その他の一般承継により当会社の株式を取得した者に対し、その株式を当会社に売り渡すことを請求できる。

相続人に対する売渡しの請求書

平成〇〇年〇〇月〇〇日

〇〇〇〇様

売渡請求書

〇〇〇〇株式会社

　当会社は、〇〇〇〇様が、平成〇〇年〇〇月〇〇日相続により取得した当会社普通株式〇〇株を当会社に売り渡すことを会社法176条1項に基づき請求いたします。

(6) 節税による内部留保強化対策

① 資金内部留保強化の必要性

　長期的に企業を継続して経営していくためには，様々なリスクに備えて経営基盤を強くし，内部留保を高めておかなくてはなりません。

　『中小企業白書』(2011年版)では，「中小企業の自己資本比率の平均27.8％は，大企業の平均40.9％を下回っており，自己資本比率が15％未満では，中小企業の割合の方が高いが，5％以上では，大企業の割合の方が高い傾向にある。ただし，大企業の平均を上回る中小企業が33.6％存在し，自己資本比率が95％以上100％以下では，中小企業の割合が高くなる。」と，大企業の平均を上回る自己資本比率を有する中小企業もあるとしていますが，一般には低い状態にあります。

　特に最近の円高は，中小企業の財務状態に大きな影響を与えています。現行の税制は，生ずるかもしれないという不確定なリスクに対しては，そのことを考慮せずに課税します。

　そこで，合法的な手法により節税を図り，企業の内部留保を強化し，自己資本比率を高め，いざというときのリスクに備えなくてはなりません。生命保険のなかには資産価値があるにもかかわらず，一部が損金の額に算入され，課税の繰延べが行えるものがあります。そこで，企業経営にこれらの保険を活用することにより，財務体質を改善する手法もあります。

② 採用する保険の種類とリスク

　節税商品として一番に取り上げられるものは，定期保険です。一般の定期保険は，満期保険金もなく，掛捨て保険で，支払保険料は損金に算入されます。生命保険本来の目的である死亡というリスクの保障となります。

　定期保険のなかでも，長期平準定期保険や逓増定期保険は，保険期間の経過に伴って保険金額が増加し，中途解約金がありますので，全額が損金とはなりませんが，一部が損金として処理することができることから節税となります。

4 各種保険の活用方法

　最近，無配当定期保険という商品も販売されています。契約した期間中に被保険者が亡くなった場合や，高度障害状態になった場合に「死亡保険金」又は「高度障害保険金」が支払われる保険で，保障内容は定期保険とほとんど同じで，掛捨ての保険ですが，保険会社からの配当金支払いがないため，定期保険よりも保険料が安く済みますし，長期平準定期保険や逓増定期保険の解約返戻金の返戻率には達しませんが，解約返戻金もあるという特徴があります。

　これは，一般的には長期平準定期保険の税務上の取扱いを受ける商品となっています。

　現行の税制のなかで，長期平準定期保険や逓増定期保険に該当しない定期保険であれば，支払う保険料の全額が損金の額に算入されることとなります。

　例えば，次のような無配当歳満期定期保険で，以下のような設定にすると次のようなシミュレーションができ上がります。

○無配当歳満期定期保険

契約者・受取人　法人　　被保険者　役員（50歳）　　保険料年　1,314,900 円

年齢 (経過年数)	①払込総保険料	②解約払戻金	③＝②÷① 解約返戻率	(参考：保険料の損金算入額を考慮した試算)		
				④損金算入額累計	⑤負担額累計 ①－④× 40.87％	⑥ ②÷⑤
歳　年 51(1)	約　万円 132	約　万円 43	約　　％ 32.7	約　万円 131	約　万円 78	約　　％ 55.3
52(2)	263	146	55.5	262	156	93.9
53(3)	395	248	62.9	394	234	106.3
54(4)	526	349	66.4	525	312	112.2
55(5)	658	449	68.3	657	389	115.5
56(6)	789	549	69.6	788	467	117.7
57(7)	921	647	70.3	920	545	118.9
58(8)	1052	744	70.7	1051	623	119.6
59(9)	1184	839	70.9	1183	700	119.9
60(10)	1315	931	70.8	1314	778	119.7
61(11)	1447	992	68.6	1446	856	116.0
62(12)	1578	1049	66.5	1577	934	112.4
63(13)	1710	1100	64.4	1709	1011	108.8
64(14)	1841	1143	62.1	1840	1089	105.0

65(15)	1973	1177	59.7	1972	1167	100.9
66(16)	2104	1195	56.8	2103	1245	96.1
67(17)	2236	1201	53.7	2235	1322	90.9
68(18)	2367	1192	50.4	2366	1400	85.2
69(19)	2499	1166	46.7	2498	1478	78.9
70(20)	2630	1121	42.6	2629	1556	72.1
71(21)	2762	1056	38.2	2761	1633	64.7
72(22)	2893	967	33.4	2892	1711	56.5
73(23)	3025	850	28.1	3024	1789	47.5
74(24)	3156	703	22.3	3155	1867	37.7
75(25)	3288	517	15.7	3287	1944	26.6
76(26)	3419	286	8.4	3418	2022	14.1
77(27)	3551	0	0	3550	2100	0.0

（注）「⑤負担額累計」及び「⑥」は，毎年，損金額を上回る益金計上があることを前提に，法人税・住民税・事業税などの実効税率（40.87％）が前提条件のまま保険期間満了まで変わらないものとして試算したものです（平成23年8月現在の税制を適用しています）。

（出典：大同生命）

　このシミュレーションによると，支払う保険料の全額が損金に算入することができるとともに，60歳のときに解約すると，支払保険料累計額は1,315万円ですが，解約返戻金は931万円，解約返戻率は70.8％で，損金算入負担額も考慮した解約返戻金率は119.7％にもなります。

　ただし，解約返戻金は，保険期間の経過に応じて一定期間は増加し，保険期間満了が近づくにつれて減少し，満了時にはゼロになります。

　つまり，この設定によれば，保険期間満了年齢は70歳を超えていますが，（保険加入年齢＋保険期間×2）が105を超えていませんので，長期平準定期保険に該当しないことから，一般の定期保険となり，支払保険料の全額が損金の額に算入されることとなります。

　損金算入負担額も考慮した解約返戻金率は100％を超えますが，これは解約返戻金の受領時の課税を考慮していません。解約返戻時にそれに見合う損失等が生じれば，利益が生じないことから節税と利益の繰延べというメリットを受けることができますので，解約時の対策も検討しておかなければ十分な対策とはいえません。

　これはがん保険や医療保険も同様な結果となり，節税が図れるとともに，解

約返戻金を活用することが可能な商品であるといえます。

③　節税メリットと課税リスク

　生命保険金の取扱いについては，たびたび税務上の見直しが行われています。これは，そのときの生命保険に対する税務上の取扱いと，その変更時の生命保険の経済的価値との間に隔たりが生じたときに，その見直しが行われています。

　このため，②で掲げたような定期保険であっても，常時，現行の生命保険金に係る税務の取扱いは，見直しがあり得ることを考慮して，加入時に節税できるという試算があったとして，長期的な観点をもって適合する保険を検討すべきであり，いつでも加入形態の変更等を検討するなど，柔軟に対応することが必要と考えます。

(7)　資金繰り対策

①　資金繰り対策としての一手段

　法人が事業を継続するうえで，資金繰りに苦労することがあります。企業業績が順調であれば，取引のある金融機関から十分な借入れで対応するのは可能ですが，一度でも赤字決算となったり，すでに金融機関からの借入枠が一杯となっているような場合，金融機関からの借入れは困難となります。このような場合，加入している生命保険を活用する方法があります。

　また，毎月あるいは毎年の生命保険料の支払いが困難となった場合，保険契約を解約する方法も考えられますが，解約せずに保険契約を継続する方法もあります。

　ここでは，このように保険契約を解約しないことを前提にその手法を考えてみます。この場合，原則として，保険契約は継続されます。

イ　資金が必要となった場合の手法

　❶　契約者貸付

　まず，契約者貸付制度です。これは，金融機関と違って，一般に法人審査がなく，その借入時点の解約返戻金相当額の一定額までの借入れが可能です。

もちろん，貸付金利の支払いは生じますが，次のように契約日・生命保険会社によって，その利率は異なります。

平成6年4月1日以前加入の契約	年5.75％
平成6年4月2日以後平成8年4月1日以前加入の契約	年4.75％
平成8年4月2日以後平成11年4月1日以前加入の契約	年3.75％
平成11年4月2日以後加入の契約	年3.00％

（日本生命の場合）

　損害保険でも，積立保険（年金払積立傷害保険を含みます）に加入している場合において，一時的に資金が必要となったときには，契約は有効なままで各損害保険会社の定める範囲内で資金の貸出しを受ける「契約者貸付制度」があります。

ロ　**保険料の払込みが困難となった場合の手法**

❶　**自動振替貸付**

　自動振替貸付制度とは，保険契約者を保護する目的で，契約者貸付制度と同様に解約返戻金の範囲内で保険料を貸し付けることにより支払う保険料に充当し，保険契約を継続する制度です。

　この自動振替貸付制度も，契約者貸付制度と同様に貸付金利が生じます。つまり，保険料の立替えである自動振替貸付は，所定の複利で計算された利息が付されますが，その自動振替貸付について，その全額又は一部の返済は可能ですが，未返済の状態で保険契約が満期になったときや，あるいは，被保険者が死亡したときには，満期保険金あるいは死亡保険金からその自動振替貸付の元金と利息が差し引かれます。

❷　**転換制度**

　転換制度は，既契約の保険の積立部分及び積み立てている配当金を転換価格として新しい保険契約の一部に充て，新たな保険契約を締結することになりますので，従前の保険契約は解約となります。

　つまり，この制度を使う場合には，この転換によりどのような保険契約に変わり，保険期間や保障額及び保険料等がどのように変更されるのかを確認する必要があります。

4 各種保険の活用方法

❸ 払済保険

保険料の払込みを中止して，その時の解約返戻金をもとに保険期間をそのままにした保険に変更する方法です。元の契約の保険金額より少なくなりますが，それ以後の保険料はなくなり，資金負担が楽になります。なお，保障は継続するところにもそのメリットがあります。

一時払いの養老保険に切り替えた場合

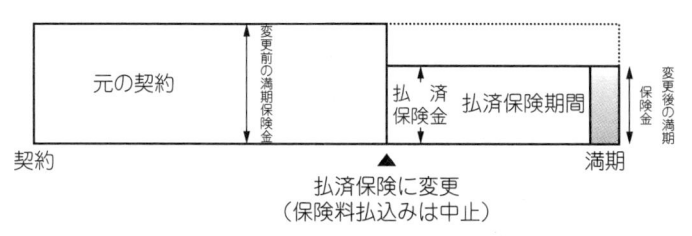

❹ 延長定期保険

延長保険は保険料の払込みを中止し，そのときの解約返戻金をもとに，元の契約の保険金額を変えないで，一時払いの定期保険に変更するものですが，保険料の払込みが困難となった場合に活用できます。

イ　保険期間が元の契約の保険期間より短くなる場合には，その期間満了をもって契約は終了し，満期日まで生存したときでも，生存保険金は支払われません。

元の保険が養老保険の場合で，延長定期保険期間が元の契約の保険期間より短くなる場合

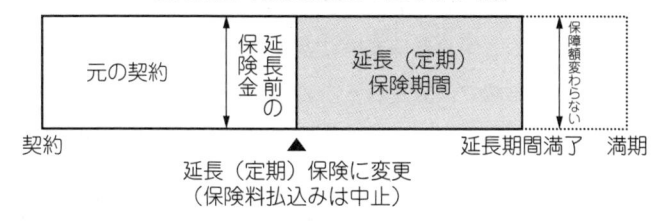

ロ　保険期間が元の契約の保険期間を超える場合には，元の保険期間にとめ，その満了期間まで生存した時は，満了日に生存保険金が支払われますが，生存保険金は元の契約の満期保険金よりも小さくなります。

元の契約が養老保険の場合で，延長定期保険期間が元の契約の満期まで続く場合

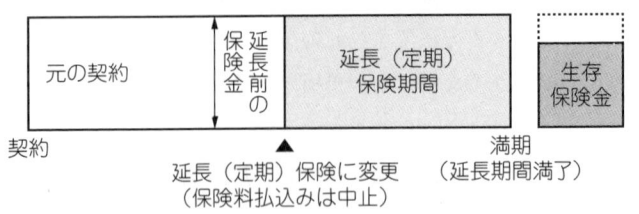

```
契約          延長（定期）保険に変更        満期
              （保険料払込みは中止）      （延長期間満了）
元の契約 | 延長前の保険金 | 延長（定期）保険期間 | 生存保険金
                 ▲
```

❺　減　額

　保険料の負担を軽減するために，保険期間中の途中から保険金額を減らすことを減額といいますが，減額された部分は，既契約の生命保険契約の一部が解約されたものとして，解約返戻金があれば払戻しもあります。

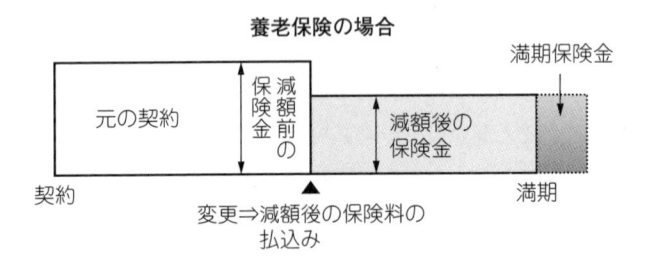

養老保険の場合

```
契約         変更⇒減額後の保険料の払込み         満期
元の契約 | 減額前の保険金 | 減額後の保険金 | 満期保険金
```

②　節税メリットと課税リスク

　例えば，転換制度のメリットは，転換前の積み立てていた金額，つまり，責任準備金を利用して保険契約に加入できることから，全く新しい保険契約に加入する場合と比較すると保険料は安いこととなりますが，転換により，新しい保険契約は転換時の年齢で計算されるため年齢が高くなった分について保険料が高くなったり，転換後の契約は転換時の予定利率となる等のデメリットがあります。

　この予定利率の変動がある場合，転換制度の適用はその保障に有利・不利が生じます。1980年頃の予定利率5.0％程度であったものが，2011年では1.1％程度となっていますので，このようなときには不利になると考えられます。

　つまり，契約時の予定利率は，生命保険会社が破たんした場合を除き保険契約が終了するまでの間保障されています。

また，払済保険に変更した場合には，原則として洗替処理が必要となりますが，養老保険，終身保険及び年金保険（定期保険特約が付加されていないものに限ります）から同種類の払済保険に変更した場合，洗替処理の必要はありません。

この洗替処理とは，払済保険に変更するときの解約返戻金相当額とその保険契約に係る資産計上相当額との差額について，その変更した日の属する事業年度の益金又は損金の額に算入することをいいます。このため，洗替処理の必要があるのかどうかを検討しなければなりません。洗替処理が不要となれば益金・損金計上時期を繰り延べることが可能となります。

なお，延長保険は，一時払いの定期保険とするもので，元の契約の保険期間より短くなる場合，満期まで生存していても生存保険金の支払いがなくなりますので，満期保険金の使用を予定してシミュレーションを組んでいたときには，その変更等を検討しなくてはなりません。

(8) 法的リスクに対する保険の活用

① 法的リスク

法的リスク（リーガルリスク）とは，法律あるいは法的紛争を原因として，企業が損失を負う危険性のことをいいます。

今日において企業が回避すべき最大の法的リスクは，企業不祥事による企業の信用，イメージの失墜です。これにより，資金繰りが圧迫し倒産する例も多くあります。

このような企業経営上のリスクに対しての保険は，生産物賠償責任保険をはじめとする各種の賠償責任保険があります。

この賠償責任保険は，社会の動向を反映し，保障内容が普通保険約款に留まらず，対象とする事業の種類や責任発生原因に適合する特別約款を組み合わせて商品が構成され，多種多様の商品が新しく販売され続けています。

このうち，会社役員賠償責任保険（D&O保険）は，新規事業への過大投資が本業の収益を圧迫し業績が大幅に悪化したことについて，投資決定の判断に重大な過失があったとして，株主から損害賠償請求を受けたような場合や従業員

の不正取引により会社が巨額な損失を被ったことについて、取締役としての監視・監督義務を果たしていなかったとして、株主から損害賠償請求を受けたようなケースに対応する保険です。

つまり、役員等（取締役、会計参与、監査役、執行役又は会計監査人をいいます）は、その任務を怠り会社に損害を与えた場合には、その役員等は会社に対し生じた損害を賠償する責任があることから（会社法423）、本来、会社自身が役員等に対し追及すべき責任について行われるものですが、株主代表訴訟は取締役間の馴れ合いのおそれからこの権利が行使されない場合に、株主が会社のために役員等に対する会社の権利を行使し、訴えを提起する制度として存在しています。

このように役員等が損害賠償請求を受けた場合に、個人として負担しなければならない損害を補てんする保険であるD&O保険によって支払われる保険金は、法律上の損害賠償金（税金、罰金、課徴金、懲罰的損害賠償金等は含みません）と賠償責任に関する訴訟費用・弁護士費用等の争訟費用です。この保険契約においては、責任の一部免除の対象となる会社に対する責任に対応する部分は代表訴訟担保特約条項とされており、第三者に対する責任に対応する普通保険部分からは切り離されていて、保険料については、普通保険分は会社負担、特約部分は役員の個人負担とされているのが一般的で、基本契約部分（普通保険約款部分）の保険料については、役員に対しての給与課税は行わずに、単純に損金として処理することができます（課法8-1　課所4-1　平成6年1月20日　会社役員賠償責任保険の保険料の税務上の取扱いについて）。

役員賠償責任を問われた実例として、粉飾決算をして利益を計上し、配当可能利益がないにもかかわらず違法配当及び納税を行い、会社に損害を与えたとして全役員に対して代表訴訟が提訴されたものがあり、その結果、その全役員に対する損害賠償金額は相当多額なものになってしまいました。

昨今、コーポレート・ガバナンス（企業統治）の強化、コンプライアンス（法令遵守）の重要性が叫ばれ、会社役員の責任が拡大しています。

このような状況で、企業経営を行う場合において、賠償事由が生じたときの賠償請求金額も増大していることから、役員に就任した場合には、同時にD&O保険へ加入することが必須の状況となっています。

② 賠償責任保険の種類

　企業のリスクに備えるため，賠償責任保険の主要商品としては損保会社で違いますが，次のような保険があります。

　イ　施設賠償責任保険…施設の欠陥や施設の内外で行われる仕事の遂行に起因して生じた対人・対物事故や，イベントに起因して生じた対人・対物事故によって，施設の所有者・管理人やイベント主催者が負担する法律上の損害賠償責任を補償する保険です。

　ロ　請負業者賠償責任保険…請負契約に基づいて行われる各種の仕事による対人・対物について，被保険者が負う法律上の損害賠償責任を補償する保険です。

　ハ　生産物賠償責任保険…製造・販売した製品や完成して引き渡した工事の目的物等による対人・対物事故について，被保険者が負担する法律上の損害賠償責任を補償する保険です。

　ニ　工事賠償責任保険…工事業の賠償責任リスクを補償する保険です。

　ホ　自動車管理者賠償責任保険…自動車の管理に伴う，賠償事故に備える保険です。

　ヘ　個人情報漏えい保険…個人情報漏えいによる「賠償リスク」「費用損害リスク」を補償する保険です。

　ト　海外PL保険…海外に輸出・持ち出した製品によって発生した対人・対物事故について，被保険者が負担する法律上の損害賠償責任を補償する保険です。

　チ　受託者賠償責任保険…他人の財物を預かる業者が，その受託物の損壊・紛失・盗難について負担する法律上の損害賠償責任を補償する保険です。

　リ　会社役員賠償責任保険（D&O保険）…会社役員としての業務の遂行に起因して，損害賠償請求がなされることによって会社役員が被る経済的損害を補償する保険です。

　ヌ　事業活動包括保険…事業活動を取り巻くさまざまなリスクを補償する保険です。

　企業活動の範囲が広くなり，各種のリスクに対する保険商品がこれ以外にも

発売されていますが，これらの損害保険は一般的に，満期返戻金がなく，中途解約の場合の解約返戻金も少なく保険期間が1年の掛捨て保険ですので，原則として，その保険料は短期前払費用の取扱いが認められます。

ただし，その内容にもよりますので，新種の保険が発売され加入する場合には，その都度所轄税務署に確認の必要があると思います。

③ 採用する保険の必要性と課税リスク

法的リスクに備えるための保険においては，D&O保険の「株主代表訴訟担保特約条項」の保険料のように，会社がその保険料を負担した場合には，役員に対して経済的利益の供与があったものとして給与課税が行われるものもあります。

つまり，本来役員又は従業員が負担すべき内容の保険料を会社が負担した場合には，給与課税が行われることとなります。

企業経営で生ずるさまざまなリスクに対応する保険については，支払う保険料をまず企業経営のためのコストとして認識し，その保障内容を十分，調査・研究して，これらの保険を有効に活用すべきものと考えます。

参考資料

個別通達

企第 250 号
平成 13 年 8 月 8 日

国税庁
　課税部長　村上喜堂　殿

社団法人生命保険協会
専務理事　諏訪　茂

がん保険(終身保障タイプ)及び医療保険(終身保障タイプ)に関する税務上の取扱について

　当協会の加盟会社の中には、下記の内容のがん保険(終身保障タイプ)及び医療保険(終身保障タイプ)を販売している会社があります。
　つきましては、法人が自己を契約者とし、役員又は使用人(これらの者の親族を含む。)を被保険者としてがん保険(終身保障タイプ)及び医療保険(終身保障タイプ)に加入した場合の保険料の取扱いについては、以下のとおり取り扱って差し支えないか、貴庁の御意見をお伺いしたく御照会申し上げます。

記

<がん保険(終身保障タイプ)の概要>

1. 主たる保険事故及び保険金

保険事故	保険金
初めてがんと診断	がん診断給付金
がんによる入院	がん入院給付金
がんによる手術	がん手術給付金
がんによる死亡	がん死亡保険金

(注)　保険期間の終了(保険事故の発生による終了を除く。)に際して支払う保険金はない。
　　　なお上記に加えて、がん以外の原因により死亡した場合にごく小額の普通死亡保険金を支払うものもある。

2. 保険期間　終身
3. 保険料払込方法　一時払、年払、半年払、月払
4. 保険料払込期間　終身払込、有期払込
5. 保険金受取人　会社、役員又は使用人(これらの者の親族を含む。)
6. 払戻金
　　この保険は、保険料は掛け捨てでいわゆる満期保険金はないが、保険契約の失効、告知

義務違反による解除及び解約等の場合には、保険料の払込期間に応じた所定の払戻金が保険契約者に払い戻される。これは、保険期間が長期にわたるため、高齢化するにつれて高まる死亡率等に対して、平準化した保険料を算出しているためである。

＜医療保険（終身保障タイプ）の概要＞
1. 主たる保険事故及び保険金

　　　　保険事故　　　　　　保険金

　　　　災害による入院　　　災害入院給付金

　　　　病気による入院　　　病気入院給付金

　　　　災害又は病気による手術　手術給付金

（注）　保険期間の終了(保険事故の発生による終了を除く。)に際して支払う保険金はない。なお上記に加えて、ごく小額の普通死亡保険金を支払うものもある。

2. 保険期間　終身
3. 保険料払込方法　一時払、年払、半年払、月払
4. 保険料払込期間　終身払込、有期払込
5. 保険金受取人　会社、役員又は使用人（これらの者の親族を含む。）
6. 払戻金

　この保険は、保険料は掛け捨てでいわゆる満期保険金はないが、保険契約の失効、告知義務違反による解除及び解約等の場合には、保険料の払込期間に応じた所定の払戻金が保険契約者に払い戻される。これは、保険期間が長期にわたるため、高齢化するにつれて高まる死亡率等に対して、平準化した保険料を算出しているためである。

＜保険料の税務上の取扱いについて＞
1. 保険金受取人が会社の場合
(1) 終身払込の場合は、保険期間の終了(保険事故の発生による終了を除く。)に際して支払う保険金がないこと及び保険契約者にとって毎年の付保利益は一定であることから、保険料は保険期間の経過に応じて平準的に費用化することが最も自然であり、その払込の都度損金の額に算入する。
(2) 有期払込の場合は、保険料払込期間と保険期間の経過とが対応しておらず、支払う保険料の中に前払保険料が含まれていることから、生保標準生命表の最終の年齢「男性106歳、女性109歳」を参考に「105歳」を「計算上の満期到達時年齢」とし、払込保険料に「保険料払込期間 105歳と加入時年齢の差で除した割合」を乗じた金額を損金の額に算入し、残余の金額を積立保険料として資産に計上する。
(3) 保険料払込満了後は、保険料払込満了時点の資産計上額を「105歳と払込満了時年齢の差」で除した金額を資産計上額より取り崩して、損金の額に算入する。ただし、この取

り崩し額は年額であるため、払込満了時が事業年度の中途である場合には、月数あん分により計算する。
2. 保険金受取人が役員又は使用人（これらの者の親族を含む。）の場合
(1) 終身払込の場合は、保険期間の終了(保険事故の発生による終了を除く。)に際して支払う保険金がないこと及び保険契約者にとって毎年の付保利益は一定であることから、保険料は保険期間の経過に応じて平準的に費用化することが最も自然であり、その払込の都度損金の額に算入する。
(2) 有期払込の場合は、保険料払込期間と保険期間の経過とが対応しておらず、支払う保険料の中に前払保険料が含まれていることから、生保標準生命表の最終の年齢「男性106歳、女性109歳」を参考に「105歳」を「計算上の満期到達時年齢」とし、払込保険料に「保険料払込期間を 105 歳と加入時年齢の差で除した割合」を乗じた金額を損金の額に算入し、残余の金額を積立保険料として資産に計上する。
(3) 保険料払込満了後は、保険料払込満了時点の資産計上額を「105歳と払込満了時年齢の差」で除した金額を資産計上額より取り崩して、損金の額に算入する。ただし、この取り崩し額は年額であるため、払込満了時が事業年度の中途である場合には、月数あん分により計算する。
(4) ただし、役員又は部課長その他特定の使用人（これらの者の親族を含む。）のみを被保険者としている場合には、当該役員又は使用人に対する給与とする。

介護特約付健康長期保険の保険料等の取扱いについて

　この度、当社では、従来の介護費用保険の販売を停止し、新たに下記の内容による介護特約付健康長期保険の販売を開始しております。
　この保険は、保険料は掛け捨てでいわゆる満期返戻金はありませんが、被保険者が85歳に達するまでに保険契約の失効、告知義務違反による解除及び解約等が生じた場合には、保険料の払込期間等に応じた所定の払戻金が保険契約者に払い戻されます。これは、保険期間が長期にわたるため、高齢化するにつれて高まる要介護状態発生率等に対して、平準化した保険料を算出しているためですが、払込保険料の総額に占める当該払戻金の割合は、おおむね60歳以後急激に減少し、75歳以後は極めて小さくなります。
　また、この保険には、契約時に定める所定の年齢まで介護基本保険金又は介護一時金の支払いがない場合に健康祝金を支払う、健康祝金支払特約を付帯することができます。
　つきましては、法人又は事業を営む個人（これらを以下「事業者」といいます。）が自己を契約者とし役員又は使用人（これらの者の親族を含みます。）を被保険者として介護特約付健康長期保険に加入した場合の保険料等の取扱いについて、下記のとおりとして差し支えないか確認いたしたく御照会申し上げます。

記

1　介護特約付健康長期保険の概要

(1)　主たる保険事故及び保険金　:

保険事故	保険金
要介護状態となった場合	介護基本保険金
	介護一時金
	継続介護支援保険金
	父母介護一時金
軽度要介護状態となった場合	軽度介護一時金
脳卒中・心筋梗塞・特定難病と診断された場合	介護予防保険金
要介護状態となったあと回復した場合	回復祝金
要介護状態となったあと死亡した場合	葬祭費用保険金

(2)　保険期間　:　終身
(3)　保険料払込方法　:　一時払、年払、半年払、月払
(4)　保険料払込期間　:　有期払込のみ

(5) 保険金受取人　：　被保険者本人（ただし、健康祝金は保険契約者）

2　税務上の取扱いについて
(1)　介護特約付健康長期保険に係る保険料の損金又は必要経費算入の時期等

　　介護特約付健康長期保険に係る保険料の損金又は必要経費算入の時期、被保険者である役員又は使用人の課税関係、保険契約者の地位を変更した場合（退職給与の一部とした場合等）の課税関係及び保険金の支払を受けた役員又は使用人の課税関係については、「法人又は個人事業者が支払う介護費用保険の保険料の取扱いについて」（平成元年12月16日付直審4－52、3－77。以下「介護費用保険通達」という。）の2から5までの例により取り扱う。

　　この場合において、介護費用保険通達の2中「年払」とあるのは、「年払、半年払」とする。

(2)　健康祝金支払特約を付帯した契約に係る保険料の取扱い

　　健康祝金支払特約を付帯した契約については、毎回の払込保険料のうち、健康祝金支払特約に係る保険料を前払費用等として資産に計上し、健康祝金支払特約に係る保険事故が生じた場合には、資産計上している当該健康祝金支払特約に係る保険料について一時の損金の額又は必要経費に算入することができるものとする。

　　また、毎回の払込保険料のうち、健康祝金支払特約に係る保険料以外の部分の金額については、介護費用保険通達の2の例により取り扱う。

　　この場合において、介護費用保険通達の2(3)中「保険事故」とあるのは「保険事故（健康祝金支払特約に係る保険事故を除く。）」と、「保険料」とあるのは「保険料（健康祝金支払特約に係る保険料を含む。）」とする。

(3)　使用者契約の保険契約等に係る経済的利益の取扱い

　　事業者が従来の介護費用保険に係る保険料を支払ったことにより、当該事業者の役員又は使用人が受ける経済的利益について、所得税基本通達36－31の7により課税しなくて差し支えないものとされていた場合において、当該事業者が新たに雇用した使用人等について介護特約付健康長期保険を付保し、その保険料を支払ったときは、当該介護特約付健康長期保険について介護一時金、介護基本保険金及び軽度介護一時金以外の保険金を引き受けないことを条件に、その経済的利益について、従来どおり課税しなくて差し支えないものとする。

課法8-2
課所4-2
平成6年1月20日

国税局長　殿
沖縄国税事務所長　殿

国税庁長官

会社役員賠償責任保険の保険料の税務上の取扱いについて

　標題のことについて、社団法人日本損害保険協会から別紙2のとおり照会があり、これに対し当庁課税部長名をもって別紙1のとおり回答したから了知されたい。

別紙1

課法8-1
課所4-1
平成6年1月20日

社団法人　日本損害保険協会
常務理事　○○○○　殿

国税庁　課税部長

○○○○

会社役員賠償責任保険の保険料の税務上の取扱いについて
（平成6年1月19日付協火新93-46号照会に対する回答）

　標題のことについては、貴見のとおり解して差し支えありません。
　なお、照会事項2に例示された「保険料負担の配分方法」は、経営活動等の状況からみて、その法人にとっての合理性があり、かつ、課税上の弊害も生じない場合に限り認められるものであることを、念のため申し添えます。

別紙2

協火新93-46号
平成6年1月19日

国税庁　課税部長
　　〇〇〇〇　殿

社団法人　日本損害保険協会
常務理事　〇〇〇〇

会社役員賠償責任保険の保険料の税務上の取扱いについて（照会）

　拝啓　時下ますますご隆昌のこととお慶び申し上げます。
　弊業界につきましては、毎々格別のご高配を賜り厚く御礼申し上げます。
　さて、損害保険各社は、3年前より大蔵省のご認可をいただき会社役員賠償責任保険を販売してまいりました。開発の当時は主に海外において事業活動を行っている企業の役員が、海外で訴訟に巻き込まれる危険を想定しておりました。特に、役員訴訟がわが国とは比較にならない程多数提起されている米国におけるリスクを考え、英文にて約款を作成いたしました。その結果、わが国においては株主代表訴訟の提起が極めて稀であったことと相まって、本保険に対する関心はあまり高くなく、事実契約数も少数に留まっておりました。
　しかしながら、平成5年の商法改正を機に、特に、株主代表訴訟で役員敗訴のケースに対するリスクを担保する保険料を会社が負担することは、商法上問題ではないかとの指摘が出てまいりました。
　そこで、損害保険各社としては、かかる商法上の問題に配慮し、契約者の自由な選択に応え得る商品を提供すべく、このたび新たな和文約款及び英文約款にもとづく会社役員賠償責任保険の認可を取得いたしました。
　この新約款では、株主代表訴訟で被保険者が損害賠償責任を負う場合は普通保険約款では免責とし、このリスクの担保を契約者が希望する場合は、別途保険料を領収して特約条項を付すことと致しました。これにより、契約者は、普通保険約款で担保するリスクに相当する保険料と特約保険料とを明確に区分して保険会社に支払うことも可能となるなど、商法問題に配慮した契約を行うことが可能となりました。
　つきましては、この新約款による会社役員賠償責任保険の保険料の税務上の取扱いについて、下記の通り取り扱われるものと解して差し支えないかどうかご照会申し上げます。

敬具

記

1 支払保険料の税務処理

(1) 基本契約（普通保険約款部分）の保険料

基本契約に係る保険料を会社が負担した場合の当該保険料については、役員個人に対する給与課税を行う必要はないものとする。

（理由）
① 第三者から役員に対し損害賠償請求がなされ役員が損害賠償責任を負担する場合の危険を担保する部分の保険料は、所得税基本通達36－33及び法人税基本通達9－7－16の趣旨に照らし、この部分の保険料を会社が負担した場合であっても、役員に対する経済的利益の供与はないものとして給与課税を行う必要はない。
② 役員勝訴の場合の争訟費用を担保する部分の保険料は、役員が適正な業務執行を行い損害賠償責任が生じない場合にその争訟費用を担保する保険料であり、この部分の保険料を会社が負担した場合であっても、役員に対する経済的利益の供与はないものとして給与課税を行う必要はない。

(2) 株主代表訴訟担保特約の保険料（特約保険料）

この特約保険料について、契約者は商法上の問題を配慮し役員個人負担又は役員報酬から天引きとすることになると考えられるが、これを会社負担とした場合には、役員に対して経済的利益の供与があったものとして給与課税を要する。

2 保険料負担の配分方法

(1) 特約保険料の役員間の配分について

取締役の報酬の総額及び監査役の報酬の総額は定款又は株主総会の決議により定めることになっているが、通常その配分は取締役会及び監査役の協議に委ねられている。したがって、特約保険料の役員間の配分もまた取締役会及び監査役の協議において合理的な配分方法を定め得るものと考えるが、実務上は、次のいずれかの方法など合理的な基準により配分を行った場合には、課税上許容される。

① 役員の人数で均等に分担する方法

役員は会社に対し連帯して責任を負うものとされていることを考慮し、役員全員において均等に負担する方法（無報酬あるいはごくわずかな役員報酬しか得ていない取締役にまで均等に負担させることが適当でないと認められる場合には、その者への配分割合を縮小もしくは配分しない方法を含む。）

② 役員報酬に比例して分担する方法

役員と会社との関係は有償の委任及び準委任と解されており、報酬に差がある以上危

険負担も同程度の差があると考えられることから、報酬額に比例して保険料を負担する方法
③ 商法上の区分別に分担する方法
　商法に定められた代表取締役、取締役、監査役ごとにそれぞれの役割に応じた額を定める方法
(2)　保険料の会社間の配分方法について
　子会社を含めた契約を契約者が希望する場合は、保険料は一括して算定されることになるが、契約に当たっては、保険会社からそれぞれの子会社ごとの保険料を内訳として示すこととしていることから、契約者においては、これに従って各社ごとの配分額を決定する。

以上

解約返戻金のない定期保険の取扱い

【照会要旨】

　法人が自己を契約者及び保険金受取人とし、役員又は従業員を被保険者として次のような内容の定期保険に加入した場合には、被保険者の加入年齢等によっては長期平準定期保険の要件に該当するときもありますが、契約者である法人の払い込む保険料は、定期保険の原則的な処理に従って、その支払時に損金の額に算入して差し支えないでしょうか。

（定期保険の内容）

1　保険事故及び保険金
　・被保険者が死亡した場合　　死亡保険金
　・被保険者が高度障害状態に該当した場合　　高度障害保険金

2　保険期間と契約年齢

保険期間	加入年齢	保険期間	加入年齢
30年満了	0歳から50歳まで	75歳満了	0歳から70歳まで
70歳満了	0歳から65歳まで	80歳満了	0歳から75歳まで

3　保険料払込期間
　保険期間と同一期間（短期払込はない）

4　払戻金
　　この保険は掛捨てで、いわゆる満期保険金はありません。また、契約失効、契約解除、解約、保険金の減額及び保険期間の変更等によっても、金銭の払戻しはありません。
　（注）　傷害特約等が付された場合も解約返戻金等の支払は一切ありません。

【回答要旨】

　契約者である法人の払い込む保険料は、その支払時に損金の額に算入することが認められます。

（理由）

1　定期保険の税務上の取扱い

　定期保険は、養老保険と異なり満期返戻金や配当金がないことから、その支払保険料については、原則として、資産に計上することを要せず、その支払時に支払保険料、福利厚生費又は給与として損金の額に算入することとされています（法人税基本通達9−3−5）。

　ただし、定期保険といっても、保険期間が非常に長期に設定されている場合には、年を経るに従って事故発生率が高くなるため、本来は保険料は年を経るに従って高額になりますが、実際の支払保険料は、その長期の保険期間にわたって平準化して算定されることから、保険期間の前半において支払う保険料の中に相当多額の前払保険料が含まれることとなります。このため、例えば、保険期間の前半に中途解約をしたような場合は、支払保

料の相当部分が解約返戻金として契約者に支払われることになり、支払保険料を支払時に損金算入することに課税上の問題が生じます。

そこで、このような問題を是正するため、一定の要件を満たす長期平準定期保険の保険料については、保険期間の60％に相当する期間に支払う保険料の2分の1相当額を前払保険料等として資産計上することとされています（平成8年7月4日付課法2－3、平成20年2月28日付課法2－3による改正後の昭和62年6月16日付直法2－2「法人が支払う長期平準定期保険等の保険料の取扱いについて（通達）」参照）。

(注)　長期平準定期保険とは、その保険期間満了の時における被保険者の年齢が70歳を超え、かつ、当該保険に加入した時における被保険者の年齢に保険期間の2倍に相当する数を加えた数が105を超えるものをいいます。

2　解約返戻金のない定期保険の取扱い

本件の定期保険についても、加入年齢によっては、上記の長期平準定期保険の要件に該当する場合がありますが、当該定期保険は、その契約内容によると、支払保険料は掛捨てで、契約失効、契約解除、解約、保険金の減額及び保険期間の変更等があっても、一切解約返戻金等の支払はなく、純粋な保障のみを目的とした商品となっています。

したがって、当該定期保険については、保険料の支払時の損金算入による税効果を利用して、一方で簿外資金を留保するといった、課税上の問題は生ずることもなく、また、長期平準定期保険の取扱いは本件のような解約返戻金の支払が一切ないものを対象とする趣旨ではありません。

このため、本件定期保険については、長期平準定期保険の取扱いを適用せず、定期保険の一般的な取扱い（法人税基本通達9－3－5）に従って、その支払った保険料の額は、期間の経過に応じて損金の額に算入して差し支えないものと考えられます。

【関係法令通達】

法人税基本通達9－3－5

平成8年7月4日付課法2－3、平成20年2月28日付課法2－3による改正後の昭和62年6月16日付直法2－2「法人が支払う長期平準定期保険等の保険料の取扱いについて（通達）」

直審 4-19（例規）
平成 2 年 5 月 30 日

国税局長　殿
沖縄国税事務所長　殿

国税庁長官

法人が契約する個人年金保険に係る法人税の取扱いについて

　標題のことについては、当面下記により取り扱うこととしたから、今後処理するものからこれによられたい。

（趣旨）

　個人年金保険は、年金支払開始日に被保険者が生存しているときには、同日以後の一定期間にわたって年金が支払われ、また、同日前に被保険者が死亡したときには、所定の死亡給付金が支払われる生命保険であるが、いわゆる満期保険金はなく、死亡給付金の額が保険料払込期間の経過期間に応じて逓増するなど、同じく被保険者の死亡又は生存を保険事故とする生命保険である養老保険とはその仕組みが異なっている。このため、法人が、自己を契約者とし、役員又は使用人を被保険者とする個人年金保険に加入してその保険料を支払った場合における支払保険料の損金算入等の取扱いについては、法人税基本通達9-3-4 及び 9-3-8 の定めをそのまま準用することは適当でない。また、年金の収受に伴う保険差損益の計上時期等についても明らかにする必要がある。そこで、その支払保険料の損金算入等の取扱いを明らかにすることとしたものである。

記

1　個人年金保険の内容

　この通達に定める取扱いの対象とする個人年金保険は、法人が、自己を契約者とし、役員又は使用人（これらの者の親族を含む。）を被保険者として加入した生命保険で、当該保険契約に係る年金支払開始日に被保険者が生存しているときに所定の期間中、年金が当該保険契約に係る年金受取人に支払われるものとする。

（注）　法人税法施行令第 135 条（（適格退職年金契約等の掛金等の損金算入））の規定の適用のあるもの及び法人税基本通達 9-3-4 の定めの適用のあるものは、この通達に定める取扱いの対象とならないことに留意する。

2 個人年金保険に係る保険料の取扱い

法人が個人年金保険に加入してその保険料を支払った場合には、その支払った保険料の額（傷害特約等の特約に係る保険料の額を除く。）については、次に掲げる場合の区分に応じ、それぞれ次により取り扱うものとする。

(注) 傷害特約等の特約に係る保険料の取扱いについては、法人税基本通達9-3-6の2の定めを準用する。

(1) 死亡給付金（年金支払開始日前に被保険者が死亡した場合に支払われる死亡給付金又は死亡保険金をいう。以下同じ。）及び年金（年金支払開始日に被保険者が生存している場合に支払われる年金をいう。以下同じ。）の受取人が当該法人である場合　その支払った保険料の額は、下記の5（(資産計上した保険料等の取崩し)）の定めにより取り崩すまでは資産に計上するものとする。

(2) 死亡給付金及び年金の受取人が当該被保険者又はその遺族である場合　その支払った保険料の額は、当該役員又は使用人に対する給与とする。

(3) 死亡給付金の受取人が当該被保険者の遺族で、年金の受取人が当該法人である場合　その支払った保険料の額のうち、その90％に相当する金額は(1)により資産に計上し、残額は期間の経過に応じて損金の額に算入する。ただし、役員又は部課長その他特定の使用人（これらの者の遺族を含む。）のみを被保険者としている場合には、当該残額は、当該役員又は使用人に対する給与とする。

3 年金支払開始日前に支払を受ける契約者配当の取扱い

法人が個人年金保険の保険契約に基づいて年金支払開始日前に支払を受ける契約者配当の額については、その通知を受けた日の属する事業年度の益金の額に算入する。ただし、当該保険契約の年金の受取人が被保険者であり、かつ、当該法人と当該被保険者との契約により、当該法人が契約者配当の支払請求をしないでその全額を年金支払開始日まで積み立てておくこと（当該積み立てた契約者配当の額が、生命保険会社において年金支払開始日に当該保険契約の責任準備金に充当され、年金の額が増加する（これにより増加する年金を「増加年金」という。以下同じ。）こと）が明らかである場合には、当該契約者配当の額を益金の額に算入しないことができる。

(注) 契約者配当の額に付される利子の額については、本文ただし書の定めにより当該契約者配当の額を益金の額に算入しない場合を除き、その通知を受けた日の属する事業年度の益金の額に算入するのであるから留意する。

4 年金支払開始日以後に支払を受ける契約者配当の取扱い

　法人が個人年金保険の年金の受取人である場合に当該保険契約に基づいて年金支払開始日以後に支払を受ける契約者配当の額については、その通知を受けた日の属する事業年度の益金の額に算入する。ただし、年金支払開始日に分配される契約者配当で、生命保険会社から年金として支払われるもの（年金受取人の支払方法の選択によるものを除く。）については、当該契約者配当の額をその通知を受けた日の属する事業年度の益金の額に算入しないことができる。

　なお、益金の額に算入した契約者配当の額を一時払保険料に充当した場合には、下記の5((資産計上した保険料等の取崩し))に定めるところにより取り崩すまでは資産に計上するものとする（以下この通達において、契約者配当を充当した一時払保険料を「買増年金積立保険料」という。）。

（注）　契約者配当の額に付される利子の額については、その通知を受けた日の属する事業年度の益金の額に算入するのであるから留意する。

5 資産計上した保険料等の取崩し

　資産に計上した保険料等の取崩しについては、次に掲げる場合の区分に応じ、それぞれ次に掲げるところによる。

(1) 年金支払開始日前に死亡給付金支払の保険事故が生じた場合　当該保険事故が生じた日（死亡給付金の受取人が当該法人である場合には、死亡給付金の支払通知を受けた日）の属する事業年度において、当該保険契約に基づいて資産に計上した支払保険料の額及び資産に計上した契約者配当等（配当を積み立てたことにより付される利子を含む。以下同じ。）の額の全額を取り崩して損金の額に算入する。

　（注）　この場合、死亡給付金の受取人が法人であるときには、支払を受ける死亡給付金の額及び契約者配当等の額を法人の益金の額に算入するのであるから留意する。

(2) 年金の受取人が役員又は使用人である保険契約に係る年金支払開始日が到来した場合　当該年金支払開始日の属する事業年度において、当該保険契約に基づいて資産に計上した契約者配当等の額の全額を取り崩して損金の額に算入する。

(3) 年金の受取人が当該法人である保険契約に基づいて契約年金（年金支払開始日前の支払保険料に係る年金をいう。以下同じ。）及び増加年金の支払を受ける場合（年金の一時支払を受ける場合を除く。）　当該年金の支払通知を受けた日の属する事業年度において、当該保険契約に基づいて年金支払開始日までに資産に計上した支払保険料の額及び年金支払開始日に責任準備金に充当された契約者配当等の額の合計額（以下こ

の通達において、「年金積立保険料の額」という。）に、当該支払を受ける契約年金の額及び増加年金の額の合計額が年金支払総額（次に掲げる場合の区分に応じ、それぞれ次に掲げる金額をいう。以下同じ。）に占める割合を乗じた金額に相当する額の年金積立保険料の額を取り崩して損金の額に算入する。

- イ 当該保険契約が確定年金（あらかじめ定められた期間（以下この通達において、その期間を「保証期間」という。）中は被保険者の生死にかかわらず年金が支払われることとされているものをいう。以下同じ。）である場合 当該保険契約に基づいて当該保証期間中に支払われる契約年金の額及び増加年金の額の合計額
- ロ 当該保険契約が保証期間付終身年金（保証期間中は被保険者の生死にかかわらず年金が支払われ、あるいは保証期間中に被保険者が死亡したときには保証期間に対応する年金の支払残額が支払われ、保証期間経過後は年金支払開始日の応当日に被保険者が生存しているときに年金が支払われるものをいう。以下同じ。）である場合 当該保険契約に基づいて当該保証期間と被保険者の余命年数（年金支払開始日における所得税法施行令の別表「余命年数表」に掲げる余命年数をいう。以下同じ。）の期間とのいずれか長い期間中に支払われる契約年金の額及び増加年金の額の合計額。ただし、保証期間中に被保険者が死亡したとき以後にあっては、当該保険契約に基づいて当該保証期間中に支払われる契約年金の額及び増加年金の額の合計額
- ハ 当該保険契約が有期年金（保証期間中において被保険者が生存しているときに年金が支払われ、保証期間中に被保険者が死亡した場合で年金基金残額があるときには死亡一時金が支払われるものをいう。以下同じ。）である場合 被保険者の生存を前提に、当該保険契約に基づき当該保証期間中に支払われる契約年金の額及び増加年金の額の合計額

なお、保証期間付終身年金で、かつ、被保険者の余命年数の期間中の年金支払総額に基づき年金積立保険料の額の取崩額を算定している保険契約に係る被保険者が死亡した場合には、その死亡の日の属する事業年度において、その日が当該保険契約に係る保証期間経過後であるときは、当該保険契約に係る年金積立保険料の額の取崩残額の全額を、また、その日が保証期間中であるときは、当該保険契約に係る年金積立保険料の額に、既に支払を受けた契約年金の額及び増加年金の額の合計額が保証期間中の年金総額に占める割合から同合計額が余命年数の期間中の年金支払総額に占める割合を控除した割合を乗じた額に相当する額の年金積立保険料の額を、それぞれ取り崩して損金の額に算入することができる。

(4) 年金受取人が当該法人である保険契約に基づいて買増年金（年金支払開始日後の契約者配当により買い増した年金をいう。以下同じ。）の支払を受ける場合（年金の一時支払を受ける場合を除く。） 当該買増年金の支払を受ける日の属する事業年度において、当該保険契約に基づいて支払を受ける1年分の買増年金ごとに次の算式により求

められる額に相当する額（当該支払を受ける買増年金が分割払の場合にあっては、当該金額を分割回数によりあん分した）の買増年金積立保険料の額を取り崩して損金の額に算入する。
　なお、当該保険契約が保証期間付終身年金で、保証期間及び被保険者の余命年数の期間のいずれをも経過した後においては、当該保険契約に係る買増年金積立保険料の額の全額を取り崩して損金の額に算入する。

（算式）

| 買増年金の受取に伴い取り崩すべき『買増年金積立保険料』の額（年額） | ＝ | 前年分の買増年金の受取の時においてこの算式により算定される取崩額（年額） |

$$+ \frac{\text{新たに一時払保険料に充当した契約者配当の額}}{\text{新たに一時払保険料に充当した後の年金の支払回数}}$$

（注）1　算式の「新たに一時払保険料に充当した後の年金の支払回数」については、次に掲げる場合に応じ、それぞれ次に掲げる年金の支払回数（年1回払の場合の支払回数をいう。）による。
(1)　当該保険契約が確定年金である場合及び当該保険契約が保証期間付終身年金であり、かつ、被保険者が既に死亡している場合　当該保険契約に係る保証期間中の年金の支払回数から新たに買増年金の買増しをする時までに経過した年金の支払回数を控除した回数
(2)　当該保険契約が保証期間付終身年金であり、かつ、被保険者が生存している場合　当該保険契約に係る保証期間と当該被保険者の余命年数の期間とのいずれか長い期間中の年金の支払回数から新たに買増年金の買増しをする時までに経過した年金の支払回数を控除した回数
　2　保険契約が保証期間付終身年金に係る買増年金積立保険料の取崩しにつき、被保険者の余命年数の期間の年金支払回数に基づき算定される額を取り崩すべきであるものに係る被保険者が死亡した場合の取崩額の調整については、上記(3)のなお書を準用する。
(5)　年金受取人が当該法人である保険契約に基づいて年金の一時支払を受ける場合　当該保険契約が年金の一時支払のときに消滅するものか否かに応じ、それぞれ次に掲げるところによる。
　イ　当該保険契約が年金の一時支払のときに消滅するもの　年金の一時支払を受ける日の属する事業年度において、当該保険契約に係る年金積立保険料の額の取崩残額及び買増年金積立保険料の額（既に取り崩した額を除く。）の全額を取り崩して損金の額に算入する。

ロ　当該保険契約が年金の一時支払のときには消滅しないもの　年金の一時支払を受ける日の属する事業年度において、当該保険契約に係る年金積立保険料の額及び買増年金積立保険料の額につき保証期間の残余期間を通じて年金の支払を受けることとした場合に取り崩すこととなる額に相当する額を取り崩して損金の額に算入し、その余の残額については、保証期間経過後の年金の支払を受ける日の属する事業年度において、上記（3）及び（4）に基づき算定される額に相当する額の年金積立保険料の額及び買増年金積立保険料の額を取り崩して損金の額に算入する。

　　　なお、年金の一時支払を受けた後に被保険者が死亡した場合には、その死亡の日の属する事業年度において、当該保険契約に係る年金積立保険料の額の取崩残額及び買増年金積立保険料の額（既に取り崩した額を除く。）の全額を取り崩して損金の額に算入する。

(6)　保険契約を解約した場合及び保険契約者の地位を変更した場合　当該事実が生じた日の属する事業年度において、当該保険契約に基づいて資産に計上した支払保険料の額及び資産に計上した契約者配当等の額の全額を取り崩して損金の額に算入する。

　（注）保険契約を解約したときには、解約返戻金の額及び契約者配当等の額を法人の益金の額に算入するのであるから留意する。

6　保険契約者の地位を変更した場合の役員又は使用人の課税関係

　保険契約者である法人が、年金支払開始日前において、被保険者である役員又は使用人が退職したこと等に伴い個人年金保険の保険契約者及び年金受取人の地位（保険契約の権利）を当該役員又は使用人に変更した場合には、所得税基本通達36-37に準じ、当該契約を解約した場合の解約返戻金の額に相当する額（契約者配当等の額がある場合には、当該金額を加算した額）の退職給与又は賞与の支払があったものとして取り扱う。

官審（法）10
官審（源）7
官審（資）4
官審（所）4
昭和 44 年 1 月 31 日

国税局長　殿

国税庁長官

交通事故傷害保険の保険料等の取扱いについて

　標題のことについて、株式会社〇〇銀行東京業務部長から別紙2のとおり照会があり、当庁特別審理室参事官名をもって別紙1のとおり回答したから、了知されたい。
　なお、同様の事案についても、これにより取り扱われたい。

別紙　1

官審（法）9
官審（源）6
官審（資）3
官審（所）3
昭和 44 年 1 月 31 日

株式会社〇〇銀行　東京業務部長　殿

国税庁特別審理室参事官

交通事故傷害保険の保険料等の取扱いについて
（昭和 43.12.13 付照会に対する回答）

標題のことについては、下記により取り扱うこととします。

記

1 法人または個人事業者が「〇〇会」に加入し、その会費としてその役員または使用人を被保険者とする交通事故傷害保険の保険料を負担したときは、その負担した保険料の額は、その法人または個人事業者の所得計算上、損金の額または必要経費に算入するものとする。

2 法人または個人事業者が保険料を負担したことについて、被保険者である役員または使用人につき給与所得としての課税は行なわないものとする。

3 被保険者である役員または使用人の相続人等が受ける死亡保険金については、相続税法第3条第1項第1号(その保険金を退職給与に充当する旨の明らかな定めがあるものについては、同項第2号)の規定を適用するものとする。

4 被保険者である役員または使用人が受ける後遺障害保険金および医療保険金について

5 1から4までにおいて、個人事業者の使用人には、単に家族の一員としてではなく他の一般使用人と同様の条件で交通事故傷害保険の被保険者とされている青色事業専従者および事業専従者を含むものとする。

別紙 2

昭和43年12月13日

国税庁特別審理室
　参事官　長村輝彦　殿

株式会社○○銀行　東京業務部長

交通事故傷害保険の保険料の取扱いについて

　当行は、下記概要の交通事故傷害保険をセットした「○○交通安全定期預金」を取扱っておりますが、法人（または個人事業主）がこれに加入して、その役員または使用人を被保険者とする当該保険契約の保険料を負担したときは、その保険料として負担した金額はその法人（または個人事業主）の所得計算上、損金（または必要経費）に算入され、かつその役員または使用人に対して給与所得としての課税がされないものと解しておりますがさしつかえないかお伺いします。

記

（本交通事故傷害保険の概要）

　保険契約者　○○会代表者
　保険料負担者　○○会々員（＝交通安全定期預金者）
　被保険者　○○会々員もしくはその指定する者
　保険金受取人　被保険者
　保険期間　1年（預金契約の継続に応じて自動継続）
　保険給付の種類　死亡保険金、後遺障害保険金、医療保険金
　保険料　掛捨て

以上

住宅瑕疵担保責任保険の保険料等に係る税務上の取扱い

【照会要旨】

　新築住宅の発注者及び買主を保護するため「特定住宅瑕疵担保責任の履行の確保等に関する法律」が平成21年10月1日から施行され、施行後において新築住宅の引渡しをする建設業者又は宅地建物取引業者（以下「建設業者等」といいます。）は、資力確保措置（住宅瑕疵担保責任保険への加入又は保証金の供託）が義務付けられました。

　この度、A建設業者は、資力確保措置として住宅瑕疵担保責任保険に加入することとしましたので、保険法人に検査手数料と保険料を支払うこととなりますが、この検査手数料と保険料に係る法人税及び消費税の取扱いについて、それぞれ次のとおり照会いたします。

　1　検査手数料は、法人税法上、構造雨水検査を完了した日を含むA建設業者の事業年度において損金の額に算入することとなると解して差し支えありませんか。また、消費税法上、構造雨水検査を完了した日を含むA建設業者の課税期間における課税仕入れとなると解して差し支えありませんか。

［検査手数料とは］
　住宅瑕疵担保責任保険を引き受ける保険法人は、対象となる新築住宅に係る契約の開始前に必要な検査（以下「構造雨水検査」といいます。）を行うことが要件とされています。ここにいう検査手数料とは、建設業者等が支払う構造雨水検査を行うことに対する対価をいいます（最低4,000円程度から床面積等に応じて金額が定められています。なお、共同住宅の場合は1棟単位で検査が実施されています。）。

　2　保険料（以下「本件保険料」といいます。）は、保険期間(10年間)に係るものを一括して支払うものであり、法人税法上、保険期間の経過に応じて損金の額に算入することとなると考えられますが、継続適用を前提とすれば、その全額(10年分)を保険期間の開始日を含むA建設業者の事業年度において損金の額に算入することができると解して差し支えありませんか。また、消費税法上、保険料は非課税であることから、A建設業者の課税仕入れに該当しないと解して差し支えありませんか。

［本件保険料とは］
　住宅瑕疵担保責任保険の保険期間は10年間であり、建設業者等が新築住宅を引き渡した日から保険期間が開始することとなります。ここにいう本件保険料とは、建設業者等が支払うこの保険期間に係る保証の対価をいいます（3万円から20万円までの範囲で1戸ごと

の床面積等に応じて定められています。)。ただし、住宅瑕疵担保責任保険契約は、国土交通大臣の承認を受けた場合を除き中途解約ができませんので、保険期間開始後は本件保険料が返戻されることはありません。

【回答要旨】

照会事項に係る事実関係を前提とする限り、貴見のとおり解して差し支えありません。

(理由)

1 検査手数料の取扱い

(1) 法人税について

検査手数料は、住宅瑕疵担保責任保険に係る保険契約を締結するに当たり必要な費用ではあるものの、本件保険料とは明確に区分された構造雨水検査という役務提供の対価と認められますから、構造雨水検査を完了した日を含むA建設業者の事業年度において損金の額に算入することが相当です。

(2) 消費税について

消費税は、国内において事業者が事業として対価を得て行う資産の譲渡及び貸付け並びに役務の提供を課税の対象としています(消法2①八、4①)。

検査手数料は、保険法人が構造雨水検査を行った対価として建設業者等から徴するものですので、役務の提供の対価に該当し、消費税の課税の対象となります。

したがって、A建設業者においては、役務の提供を受けた日、すなわち構造雨水検査を完了した日を含む課税期間における課税仕入れとなります。

なお、消費税法第30条第2項第1号に規定する個別対応方式により仕入控除税額の計算を行う場合には、同号イに規定する課税資産の譲渡等にのみ要する課税仕入れとなります。

2 本件保険料の取扱い

(1) 法人税について

イ 本件保険料は、次に掲げる点からすれば、新築住宅の売上に対応した売上原価に該当するのではないかとの疑問が生ずるところです。

① 新築住宅の発注者等への引渡しに先んじて支払うものであり、結果として新築住宅の代金として発注者等に転嫁され、発注者等も新築住宅の代金に本件保険料が含まれていることを承知していること。

　② 新築住宅に瑕疵が判明した場合には、結果的に発注者等がその所有する物件について修復等のサービスが受けられること。

ロ　この点、本件保険料は、将来において新築住宅に瑕疵が判明した場合に、A建設業者において必要となる修復や損害賠償などに必要な費用を保険金によってカバーするために支払うものであり、A建設業者が営む事業において将来に生ずる可能性のあるリスクに備えるためのものと認められますので、原則として、火災や事故が生じた場合に備える損害保険に係る保険料と同様に販売費や一般管理費等としてその保険期間の経過に応じて損金の額に算入すべきもの（前払費用）と解されます。

ハ　ただし、本件保険料については、次に掲げる点を踏まえれば、A建設業者がその全額(10年分)を継続して保険期間の開始日を含む事業年度において損金の額に算入している場合には、この処理を認めることとして差し支えありません。

　① 個々の保険契約に係る本件保険料の支払は、10年間という保険期間に対応する一括支払であるにもかかわらず、3万円以上20万円未満（1年当たりに換算すれば3千円以上2万円未満）と新築住宅の代金に比して非常に少額な保険料であること。

　（注）原則どおり、本件保険料を保険期間に応じて損金算入するならば、例えば3月決算である建設業者等が10月に新築住宅を発注者等に引き渡し、この新築住宅に対する本件保険料3万円を支払っている場合、その引渡しの日の属する事業年度においては、3万円を10年で除し、これに12分の6を乗じた1,500円を損金の額に算入することとなります。

　② 建設業者等においては、発注者等に引き渡す新築住宅（共同住宅にあっては1戸）ごとに契約を締結するため膨大な数の保険契約を締結することになること。

　③ 建設業者等においては、毎期おおむね一定数量の新築住宅の引渡しを行い、その引渡しごとに本件保険料の支払が生ずるところ、このような本件保険料について、その引渡しの日（保険期間の開始日）に損金算入する経理処理を行ったとしても、その計

算が継続する限り毎期の所得計算がそれ程ゆがめられるとはいえないこと（むしろ、重要性の原則に則った円滑な経理処理が可能となること。）。

④　さらに、上記ロのとおり、原則として前払費用に該当するものと解されますが、上記イのとおり、売上原価に類似する性格を併せて有する費用とも考えられること。

(2)　消費税について

　消費税法では、資産の譲渡等のうち消費税法別表第一に掲げる資産の譲渡等を非課税としており（消法6①）、同別表第一第3号により保険料を対価とする役務の提供については非課税となります。

　本件保険料は、住宅瑕疵担保責任保険の保険料としてA建設業者が保険法人に支払うものですので、非課税となる保険料に該当します。

　したがって、A建設業者においては、課税仕入れには該当しません。

(注)　保険契約の締結に至らなかった場合に保険法人が本件保険料から差し引く「事務手数料」は、保険契約の取消し等に伴う事務の役務提供の対価として受領するものですので、消費税の課税の対象となります。したがって、A建設業者においては、役務提供を受けた日、すなわち保険法人における保険契約の取消し等に伴う事務が完了した日を含む課税期間における課税仕入れとなります。

《参考》

○　住宅瑕疵担保責任保険制度とは

　住宅瑕疵担保履行法の施行により導入された住宅瑕疵担保責任保険とは、新築住宅の建設業者等が国土交通大臣の指定する住宅瑕疵担保責任保険法人（保険法人）との間で保険契約を締結し、その新築住宅に保険契約の対象となる瑕疵が判明した場合において、建設業者等がその補修などにより瑕疵担保責任（特定住宅瑕疵担保責任）を履行したときに、その履行によって生じた建設業者等の損害が保険金により補てんされる制度です。

平成11年10月4日

国税庁課税部長
河上信彦　殿

東京海上火災保険株式会社
取締役社長　樋口公啓

人身傷害補償保険金に係る所得税、相続税及び贈与税の取り扱い等について

　弊社は、下記「1　人身傷害補償保険の概要」に記載する人身傷害補償保険を発売しています。この保険契約に係る被保険者が死亡し、保険金請求権者が人身傷害補償保険金を受領した場合の所得税、相続税及び贈与税の課税関係等について、下記「2　人身傷害補償保険金の課税関係」以下のとおりと考えますが、貴庁のご見解をお伺い申し上げます。

記

1　人身傷害補償保険の概要

　人身傷害補償保険は、自動車事故により被保険者が死亡し又は傷害を被った場合に、運転者等の過失割合にかかわらず契約金額の範囲内で被保険者の人的損害に係る実損害額を填補する保険です。

（注）
1　被保険者は次のいずれかに該当する者をいいます。
　（1）　保険証券記載の者（記名被保険者）
　（2）　(1)の配偶者
　（3）　(1)又は(2)の同居の親族
　（4）　(1)又は(2)の別居の未婚の子
　（5）　(1)～(4)以外の者で保険証券記載の自動車（被保険自動車）に搭乗中の者
2　被保険者が死亡した場合の保険金請求権者は、次のいずれかに該当する者をいいます。
　（1）　被保険者の法定相続人
　（2）　被保険者の父母、配偶者または子

　この人身傷害補償保険では、保険金の支払方式として、定額給付方式ではなく損害填補方式を採用しているので、(1)保険金請求権者は、自過失部分に対応する損害額についても補償を受けることができ、また、(2)これまで事故の相手方等に対して損害賠償請求をして取得していた損害賠償金をも含めて保険金として受け取り、弊社が、保険金支払後、事故

の相手方等に対して損害賠償請求権の代位請求を行うことになるため、保険金請求権者は事故の相手方等との示談交渉も不要です。

【死亡事故の場合における保険金、損害賠償金の流れ】

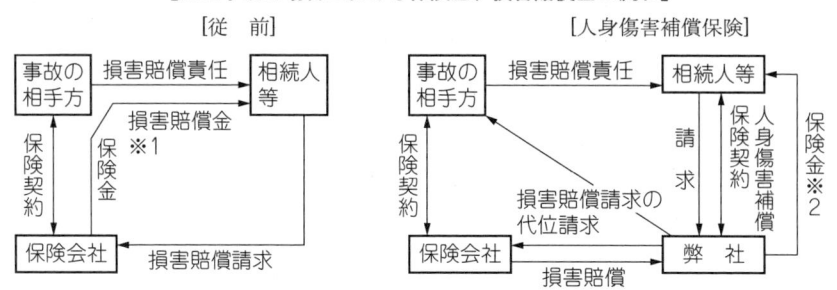

[従　前]　　　　　　　　　　　　　　[人身傷害補償保険]

※1　実損害額のうち、相手方過失割合に相当する額　　※2　実損害額に相当する額

2　人身傷害補償保険金の課税関係

(1)　課税関係

　被保険者死亡により保険金請求権者が人身傷害補償保険金を取得した場合には、原則として、保険料の負担者に応じて所得税、相続税又は贈与税の課税関係が発生します（所得税法第34条、所得税基本通達9-20、相続税法第3条第1項第1号、同法第5条第1項）。ただし、「(2)損害賠償金の性格を有する金額」に掲げる金額については、人身傷害補償保険金の支払により、弊社が保険金請求権者の有していた損害賠償請求権を取得し、事故の相手方等に対して代位請求することから、実質的に損害賠償金と考えられるので、次のとおり取り扱われるものと考えます。

イ　所得税の課税関係（保険料負担者＝保険金受取人）
　　心身に加えられた損害につき支払を受ける慰謝料その他の損害賠償金（所令30一）に該当するので非課税となる。

ロ　相続税の課税関係（保険料負担者＝死亡者）
　　相続税基本通達3-10（（無保険車傷害保険契約に係る保険金））の取り扱いと同様に、相続により取得したものとみなされる保険金に含まれないものと取り扱われる。

ハ　贈与税の課税関係（保険料負担者＝保険金受取人及び死亡者以外の者）
　　相続税法基本通達5-1（（法第3条第1項第1号の規定の適用を受ける保険金に関する取り扱いの準用））の取り扱いと同様に、贈与により取得したものをみなされる保険金に含まれないものと取り扱われる。

(2)　損害賠償金の性格を有する金額

イ　事故の相手方過失割合に応ずる金額
　　人身傷害補償保険金の支払により、保険金請求権者は自己の相手方過失割合に応ずる

保険金の額に相当する損害賠償請求権を弊社に移転し、弊社は事故の相手方等に代位請求します。したがって、人身傷害補償保険金のうち、相手方過失割合に応ずる金額は、弊社から見れば、相手方の負担すべき損害賠償金を被害者たる保険金請求権者に一時的に立替払いしたのと同様であり、保険金請求権者から見れば事故の相手方に対して直接損害賠償請求をして取得する損害賠償金と異ならないということができます。

(注)
1　上記の相手方過失割合は、保険金支払に当たり弊社が算定しますが、(1)事故状況の調査報告に基づき「民事交通訴訟における過失相殺率の認定基準」（東京地裁民事第27部（交通部）編、別冊判例タイムス）等に従って算定するものであること、(2)この割合により弊社が相手方に代位請求すること、(3)各損害保険会社も同様のプロセス、判断基準に基づき過失割合の算定を行っていること等から客観的なものといえます。なお、この割合は、別添1または別添2の「死亡保険金のお支払について」により弊社が代位請求する金額について保険金請求権者の了解を得るため明らかです。

2　保険金支払後における代位請求により、弊社が相手方と合意する相手方過失割合に応じる損害賠償金額は、原則として、別添1または別添2に記載される金額と一致すると考えますが、仮に差が生ずる場合であっても、(1)保険金支払に当たり弊社が算定する相手方過失割合は、上記1のとおり客観的なものであること、(2)弊社と保険金請求権者は、相手方との合意内容に基づく精算は行わないこと、(3)保険金支払後は、保険金請求権者は相手方に対する損害賠償請求権がなく、相手方との合意内容は保険金請求権者には及ばないこと等から、人身傷害補償保険金の支払時に弊社が算定する相手方過失割合に応ずる金額が実質的に損害賠償金として取り扱われるものと考えます。なお、事故状況の事実認定に明らかな誤認がある場合など、事故の相手方過失割合の算定が合理的になされていない場合に、実質的に損害賠償金として取り扱われる金額が訂正されるべきことは、いうまでもありません。

ロ　被保険自動車に同乗の他人が死亡した場合の自己過失割合に応ずる金額

被保険自動車に同乗していた他人（自動車損害賠償保障法（以下「自賠法」といいます。）による自動車損害賠償責任保険契約（以下「自賠責保険」といいます。）や任意保険の対人賠償条項による保険金の支払が免責されない者をいいます。）が死亡した場合には、人身傷害補償保険金の支払により、保険金請求権者は被保険自動車の運転者及び保有者に対する損害賠償請求権を弊社に移転し、弊社は当該車両の自賠責保険の保険会社及び運転者の対人賠償条項に係る保険会社等に代位請求します。したがって、この場合には、同乗車両の運転者等が負担すべき損害賠償金を被害者たる保険金請求権者に一時的に立替払いしたのと同様であり、実質的に運転者等からの損害賠償金と異ならないということができます。

ただし、死亡した同乗の他人に過失がある場合の好意同乗者減額に相当する人身傷害

補償保険金額は、損害賠償請求をしても過失相殺により取得することができず、損害賠償金としての性格は認められないので、好意同乗者減額に相当する部分の人身傷害補償保険金額は除かれます。

ハ　いわゆる親族間事故における自賠法第16条に規定する被害者直接請求権に応ずる金額
　　例えば、保険契約者（車両保有者）、保険料負担者及び運転者が夫の場合において、同乗の妻が死亡したときには、相続人である子は、自賠法第16条による自賠責保険の保険会社に対する被害者直接請求権を有することとなり、弊社の保険金支払により、保険金請求権者である子は、損害賠償請求権を弊社に移転し、弊社は自賠責保険の保険会社に代位請求します。したがって、この場合には、自賠責保険の保険会社が負担すべき損害賠償金を被害者たる保険金請求権者である子に一時的に立替払いしたのと同様であり、実質的に自賠責保険の保険会社からの損害賠償金と異ならないということができます。

（注）
1　上記の例の親族間事故の場合、加害者（運転者＝上記の例の夫）が死亡した被害者（上記の例の妻）の相続人に含まれますので、夫の被害者直接請求権は、法定相続分に応じて混同により消滅しますが、加害者以外の相続人（上記の例の子）は、自賠法第16条による自賠責保険の保険会社に対する被害者直接請求権を有することとなります。
2　保険金は、保険金請求権者の代表者（例えば夫）に一括支払しますが、保険金請求権者の代表者（夫）と他の保険金請求権者（子）との法的関係（委任）により、代表者への保険金支払は、他の保険金請求権者（子）に対する保険金支払の効果を生じ、自賠責保険の保険会社に対する被害者直接請求権に応ずる人身傷害補償保険金額は、被害者直接請求権を有する子が取得したものといえます。
3　上記の例で、代表者に一括支払した保険金のうち、自賠法第16条の被害者直接請求権に応ずる金額を当該請求権を有する子が取得しないときには、保険金受領とは別途の法律関係（例えば、いったん取得した保険金の贈与等）が生じていると考えられます（別添3「設例による具体的な課税関係の概要」の死亡者妻の(2)参照）ので、弊社は、別添2のとおり、被害者直接請求権に応ずる人身傷害補償保険金額を被害者直接請求権を有する子が取得するよう指導することとしています。

(3)　設例による具体的な課税関係
　上記(1)及び(2)に基づき、設例による具体的な課税関係をとりまとめると、別添3のとおりとなります。

3　支払調書の記載方法

　「損害（死亡）保険金・共済金受取人別支払調書」（相続税法施行規則第6号書式）については、人身傷害補償保険金の支払総額から損害賠償金としての性格が認められる金額を控除した金額が100万円を超える場合に、別添4のとおり記載して提出します。なお、

参考までに、摘要欄に支払った人身傷害補償保険金の総額を記載するほか、保険金支払時における事故状況の事実確認に誤認が存する等により、相手方過失割合の算定が合理的になされていない場合には、保険金額等を訂正の上、支払調書を再提出します。

（別添4の設例）
(1) 保険金請求権者は、「東海良子」、「東海二郎」及び「東海三郎」の3人であり、代表者は、「東海良子」。
(2) 人身傷害補償保険契約に基づく支払保険金額 100,000 千円、うち損害賠償金としての性格が認められる金額は、60,000 千円とします。

団体信用生命保険がん診断給付金特約に係る課税上の取扱いについて

1 事実関係

　団体信用生命保険（以下「主契約」という。）は、債権者である信用供与機関が債務者の死亡又は高度障害に際して支払われる保険金をもってその債務者に対する賦払債権の回収を行うのに対して、団体信用生命保険がん診断給付金特約（以下「特約」という。）は、債務者が特定の「がん」（上皮内がん、皮膚がんを除く。）と初めて診断されたときに支払われる給付金をもって賦払債権の回収を行うものであり、その内容は、おおむね次のとおりです。

(1) 契約者及び給付金受取人
　　主契約の契約者及び給付金受取人（賦払償還によって債務の弁済を受ける信用供与機関又は信用保証機関である銀行、不動産会社、信販会社など（以下「金融機関等」という。））

(2) 被保険者
　　主契約の被保険者（同一の信用供与機関に対して賦払償還債務を負う債務者の全部又は一部の集団で、契約者たる金融機関等と保険会社との協議をもって定めるもの）

(3) 給付金
　　被保険者の保険事故発生時における賦払償還債務残額の一定割合（10%～100%）
　　なお、割合については、契約締結時に契約者が設定する。

(4) 保険事故
　　被保険者が特定の「がん」と初めて診断されたときの1回限りの支払
　　なお、対象となる「がん」（悪性新生物）は、昭和53年12月15日行政管理庁告示第73号に基づく厚生大臣官房統計情報部編「疾病、傷害および死因統計分類提要」（昭和54年版）に記載された分類項目中、次表の基本分類表番号に規定される内容のものである。

分類項目	基本分類表番号
口唇、口腔および咽頭の悪性新生物	140～149
消化器および腹膜の悪性新生物	150～159
呼吸器および胸腔内臓器の悪性新生物	160～165
(170～175)のうち	
・骨および関節軟骨の悪性新生物	170

分類項目	基本分類表番号
・結合組織およびその他軟部組織の悪性新生物	171
・皮膚の悪性黒色腫	172
・女性乳房の悪性新生物	174
・男性乳房の悪性新生物	175
泌尿生殖器の悪性新生物	179～189
その他および部位不明の悪性新生物	190～199
リンパ組織および造血組織の悪性新生物	200～208

(5) 被保険期間

　主契約の被保険期間（賦払期間）と同じ。ただし、被保険者の一部に一定年齢（75歳等）に達した者が生じた場合又は被保険者の一部が脱退した場合には、それらの部分についてはその一定年齢に達した時又は脱退した時までとし、解約があった場合には解約の時をもって終了する。

　なお、給付金額が賦払償還債務残債の100％未満の場合には、引き続き主契約は継続する。

(6) 特約保険料

　主契約の保険料と同時に払い込むものとし、給付金額（賦払償還債務残額の一定割合）に応じて年1回改算し、月払いとする。

　なお、料率は、被保険者の年齢に応じて逓増する。

(7) 返戻金

　主契約と同じ（保険契約の解除、解約、被保険者の脱退等による返戻金はない。）。

(8) 契約者配当金

　年1回契約応当日において有効な契約に対し、契約者配当金を支払う。

2　照会の趣旨

　上記の団体信用生命保険がん診断給付金特約に係る課税上の取扱いは、下記のとおりでよろしいか、ご照会申し上げます。

記

(1) 保険料の損金算入

　契約者たる金融機関等が保険会社に払い込む特約の保険料は、主契約の保険料と同時に払い込むものであり、主契約の保険料と同様に、いわゆる債権の保全費用又は販売費

用（顧客の借入れについて保証する場合）の性格を有するものと認められ、かつ、返戻金のないいわゆる掛捨てであることから、単純な期間費用として損金算入が認められる。
(2) 給付金を受け取った場合の金融機関等の処理

　債権者たる金融機関等が給付金受取人となっていることは、主契約と同様に、実質的には債務者たる顧客が受取人になっている給付金請求権上に質権を設定し、これに基づいて本来の債務の弁済を受けるものと解することもできるし、あるいは保険会社から契約に基づいて代位弁済を受けるものと解することもできることから、この場合の顧客に対する債務免除については、貸倒れの判定は要しない。

　したがって、債権者たる金融機関等が受け取った給付金は、益金とする必要はなく、ただ単に入金処理をすることとなる。
(3) 保険事故が発生した場合の顧客の課税関係

　本特約は、保険事故が発生した場合、すなわち、特定の「がん」と初めて診断された場合に、保険会社から金融機関等にがん診断給付金が支払われ、同給付金をもって顧客の債務が返済されることに伴い、顧客には債務免除益が発生することになるものの、①同給付金をもって顧客の債務が弁済されることは、実質的には顧客が受取人になっている給付金請求権上に金融機関等が質権を設定し、これに基づいて本来の債務が弁済されたものと解することができること、また、②がん診断給付金は、所得税基本通達9−21により所得税法施行令第30条第1号に掲げる「身体の傷害に基因して支払われるもの」に該当するものと考えられることから、所得税の課税関係は生じない。

(以上)

東局課一審第 16 号
平成 15 年 2 月 26 日
東京国税局
審理課長

団体信用生命保険に係る課税上の取扱いについて
(平 14.9.13 付照会に対する回答)

　標題のことについては、ご照会に係る事実関係を前提とする限り、貴見のとおりで差し支えありません。
　ただし、ご照会に係る事実関係が異なる場合又は新たな事実が生じた場合には、この回答と異なる課税関係が生ずることがあることを申し添えます。

1　事実関係
　当社は、住宅の建築請負契約又は売買契約を締結した個人が、金融機関等からの融資が実行される前に死亡等した場合に、保険金をもって報酬支払債務又は代金支払債務の残額に充てることを目的として、団体信用生命保険の付保範囲を拡大することとしました。その内容はおおむね次のとおりです。
(1)　契約者及び保険金受取人
　　住宅建築会社、住宅販売会社又は報酬支払債務若しくは代金支払債務に係る保証の委託を受けた保証会社。
(2)　被保険者
　　同一の住宅建築会社若しくは住宅販売会社に対して報酬支払債務若しくは代金支払債務を負う債務者又は同一の保証会社に対して債務保証を委託した債務者のうち、金融機関等からの融資を受けることとしている者の全部又は一部の集団で、契約者と保険会社との協議をもって定めるもの(顧客)。
(3)　保険金
　　被保険者の保険事故発生時における報酬支払債務又は代金支払債務の残額相当額。ただし、保険金額は金融機関等の融資額の範囲内とする。
(4)　保険事故
　　被保険者の死亡及び一定程度以上の高度障害。
(5)　被保険期間
　　建築請負契約に係る工事着工日(着工日以前に金融機関等の融資が決定していた場合はその決定日を着工日とみなすことができる。)から建築請負契約終了日(金融機関等の最終融資が報酬支払債務の残額に充当されることにより債務が消滅する日をいう。)まで

又は売買契約締結日から売買契約終了日（金融機関等の最終融資が代金支払債務の残額に充当されることにより債務が消滅する日をいう。）まで。ただし、保険期間は1年未満とする。

(6) 保険料

 保険料は、保険金額（報酬支払債務又は代金支払債務の残額相当額）に応じて年1回改算し、月払いとする。なお、料率は被保険者の年齢に応じて逓増する。

(7) 返戻金

 保険契約の解除、解約、被保険者の脱退等による返戻金はない。

(8) 配当金

 年1回契約応答日において有効な契約に対し、配当金を現金又は保険料相殺により支払う。

(9) 債務免除特約

 以上に基づき、保険金受取人たる住宅建築会社、住宅販売会社又は保証会社は、被保険者たる顧客との間に、保険金の受領を停止条件として、報酬支払債務又は代金支払債務を免除する旨の特約を結ぶ。

(参考)

 住宅の工事代金又は売買代金を融資する金融機関等は、通常、融資に係る債権額に相当する金額を保険金額とする団体信用生命保険を付保し、注文者又は買主が融資期間中に死亡等した場合は遺族等が債務負担を免れるようにしています。

 しかしながら、稀に、建築請負契約又は売買契約を締結した後、金融機関等の融資が実行されるまでの間に注文者又は買主の死亡等が発生し、融資が実行されないことがあり、この場合には、遺族等において残金の支払が困難となり、あるいは違約金を支払って契約の解除を行うことになります。

 そこで、このようなデメリットの発生を防止するため、上記のとおり付保範囲を拡大するものです。

2 照会の趣旨

 上記の団体信用生命保険に係る課税上の取扱いは下記のとおりでよろしいか、ご照会申し上げます。

記

(1) 保険料

 契約者たる住宅建築会社、住宅販売会社又は保証会社が保険会社に払い込む保険料は、いわゆる販売費用の性格を有するものと認められ、かつ、返戻金のない掛捨てであることから、単純な期間費用として損金算入が認められる。

 また、契約上被保険者たる顧客が負担することとしている保険料を住宅建築会社又は

住宅販売会社が負担することとしている場合においても、実質的には請負金額又は売買金額に変形して回収しているということもできるので、寄附金又は交際費に該当せず、同様に損金算入が認められる。

(2) 保険金等

　住宅建築会社又は住宅販売会社が保険会社から受け取る保険金又は保証会社から受け取る保証金は、建築請負契約又は売買契約に係る収入金額となる。また、保証会社が保険会社から受け取る保険金及び住宅建築会社又は住宅販売会社に支払う保証金は、保証契約に係る収入金額及び支出金額となる。したがって、顧客に対する債務免除について、寄附金等の問題は生じない。

(3) 債務免除益等

　保険事故が死亡であった場合の報酬支払債務又は代金支払債務の免除に関しては、相続税の課税上は相続人によって承継される債務がないものとし、被保険者である顧客及びその相続人について所得税の課税関係は生じない。

　また、保険事故が高度障害であった場合の報酬支払債務又は代金支払債務の免除に関しては、その利益が身体の傷害に起因して受けるものであるので、所得税の課税関係は生じない。

　なお、消費税に関しては、当該団体信用生命保険の付保の有無にかかわらず、住宅建築会社又は住宅販売会社は、建物の引渡し又は所有権移転登記の申請日等において住宅の建築又は販売に係る課税売上げを計上することとなり、顧客に対する債務免除については売上げの対価の返還等又は売掛債権の貸倒れ控除のいずれにも該当しない。

直審 3-59
直審 4-19
昭和49年4月20日

国税局長　殿
沖縄国税事務所長　殿

国税庁長官

団体定期保険の被保険者に退職者を含める場合の
保険料の税務上の取扱いについて

　標題のことについて、○○○○生命保険株式会社から別紙2のとおり照会があり、これに対し当庁審理課長名で別紙1のとおり回答したから、了知されたい。

別紙1

直審 3-58
直審 4-18
昭和49年4月20日

○○○○生命保険株式会社
取締役社長○○○○　殿

国税庁直税部
審理課長○○○○

団体定期保険の被保険者に退職者を含める場合の保険料の税務上の取扱いについて
（昭和48.9.26付総庶第48-132号照会に対する回答）

　標題のことについては、次のことを前提とする限り、貴見のとおりで差支えありません。
1　法人が在職中役員であった者のみを対象として保険料を負担するものではないこと。
2　法人が負担する保険料が御照会文中の記の(2)に掲げるような基準によるものであり、かつ、その保険料の金額が御照会文の添付資料「退職被保険者の取扱い事例」に記載された金額程度であること。

別紙2

総庶第48-132号
昭和48年9月26日

国税庁長官
○○○○　殿

○○○○生命保険株式会社
取締役社長　○○○○

団体定期保険の被保険者に退職者を含める場合の保険料の税務上の取扱いについて

団体定期保険（保険期間1年のいわゆる掛け捨ての死亡保険）契約で、法人を契約者、保険料負担者とし、普遍的に役員および従業員を被保険者、保険金受取人とする場合は、法人が負担する保険料については、法人税法上損金に計上し、かつ、所得税法上給与としないものと承知しておりますが、最近下記(1)のような事由から、役員、従業員の退職後も下記(2)のように、勤続年限、退職年齢等による一定の合理的な基準にもとづいて、退職後も一定期間引き続いて被保険者とする事例が間々生じております。
　この場合に、この退職後の一定期間引き続いて被保険者となる、いわゆる退職被保険者について、法人が負担する保険料についても、現に在籍している役員、従業員に準じて法人税法上損金処理とし、かつ、所得の計算上、非課税と扱われるものと解しておりますが、差し支えないかお伺いします。

記

(1) 団体定期保険の被保険者に退職者を含める事由。

　法人の労務管理上の施策として、退職後も一定期間、在籍していた時と同一またはそれ以下等一定の条件で、いわゆる退職被保険者として取扱うことにより、退職者の退職後の生活安定を図り、かつ、在籍中の者の長期勤続の奨励、福利厚生面の充実を図ることができ、きわめて有効である。

(2) 団体定期保険の被保険者に退職者を含める場合の一定の合理的な基準の事例。

　例1)

　　1. 退職被保険者となる者の資格

　　　役員および従業員で勤続5年以上の定年退職者、もしくは、これに準ずる者。
　　　ただし、80才を超える者は除く。

　　2. 保険金額の決定基準および保障期間

年齢	保険金額	
55～59才	退職時保険金額の	100%
60～65才	〃	80%
65～69才	〃	60%
70～75才	〃	40%
75～80才	〃	20%

　例2)

　　1. 退職被保険者となる者の資格

　　　(イ) 役員および使用人で勤続10年以上の定年退職者
　　　(ロ) 使用人で勤続10年以上の円満退職者

（ハ）使用人で勤続1年以上の傷病退職者
上記（イ）（ロ）については、80才を上限とする。
2.保険金額の決定基準および保障期間
加入資格に応じて次の通りとする。
(1) 上記（イ）の場合
　　　定年退職後5年間　　　定年時保険金額の100%
　　　　　　次の5年間　　　　〃　　70%
　　　　　　次の5年間　　　　〃　　50%
(2) 上記（ロ）の場合
　　　退職後5年間　　　　退職時保険金額の100%
　　　　　　　　　　　　　　　〃　　50%
(3) 上記（ハ）の場合
　　　退職後1年間　　　　退職時保険金額の100%

以上

退職被保険者の取扱い事例

団体名	付保期間（最長）	退職直後の付保額（最低～最高）		月額保険料	
		役員	従業員	役員	従業員
○○○○	15年	25万円	25万円	75.75円	75.75円
○○○○	25年	400万円	45万円～300万円	2,240円	252円～1,680円
○○○○	25年	700万円～800万円	30万円～400万円	2,730円～3,120円	117～1,560円
○○○○	25年	600万円	80万円～400万円	3,144円	419.20円～2,096円

企第 458 号
平成 18 年 3 月 31 日

国税庁
　課税部長　竹田　正樹殿

　　　　　　　　　　　　　　　　　　　　　　　　　社団法人生命保険協会
　　　　　　　　　　　　　　　　　　　　　　　　　　専務理事　諏訪　茂

長期傷害保険(終身保障タイプ)に関する税務上の取扱いについて

　当協会の加盟会社の中には、下記内容の長期傷害保険（終身保障タイプ）を販売している会社があります。
　つきましては、法人が自己を契約者とし、役員又は使用人（これらの者の親族を含む。）を被保険者として長期傷害保険（終身保障タイプ）に加入した場合の保険料の取扱いについては、以下のとおり取扱って差し支えないか、貴庁の御意見をお伺いしたく御照会申し上げます。

　　　　　　　　　　　　　　　記

＜長期傷害保険（終身保障タイプ）の概要＞

1. 主たる保険事故及び保険金

保険事故	保険金
災害による死亡	災害死亡保険金（保険期間を通じて定額）
災害による障害	障害給付金
病気による死亡	保険金はないが、保険料の払込期間に応じた所定の払戻金が保険契約者に払い戻される。

    （注）　保険期間の終了（保険事故の発生による終了を除く。）に際して支払う保険金はない。

2. 保険期間　　終身

3. 保険料払込方法　　一時払、年払、半年払、月払

4. 保険料払込期間　　終身払込、有期払込

5. 保険金受取人　　法人、役員又は使用人（これらの者の親族を含む。）

6. 払戻金

　　この保険は、保険料は掛け捨てでいわゆる満期保険金はないが、病気による死亡、保険契約の失効、告知義務違反による解除及び解約等の場合には、保険料の払込期間に応じた所定の払戻金が保険契約者に払い戻される。これは、保険期間が長期にわたるため、高齢化するにつれて高まる災害死亡率等に対して、平準化した保険料を算出しているためである。（その結果、ピーク時の解約返戻率は50％を大きく超えている。）

＜保険料の税務上の取扱いについて＞

　法人が長期傷害保険（終身保障タイプ）に加入してその保険料を支払った場合（役員又は部課長その他特定の使用人（これらの者の親族を含む。）のみを被保険者とし、災害死亡保険金受取人を被保険者の遺族としているため、その保険料の額が当該役員又は使用人に対する給与となる場合を除く）には、次のとおり取扱う。

(1)　生保標準生命表の最終の年齢「男性106歳、女性109歳」を参考に「105歳」を「計算上の保険期間満了時の年齢」とし、保険期間の開始の時から当該保険期間の70％に相当する期間（前払期間）を経過するまでの期間にあっては、各年の支払保険料の額のうち4分の3に相当する金額を前払金等として資産に計上し、残額については損金の額に算入する。

(2)　保険期間のうち前払期間を経過した後の期間にあっては、各年の支払保険料の額を損金の額に算入するとともに、(1)による資産計上額の累計額（既にこの(2)の処理により取り崩したものを除く。）につき、次の算式により計算した金額を取り崩して損金の額に算入する。

$$\text{資産計上額の累計額} \times \frac{1}{(105 - \text{前払期間経過年齢})} = \text{損金算入額（年額）}$$

　　前払期間経過年齢：前払期間が経過したときにおける被保険者の年齢をいう。

注1)　解約返戻率とは、仮に保険契約を解約した場合における解約返戻金を当該解約時における支払保険料の累計額で除した割合をいい、ピーク時の解約返戻率とは当該割合が最も高い時点におけるその割合をいう。

注2)　前払期間に1年未満の端数がある場合には、その端数を切り捨てた期間を前払期間とする。

注3)　保険料払込方法が有期払込（一時払を含む）の場合には、次の算式により計算した金額を当期分保険料として上記(1)、(2)の経理処理を行う。

$$\text{支払保険料} \times \frac{\text{保険料払込期間}}{(105 - \text{加入時年齢})} = \text{当期分保険料（年額）}$$

支払保険料から当期分保険料を差し引いた残余の金額については、前払金等として資産に計上し、払込期間が終了した後は毎年当期分保険料と同額を取り崩し、「各年の支払保険料」を「当期分保険料」に読み替えて、上記（1）、（2）の経理処理を行う。

注4)　終身保険等に付された長期傷害保険特約（特約の内容が長期傷害保険（終身保障タイプ）と同様のものをいう。）に係る保険料が主契約たる当該終身保険等に係る保険料と区分されている場合には、当該特約に係る保険料について、同様の取扱いとする。なお、長期傷害保険特約が付された養老保険、終身保険及び年金保険から同種類の払済保険に変更した場合には法人税基本通達9-3-7の2の原則に従い、その変更時における解約返戻金相当額とその保険契約により資産計上している保険料の額との差額を、その変更した日の属する事業年度の益金の額又は損金の額に算入することを要する。

以上

直審3-142
直審4-117
昭和48年12月22日

国税局長　殿
沖縄国税事務所長　殿

国税庁長官

定期保険の保険料にかかる所得税および法人税の取扱いについて

　標題のことについて、郵政省簡易保険局業務課から別紙2のとおり照会があり、これに対し当庁審理課長名をもって別紙1のとおり回答したから、了知されたい。

別紙1

直審3-141
直審4-116
昭和48年12月22日

郵政省簡易保険局業務課長　殿

国税庁直税部審理課長
〇〇〇〇

定期保険の保険料にかかる所得税および法人税の取扱いについて
（昭和48.11.9付保業第349号照会に対する回答）

　標題のことについては、法人が役員だけを対象として当該保険料を負担することとしている場合を除き、貴見のとおり取り扱ってさしつかえありません。

別紙 2

保業第 349 号
昭和 48 年 11 月 1 日

国税庁直税部審理課長　殿

郵政省簡易保険局業務課長

定期保険の保険料の取り扱いについて（照会）

　郵政省簡易保険局では、簡易生命保険法の一部改正に伴い、新たに附記内容の定期保険を発売します。
　つきましては、法人又は個人事業主がこの定期保険に加入した場合、当該法人又は個人事業主の負担した保険料の税法上の処理については、下記のとおり取り扱ってよろしいものと思われますが、貴庁の御意見をお伺い致します。

記

1. 法人が自己を契約者及び保険金受取人として役員又は従業員を被保険者として、この定期保険に加入した場合の保険料は、その法人の所得の計算上損金に算入できる。

2. 法人又は個人事業主が自己を契約者とし、役員又は従業員を被保険者とし、役員又は従業員の家族を保険金受取人として、この定期保険に加入した場合（被保険者である従業員又は保険金受取人である従業員の家族が契約者である個人事業主と生計を一にする配偶者その他の親族であり、かつ、その親族であるために加入したと認められる場合を除く。）の保険料は、その法人又は個人事業主の所得の計算上損金に算入できる。

3. 上記1及び2において、法人又は個人事業主が負担する保険料は、被保険者である役員又は従業員の給与所得には算入されない。

4. 上記1から3までにおいて、傷害特約を付加した場合も税法上の取扱いは同様である。

附記

（定期保険の概要）

1. 被保険者が保険期間の満了前に死亡（被保険者が効力発生後一定廃疾となった場合を含む。）したことにより保険金を支払う。保険期間満了時には給付はない。

2. 保険期間

   5年、10年

3. 保険料払込方法

   月払（前納払込可）

4. 解約払戻金

   　　保険料は掛捨てで、いわゆる満期払戻金はないが、保険期間が長期で被保険者の契約年齢が高い場合には、経過年数によっては解約払戻金を生じることがある。

   　　これは、高齢化するにつれて高まる死亡率に対して保険料を平準化して算出しているからである。

5. 傷害特約を付加した場合、特約による傷害保険金又は入院保険金の保険金受取人は被保険者となる。

添付書類（省略）

1. 簡易生命保険法の一部を改正する法律
2. 簡易生命保険約款の一部を改正する保険約款
3. 解約払戻金表
4. 法人又は個人事業主が負担した保険料の税法上の処理一覧表

直審 3-30
直審 4-15
昭和 60 年 2 月 28 日

国税局長　殿
沖縄国税事務所長　殿

国税庁長官

定年退職者医療保険制度に基づき負担する保険料の課税上の取扱いについて

標題のことについて、株式会社　○○○○から別紙 2 のとおり照会があり、これに対して当庁直税部長名をもって、別紙 1 のとおり回答したから了知されたい。

別紙 1

直審 3-29
直審 4-14
昭和 60 年 2 月 28 日

株式会社○○○○
取締役社長○○○○　殿

国税庁直税部部長
○○○○

定年退職者医療保険制度に基づき負担する保険料の課税上の取扱いについて
（昭 60.2.6 付照会に対する回答）

標題のことについては、貴見のとおり取り扱って差し支えありません。

別紙 2

昭和 60 年 2 月 6 日

国税庁直税部長
○○○○　殿

定年退職者医療保険制度に基づき会社が負担する保険料の税務上の取扱いについて

株式会社○○○○

取締役社長○○○○

　平素は当社税務上につき種々御指導を賜わり、厚く御礼申し上げます。

　さて、当社では、創業75周年記念事業の一環として、従業員が定年退職後、満60才から満70才迄の間に入院した場合の医療費負担を軽減し、老後保障の充実を図るため、題記定年退職者医療保険制度を、昭和60年3月21日より実施することと致しました。

　本制度は、生命保険会社の医療保険（医療給付金付個人定期保険）を利用し、実施致すものであり、本制度の概要、並びに医療保険の契約内容は下記の通りであります。この医療保険契約の月払保険料は、医療保険が、無配当かつ掛捨ての保険であり、また、保険期間の満了に際しても保険金は支払われないこととなっていること等から、会社が負担した保険料を、福利厚生費として損金の額に算入し、また、これにより本人が受ける経済的利益については、所得税の課税をしなくて差支えないものと考えますが、この点御回示下さいます様、宜しくお願い申し上げます。

記

1. 定年退職者医療保険制度の概要

別添「定年退職者医療保険制度規約」の通り

2. 定年退職者医療保険制度の医療保険契約の内容

医療保険の契約を、次の通り会社契約と定年退職者本人契約の2本立とする。

項　目	会社契約	本人契約
保険契約者	会社	本人
被保険者	本人	本人

保険期間	本人満 60 才から 10 年間 （70 才満期）	本人満 60 才から 10 年間 （70 才満期）
諸給付金受取人	本人	本人
死亡保険金受取人	本人の指定による	本人の指定による
解約払戻金受取人	会社	本人
保険料負担者	会社	本人
保険料	男子　2,055 円 女子　1,840 円	男子　183,399 円 女子　164,211 円
保険料払込方法	月払	月払の全期前納払
未経過保険料受取人	発生せず	本人又は保険金受取人
給付額	① 入院給付金 1 日につき　5,000 円 　不慮の事故で 5 日以上入院したとき、または疾病による入院が継続して 8 日以上のとき、入院初日にさかのぼって支払う。 　給付は 1 入院 120 日（60 万円）・通算 700 日（350 万円）を限度とする。 ② 看護給付金 1 日につき 5,000 円 　不慮の事故または疾病で入院し病状が重く、所定の看護者の看護を 8 日以上継続して受けたとき、看護の初日にさかのぼって支払う。 　給付は 1 看護 120 日（60 万円）・通算 700 日（350 万円）を限度とする。 ③ 手術給付金 　不慮の事故または疾病で入院し、下表の手術を受けたとき	

は、1回につき次の給付金を支払う。

対象となる手術（145種類）	手術給付金額
動脈瘤切除術、頭蓋内手術、胃切除術、子宮全摘除術、悪性新生物根治手術、など15種類	25万円
四肢切断術、甲状腺手術、肺切除術、腹膜炎手術、胸部形成術、尿管・膀胱手術など93種類	15万円
虫垂切除術、ヘルニア根本手術など37種類	7.5万円

給付は通算350万円を限度とする。

④ 死亡（高度障害）保険金
50万円
　加入者が死亡、または高度障害の状態になったとき支払う。

⑤ 災害（高度障害）保険金
100万円
　不慮の事故の日から180日以内に死亡、または高度障害の状態になったとき支払う。

以上

法人が支払う長期平準定期保険等の保険料の取扱いについて

昭和62年6月16日直法2-2（例規）
平成8年7月4日課法2-3（例規）により改正
平成20年2月28日課法2-3、課審5-18により改正

標題のことについては、当面下記により取り扱うこととしたから、これによられたい。

（趣旨）
　定期保険は、満期保険金のない生命保険であるが、その支払う保険料が平準化されているため、保険期間の前半において支払う保険料の中に前払保険料が含まれている。特に保険期間が長期にわたる定期保険や保険期間中に保険金額が逓増する定期保険は、当該保険の保険期間の前半において支払う保険料の中に相当多額の前払保険料が含まれていることから、その支払保険料の損金算入時期等に関する取扱いの適正化を図ることとしたものである。（平8年課法2-3により改正）

記

1　対象とする定期保険の範囲

　この通達に定める取扱いの対象とする定期保険は、法人が、自己を契約者とし、役員又は使用人（これらの者の親族を含む。）を被保険者として加入した定期保険（一定期間内における被保険者の死亡を保険事故とする生命保険をいい、障害特約等の特約の付されているものを含む。以下同じ。）のうち、次に掲げる長期平準定期保険及び逓増定期保険（以下これらを「長期平準定期保険等」という。）とする。（平8年課法2-3、平20年課法2-3により改正）

(1)　長期平準定期保険（その保険期間満了の時における被保険者の年齢が70歳を超え、かつ、当該保険に加入した時における被保険者の年齢に保険期間の2倍に相当する数を加えた数が105を超えるものをいい、(2)に該当するものを除く。）

(2)　逓増定期保険（保険期間の経過により保険金額が5倍までの範囲で増加する定期保険のうち、その保険期間満了の時における被保険者の年齢が45歳を超えるものをいう。）

　（注）「保険に加入した時における被保険者の年齢」とは、保険契約証書に記載されている契約年齢をいい、「保険期間満了の時における被保険者の年齢」とは、契約年齢に保険期間の年数を加えた数に相当する年齢をいう。

2　長期平準定期保険等に係る保険料の損金算入時期

　法人が長期平準定期保険等に加入してその保険料を支払った場合（役員又は部課長その他特定の使用人（これらの者の親族を含む。）のみを被保険者とし、死亡保険金の受取人を被保険者の遺族としているため、その保険料の額が当該役員又は使用人に対する給与となる場合を除く。）には、法人税基本通達9－3－5及び9－3－6（(定期保険に係る保険料等)）にかかわらず、次により取り扱うものとする。（平8年課法2－3、平20年課法2－3により改正）

(1)　次表に定める区分に応じ、それぞれ次表に定める前払期間を経過するまでの期間にあっては、各年の支払保険料の額のうち次表に定める資産計上額を前払金等として資産に計上し、残額については、一般の定期保険（法人税基本通達9－3－5の適用対象となる定期保険をいう。以下同じ。）の保険料の取扱いの例により損金の額に算入する。

〔前払期間、資産計上額等の表〕

区分		前払期間	資産計上額
(1)長期平準定期保険	保険期間満了の時における被保険者の年齢が70歳を超え、かつ、当該保険に加入した時における被保険者の年齢に保険期間の2倍に相当する数を加えた数が105を超えるもの	保険期間の開始の時から当該保険期間の60％に相当する期間	支払保険料の2分の1に相当する金額
(2)逓増定期保険	①　保険期間満了の時における被保険者の年齢が45歳を超えるもの（②又は③に該当するものを除く。）	保険期間の開始の時から当該保険期間の60％に相当する期間	支払保険料の2分の1に相当する金額
	②　保険期間満了の時における被保険者の年齢が70歳を超え、かつ、当該保険に加入した時における被保険者の年齢に保険期間の2倍に相当する数を加えた数が95を超えるもの（③に該当するものを除く。）	同上	支払保険料の3分の2に相当する金額

③ 保険期間満了の時における被保険者の年齢が80歳を超え、かつ、当該保険に加入した時における被保険者の年齢に保険期間の2倍に相当する数を加えた数が120を超えるもの	同上	支払保険料の4分の3に相当する金額

(注) 前払期間に1年未満の端数がある場合には、その端数を切り捨てた期間を前払期間とする。

(2) 保険期間のうち前払期間を経過した後の期間にあっては、各年の支払保険料の額を一般の定期保険の保険料の取扱いの例により損金の額に算入するとともに、(1)により資産に計上した前払金等の累積額をその期間の経過に応じ取り崩して損金の額に算入する。

(注)

1　保険期間の全部又はその数年分の保険料をまとめて支払った場合には、いったんその保険料の全部を前払金として資産に計上し、その支払の対象となった期間（全保険期間分の保険料の合計額をその全保険期間を下回る一定の期間に分割して支払う場合には、その全保険期間とする。）の経過に応ずる経過期間分の保険料について、(1)又は(2)の処理を行うことに留意する。

2　養老保険等に付された長期平準定期保険等特約（特約の内容が長期平準定期保険等と同様のものをいう。）に係る保険料が主契約たる当該養老保険等に係る保険料と区分されている場合には、当該特約に係る保険料についてこの通達に定める取扱いの適用があることに留意する。

　　（経過的取扱い・・・逓増定期保険に係る改正通達の適用時期）
　　　この法令解釈通達による改正後の取扱いは平成20年2月28日以後の契約に係る改正後の1(2)に定める逓増定期保険（2(2)の注2の適用を受けるものを含む。）の保険料について適用し、同日前の契約に係る改正前の1(2)に定める逓増定期保険の保険料については、なお従前の例による。（平20年課法2-3により追加）

直審 4-18
昭和 54 年 6 月 8 日

国税局長　殿
沖縄国税事務所長　殿

国税庁長官

法人契約の新成人病保険の保険料の取扱いについて

　標題のことについて、○○生命保険株式会社取締役社長○○○○から別紙 2 のとおり照会があり、これに対して当庁直税部審理課長名をもって別紙 1 のとおり回答したから了知されたい。

別紙 1

直審 4-17
昭和 54 年 6 月 8 日

○○生命保険株式会社
　取締役社長　○○○○　殿

国税庁直税部審理課長
○○○○

法人契約の新成人病保険の保険料の取扱いについて
（昭和 54.5.17 付照会に対する回答）

　標題の新成人病保険については、保険期間満了時に給付金がないこと等に顧み、法人が当該保険の保険料をその払込みの都度損金経理した場合には、その計算を認めることとします。

昭和54年5月17日

国税庁直税部審理課長　殿

〇〇生命保険株式会社
取締役社長　〇〇〇〇

法人契約の場合の新成人病保険の保険料の取扱について

　当社では、昭和54年5月1日付で下記の内容の新成人病保険の発売認可を得ました。つきましては、法人が自己を契約者および保険金受取人とし、役員または従業員を被保険者としてこの新成人病保険を契約した場合、契約者である法人の払込む保険料は、その払込のつど損金の額に算入されるものと考えますが、この保険の発売にあたり、貴庁の御見解をお伺いしたくご照会申し上げます。

記

（新成人病保険の概要）

1. 保険事故および保険金・給付金

（保険事故）	（保険金・給付金）
成人病により死亡したとき	死亡保険金および成人病割増保険金
成人病以外により死亡したとき	死亡保険金
成人病により入院したとき	成人病入院給付金
成人病により介護状態になったとき	成人病介護給付金

2. 法人契約の場合の受取人に関する特則

　法人が契約者および死亡保険金受取人の場合には、この保険による諸給付金および特約による保険金・給付金の受取人も契約者である法人となります。

3. 保険期間と契約年齢

保険期間	保険料払込期間	契約年齢
60歳満期	全期払	30〜55歳

65歳満期	全期払	35～60歳
70歳満期	全期払	40～65歳

4. **保険料払込方法**

年払い、半年払い、月払い

5. **払戻金**

　この保険は、保険料は掛捨てで満期保険金はありませんが、契約年齢により保険期間が長期にわたる場合には、中途で解約したとき保険料の払込期間に応じた所定の解約払戻金が保険契約者に払戻されます。これは、保険期間が長期にわたるため、高齢化するにつれて高まる死亡率に対して、平準化した保険料を算出しているためです。

以上

直審 4-52（例規）
直審 3-77
平成元年 12 月 16 日

国税局長　殿
沖縄国税事務所長　殿

国税庁長官

法人又は個人事業者が支払う介護費用保険の保険料の取扱いについて

　標題のことについては、当面下記により取り扱うこととしたから、これによられたい。
（趣旨）
　保険期間が終身である介護費用保険は、保険事故の多くが被保険者が高齢になってから発生するにもかかわらず各年の支払保険料が毎年平準化されているため、60 歳頃までに中途解約又は失効した場合には、相当多額の解約返戻金が生ずる。このため、支払保険料を単に支払の対象となる期間の経過により損金の額又は必要経費に算入することは適当でない。そこで、その支払保険料の損金の額又は必要経費に算入する時期等に関する取扱いを明らかにすることとしたものである。

記

1　介護費用保険の内容

　この通達に定める取扱いの対象とする介護費用保険は、法人又は事業を営む個人（これらを以下「事業者」という。）が、自己を契約者とし、役員又は使用人（これらの者の親族を含む。）を被保険者として加入した損害保険で被保険者が寝たきり又は痴ほうにより介護が必要な状態になったときに保険事故が生じたとして保険金が被保険者に支払われるものとする。

2　介護費用保険に係る保険料の損金又は必要経費算入の時期

　事業者が介護費用保険に加入してその保険料を支払った場合（役員又は部課長その他特定の使用人（これらの者の親族を含む。）のみを被保険者とし、保険金の受取人を被保険者としているため、その保険料の額が当該役員又は使用人に対する給与となる場合を除く。）には、次により取り扱うものとする。

(1) 保険料を年払又は月払する場合には、支払の対象となる期間の経過に応じて損金の額又は必要経費に算入するものとするが、保険料払込期間のうち被保険者が60歳に達するまでの支払分については、その50％相当額を前払費用等として資産に計上し、被保険者が60歳に達した場合には、当該資産に計上した前払費用等の累積額を60歳以後の15年で期間の経過により損金の額又は必要経費に算入するものとする。

(2) 保険料を一時払する場合には、保険料払込期間を加入時から75歳に達するまでと仮定し、その期間の経過に応じて期間経過分の保険料につき(1)により取り扱う。

(3) 保険事故が生じた場合には、(1)又は(2)にかかわらず資産計上している保険料について一時の損金の額又は必要経費に算入することができる。

(注)
1 数年分の保険料をまとめて支払った場合には、いったんその保険料の全額を前払金として資産に計上し、その支払の対象となった期間の経過に応ずる経過期間分の保険料について、(1)の取扱いによることに留意する。

2 被保険者の年齢が60歳に達する前に保険料を払済みとする保険契約又は払込期間が15年以下の短期払済みの年払又は月払の保険契約にあっては、支払保険料の総額を一時払したものとして(2)の取扱いによる。

3 保険料を年払又は月払する場合において、保険事故が生じたときには、以後の保険料の支払は免除される。しかし、免除後に要介護の状態がなくなったときは、再度保険料の支払を要することとされているが、当該支払保険料は支払の対象となる期間の経過に応じて損金の額又は必要経費に算入するものとする。

3 被保険者である役員又は使用人の課税関係

被保険者である役員又は使用人については、介護費用保険が掛け捨ての保険であるので、法人税基本通達9-3-5又は所得税基本通達36-31の2に定める取扱いに準じて取り扱う。

4 保険契約者の地位を変更した場合（退職給与の一部とした場合等）の課税関係

保険契約者である事業者が、被保険者である役員又は使用人が退職したことに伴い介護費用保険の保険契約者の地位（保険契約の権利）を退職給与の全部又は一部として当該役員又は使用人に供与した場合には、所得税基本通達36-37に準じ当該契約を解除した場合の解約返戻金の額相当額が退職給与として支給されたものとして取り扱う。

なお、事業者が保険契約者の地位を変更せず、定年退職者のために引き続き保険料を負

担している場合であっても、所得税の課税対象としなくて差し支えない（役員又は部課長その他特定の使用人（これらの者の親族を含む。）のみを被保険者とし、保険金の受取人を被保険者としている場合を除く。）。

5 保険金の支払を受けた役員又は使用人の課税関係

被保険者である役員又は使用人が保険金の支払を受けた場合には、当該保険金は所得税法施行令第30条((非課税とされる保険金、損害賠償金等))に規定する保険金に該当するものとして、非課税として取り扱う。

6 適用時期

この通達は、平成元年9月1日以後の支払期日の到来分から適用する。

参考裁決例・判決例

〈裁決例〉

○取引相場のない出資の評価において未納法人税額は受取生命保険金から死亡退職金を控除して計算すべきであるとした事例（昭和56年12月3日　裁決）【TAINS　J23-4-04】

　課税時期において死亡退職金の支給が確定していないとしても、死亡退職の事実が発生していること、受取保険金を原資として課税時期の属する事業年度に退職金が支払われており、当該事業年度において負担すべき税額の計算上は当該退職金を損金とし処理されていること、相続税法の規定により死亡退職金がみなす相続財産として課税の対象とされており、死亡退職金は出資の評価上負債に該当するものと解されることなどの理由により、課税時期においては、受取保険金と死亡退職金の差額に対する法人税額等相当額を評価通達に定める「事業年度開始の日から課税時期までの期間に対応する金額」と解するのが相当である。

○適正退職給与の額を1年当たり平均額法により算出することが相当であるとした事例（昭和61年9月1日　裁決）【TAINS　J32-3-09】

　役員退職給与の額は、通常、その役員の会社に対する功績が最も反映される勤続年数及び最終報酬月額を基礎として算出されていると認められるところ、功績倍率を用いて算定する方法は、この勤続年数及び最終報酬月額をその計算の基礎としているから、一般的には役員退職給与の相当額の算定方法としては妥当なものであると解されるが、最終報酬月額が役員の在職期間を通じての会社に対する功績を適正に反映したものでない場合、例えば、長年、代表取締役として会社の中枢にあった者が、退職時には非常勤役員となっておりその報酬月額が減額されている場合、あるいは、退職時の報酬月額がその役員の在職期間中の職務内容等からみて著しく低額であると認められる場合には、功績倍率は最終報酬月額に大きく左右される結果著しく高率となるから、比較そのものが不合理なものとならざるを得ない。

　したがって、このような特段の事情がある場合には、最終報酬月額を基礎とする功績倍率を用いて算定する方法は妥当ではなく、最終報酬月額を計算の基礎としない1年当たりの退職給与の額によって算定するのがより合理的な方法と認められる。

○養老保険契約の保険料について、被保険者が主任以上という基準で、全従業員がその恩恵に浴する機会が与えられているとは認められず、給与に該当するとした事例（平成5年8月24日　裁決）【TAINS　J46-3-16】

主任以上の全役付者という基準により設けられた格差に普遍性が認められるか否かについて検討したところ、請求人においては、主任とは役職名の一つであって、役職の任免は請求人の事務運営上の必要に応じて行われるもので、現に課長又は主任に任命されていない者で、勤続15年以上かつ年齢40歳以上の者が3人認められるほか勤続15年以上年齢40歳未満の者が1人、勤続15年未満年齢40歳以上の者が5人認められるところである。
　したがって、請求人が採用した主任以上の全役付者という基準により設けられた格差に普遍性があるとは認められない。

○生死混合保険に係る支払保険料の2分の1相当額を損金の額に算入することはできないとする更正処分の全部が取り消された事例（平成8年7月4日　裁決）【TAINS　F0-2-054・055】
　通常、生命保険の契約書等においては養老保険契約に係る保険料につき積立保険料部分と危険保険料部分とが区分して記載されていないため、保険契約者においてこれを区分して経理することは困難であると考えられることからすれば、簡便的に、養老保険の支払保険料を2分し、その1に相当する額を当該支払保険料の危険保険料部分として損金の額に算入する旨を定めた法人税基本通達9-3-4の取扱いは、特段の事情がない限り、相当であると認められる。（以下略）
　本件各生命保険契約は請求人と本件各生命保険会社との間で有効に成立している養老保険であり、かつ、その効力発生に何らの問題がないことからすると、上記のとおり、危険保険料部分として支払保険料の2分の1に相当する額を損金の額に算入することは相当であり、支払保険料の全額を請求人の投資目的の資産たる保険積立金に計上すべきであるとの原処分庁の主張は採用できない。

○生命保険契約を解約したことにより解約返戻金を受領した場合の一時所得の金額の計算上控除する金額は、退職所得として課税された退職時における生命保険契約の解約返戻金相当額であるとした事例（平成13年12月12日　裁決）【TAINS　F0-1-117・118】
　一時所得の金額の計算上控除する金額については、一般には保険料の額と解するのが相当であるとしても、本件においては、本件退職時解約返戻金相当額が保険料総額を上回っており、その上回った金額を含めて退職所得課税の対象となっていることから、その上回った金額は、所得税法第34条第2項に規定する一時所得の金額の計算上収入を得るために支出した金額に含まれると解するのが相当である。

○保険料を損金に算入した請求人の経理処理は公正妥当と認められる会計処理の基準に従ったものとはいえないとして同族会社の行為計算否認規定を適用した更正処分の全部を取り消した事例（平成14年6月10日　裁決）【TAINS F0-2-071】

　原処分庁は、次の理由により生命保険通達の適用はなく、一般に公正妥当と認められる会計処理基準に従って計算されたものとはいえないとして、損金算入を否認した。
　①本件保険料は形式的には生命保険通達に定める要件を充たしているが、保険料の額が被保険者の年間給与額に比べて異常に高額であり必要性及び経済合理性が認められず、税務否認された場合のその付加税に係る補償確認書の差入により税負担の軽減を図っており、決算対策シミュレーションによれば、保険料の額から解約返戻金を差し引いた実質保険料負担額が法人税等負担額より少なくなるよう設定されていることにより、税負担の不当な軽減に当たることにより適正・公平な課税を困難にするものであること
　②被保険者への周知が行われていないこと、本件保険を福利厚生目的に使用する旨の退職給与規定などが整備されていないこと、就業規則等に具体的に記載されていないこと、被保険者にパート従業員も含まれていること、被保険者の一部が退職しているにもかかわらず、その解約の手続を採っていないこと。
　これに対し、請求人は福利厚生規定に記載し、逓増定期保険契約については、各自の署名・捺印を徴して周知していること、がん保険については、がん保険通達に従って払込期間に応じて均等年払処理をしていること、などの事実を認定した上で、生命保険通達を適用した経理処理の結果として法人税額が減少することとなるとしても、これをもって不当な税負担の軽減に当たるとはいえない。保険契約の締結に当たり、決算対策シミュレーションを行ったことについては、実質的な税負担や解約返戻金を検討することは、経営者としての経営判断の一つであると認められるから租税回避行為とはいえず、一部の退職者につき年度中に解約の手続が採られていないことは、翌事業年度に解約手続を採る方が解約メリットが多いことから中途解約をしなかったものと推認されること、本件生命保険契約は、各生命保険会社との間で有効に成立した第三者取引であって同族会社特有の取引ではなく、法人税の負担を不当に減少させるものとも認められないとし、審判所は、これらは、同族会社の行為計算には該当しないから、原処分はその全部を取り消すのが相当である。

○旧養老保険から新養老保険契約への転換がその後取り消されても、転換に伴って発生した収益を取り消された時の事業年度の損金として処理するとした事例（平成14年12月19日　裁決）【TAINS J64-3-25】
　法人の各事業年度の収益の額及び費用、損失の額は、法人税法第22条第4項において一般に公正妥当と認められる会計処理の基準に従って計算されると規定されており、

この場合の各事業年度の収益又は費用、損失については、その発生原因が何であるかを問わず、当該事業年度中に生じたものはすべて当該事業年度に属する損益として認識することになる。

　したがって、既往の事業年度において収益に計上された取引が当該事業年度において契約解除等により取り消されたとしても、収益に計上された事業年度に遡ってその収益を取り消すという修正処理をするのではなく、当該事業年度の損失として処理する。

　これを本件についてみると、本件契約転換は本件事業年度において行われ、本件事業年度末までに取り消された事実はないことから、本件契約転換によって発生した収益及び費用、損失の額は本件事業年度の益金及び損金の額に算入されることになる。

〇相手科目を保険積立金として雑収入を計上した処理は、単なる経理処理の誤りと認められるから、同期の所得金額から減額すべきであるとして原処分を取り消した事例（平成14年12月20日　裁決）【TAINS　F0-2-165】

　請求人は、保険積立金の額につき、平成8年9月期の経理処理の手違いにより、相手科目を雑収入に立てて、過大に計上したことに伴い、平成8年9月期から平成11年9月期まで過大となったものであるから、平成8年9月期から平成11年9月期までのいずれかの事業年度において、同金額を所得金額から減額すべきである旨主張した。

　これに対し、原処分庁は、請求人の平成4年9月期における過大保険積立金を減少させた経理処理の内容が明らかでないことから、平成8年9月期における雑収入処理は、同期前の事業年度において損金の額に算入したものを同期において修正経理したものと認めるのが相当であり、雑収入を過大に計上したものとは認められないので減額する理由がない旨主張した。

　認定事実によれば、請求人の平成4年9月期の経理処理の内容にかかわらず、平成8年9月における過大保険積立金は明らかに過大計上であり、しかも、過年度の損金の額を修正したものではないことは事実であるので、原処分庁の主張は採用できない。

　したがって、明らかに過大計上である過大保険積立金、すなわち、相手科目である本件雑収入計上額は、過年度の損金の額を修正したものではなく、法人税法の益金の額にも該当しないことは明らかであるから、平成8年9月期における所得金額から本件雑収入計上額を減額する。

〇満期生命保険金に係る一時所得の計算上、受取人以外の法人が負担した保険料は、収入を得るために支出した金額には含まれないとした事例（平成18年6月30日　裁決）【TAINS　J71-2-13】

　所得税法第34条第2項が「収入を得るために支出した金額」を「その収入を生じた行為をするため、又はその収入を生じた原因の発生に伴い直接要した金額に限る」とし

ているのは、一時所得に係る収入に関連して、あるいは収入があったことに起因して所得者が負担したようなものは収入を得るために支出した金額とするものであると解され、このことは、個人を納税義務者とし、当該個人の収入から支出を差し引いた純所得に課税するという所得税の本旨からすれば、条理上当然であると認められること、所得税法施行令第183条第4項においては、所得者自らが負担したと認められる保険料等に限って「収入を得るために支出した金額」に算入することとしていること及び所得税基本通達34-4は、一時金の支払を受ける者（所得者）以外の者が保険契約者として保険料等を負担した場合も、当該所得者である使用人が実質的にその保険料相当額を負担しているときには、当該保険料等は当該所得者の収入を得るために支出した金額と認めるという趣旨で定められたものと解するのが相当であることから、本件費用処理保険料を所得税法第34条第2項の「収入を得るために支出した金額」に算入できるか否かについては、法解釈等に照らし、本件費用処理保険料を請求人自らが負担したかどうかにより判断することが相当である。

　本件費用処理保険料は、保険契約者である法人の「保険料」として費用処理され、当該金額を請求人に対する経済的利益として給与課税した事実もないことから、請求人自らが負担したものとは認められず、所得税法第34条第2項に規定する「収入を得るために支出した金額」に算入することはできない。

○遺族補償として支払う旨を補償したものと認められることから、死亡保険金の50％相当額は損金の額に算入されるべきであるとした事例（平成20年5月30日 裁決）【TAINS　J75-3-22】

　原処分庁は、傷害保険契約締結に関する本件同意書には従業員の死亡により受け取った保険金の50％以上を遺族補償に充てる旨記載されているが、本件同意書には具体的な金額は記載されておらず、また、遺族に対して具体的な支払金額を提示していないから、死亡保険金の50％相当額の死亡保険金を受け取った事業年度の損金の額に算入することはできない旨主張する。

　しかしながら、本件同意書は従業員に対する災害補償規定を兼ねており、保険事故が生じた場合には死亡保険金の50％以上を遺族補償として支払う旨を保証したものと認められる。

　本件交通事故に伴う死亡保険金の請求に際し、傷害保険金請求書兼同意書の「受給者（法定相続人）」欄に、死亡した被保険者の法定相続人の住所氏名等を親権者である者が署名押印していることから、被保険者の遺族としては、死亡保険金が請求人に支払われた場合に本件同意書に基づき、当該死亡保険金の50％以上の遺族補償金を請求する権利を有することになったものと推認される。

　本件死亡保険金は既に請求人が受領しており、本件遺族補償金は、本件従業員が就業

中の事故により死亡し本件傷害保険契約に係る保険金が支払われることが確定した段階で基本通達2-2-12定める当該費用に係る債務が成立し、また、当該債務に基づいて具体的な給付をすべき原因となる事実が発生していることが認められ、さらに、当該保険金の50％相当額は合理的に算定することができるのであるから、本件補償金は損金の額に算入されるべきである。

○満期保険金に係る一時所得の金額の計算上、法人が給与として経理処理した保険料は、収入を得るために支出した金額に該当するが、それ以外の保険料は、受取人自らが負担したものとは認められないため、収入を得るために支出した金額には含まれないとした事例（平成20年6月6日　裁決）【TAINS F0-1-310】

　所得税法第34条第2項において、「収入を得るために支出した金額」について、「その収入を生じた行為をするため、又はその収入を生じた原因の発生に伴い直接要した金額に限る」としているのは、一時所得に係る収入に関連して、あるいは収入があったことに起因して所得者が負担したようなものは収入を得るために支出した金額とするものであると解されるところ、このことは、個人を納税義務者とし、当該個人の収入から支出を差し引いた純所得に課税するという所得税の本旨からすれば、条理上当然であると認められる。

　所得税法施行令第183条第2項第2号は、生命保険契約等に基づく一時金に係る一時所得の金額の計算について、保険料又は掛金（以下、「保険料等」という。）の総額は、その年分の一時所得の金額の計算上、支出した金額に算入する旨規定している。

　ただし、同条第4項においては、厚生年金保険法等に基づき事業主が保険料等を支出する場合に、事業主が支出した保険料等で加入員が実質的に負担していないと認められるものは、その保険料等の総額に算入しない旨規定し、所得者である当該加入員自らが負担したと認められる保険料等に限って「収入を得るために支出した金額」に算入することとしている。

　また、所得税基本通達34-4は、生命保険契約等に基づく一時金に係る所得金額の計算上控除する保険料等の総額には、その一時金の支払を受ける者以外の者が負担した保険料等も含まれる旨定めているところ、この取扱いは、一般に保険料等は保険契約者が負担することになるが、使用者が保険契約者として支払った保険料等相当額を使用人に対する給与として課税した場合には、使用人が実質的に負担していると認められ、使用人が保険料等を負担していないとして控除しないのは適当ではなく、また、そのように法令を解するおそれがあることから、一時金の支払を受ける者（所得者）以外の者が保険契約者として保険料等を負担した場合も、当該所得者である使用人が実質的にその保険料等相当額を負担しているときには、当該保険料等は当該所得者の収入を得るために

支出した金額と認めるという趣旨で定められたものと解されている。
　このことは、所得税基本通達34-4の注書きにおいて、使用者が負担した少額な保険料等については、少額不追求の趣旨から、給与課税がされなかったとしても「保険料等の総額」に含める旨を追加的に定めていることからみても明らかである。以上のことから、所得税法第34条第2項に規定する「収入を得るために支出した金額」とは、所得者である請求人自らが負担した金額（実質的に負担した金額を含む。）に限られると解するのが相当である。

○適正役員退職給与の算定に当たり平均功績倍率法よりも、1年当たり平均額法を採用することが相当であるとされた事例（平成21年12月1日　裁決）【TAINS　F0-2-356】
　役員退職給与の適正額の具体的な判定基準については、「平均功績倍率法」と「1年当たり平均額法」が税法の趣旨に沿ったものであるとされており、一般的には平均功績倍率法が多く採用されている。
　この平均功績倍率法が最終報酬月額を算定の基礎としているのは、退職役員の最終報酬月額が何らかの理由により大幅に引き下げられたなどの特段の事情がない限り、役員在職中における法人に対する功績を最もよく反映しているものであるとの考え方によるものであるが、退職役員の最終報酬月額が適正でない場合、又は適正額に修正することができない場合、例えば、長年、代表取締役として会社の中枢にあった者が退職時には非常勤役員となっており、その最終報酬月額がその役員の在職期間中の職務内容等からみて、著しく低額であるような場合にまで平均功績倍率法を適用すると、役員退職給与の適正額が著しく低額となることから、このような場合には、1年当たり平均額法を採用することも合理的でないとはいえない。

〈判決例〉

○取得した保険金中当該死亡役員の退職給与金の適正額より多額であると認められる部分は、経営上の損害の填補のため会社に留保せられるべきものであるからであるとした事例（昭和31年12月24日　大阪地裁）【TAINS　Z023-0426】
　同族会社が、その役員を被保険者、被保険者死亡の場合の保険金受取人をその会社とする生命保険契約を締結し、この保険契約に基づいて会社が取得する保険金と同額を当該死亡役員の退職給与金として支給する場合であっても、その額が適正額より多額であると認められる場合は、過大額については法人税法第31条の3の規定が適用されるものと解するのが相当である。

この場合会社がかかる保険契約（いわゆる事業家保険契約又は役員保険契約）を締結するのは長年勤続の後に退職する役員に退職給与金を支給する必要を充足するためと、役員の死亡により受けることあるべき経営上の損害を填補するためであるから会社が取得した保険金中当該死亡役員の退職給与金の適正額より多額であると認められる部分は、役員の死亡により会社の受ける経営上の損害の填補のため会社に留保せられるべきものであるからである。

○退職給与の支給とその原資は切り離して考えるべきであるとした事例（昭和62年4月16日　長野地裁）【TAINS　Z158-5909】
　法人税法36条の趣旨からみて、役員退職給与の損金性は、役員の法人に対する役員としての役務提供による貢献度によって決せられるべきものであるから、退職給与の支給とその原資は切り離して考えるべきであり、その原資が当該役員の死亡を原因として支払われた生命保険金であるからといって、当然に支給額の全部または一部が相当な額として損金に算入されるべき理由はない。
　更に、役員を被保険者、保険金受取人を法人とする生命保険契約の実態についてみるに、（省略）現今この生命保険の大型化傾向があること及びこの生命保険契約締結の目的に役員の退職給与の原資の準備が含まれていることは否定できないものの、その主たる目的は役員死亡に伴う法人の経営上の損失を補填することにあると認められるから、生命保険契約の実態は、必ずしも、生命保険金を原資とする退職給与を損金に算入すべき根拠たりえない。

○保険金収入を保険金を原資とする役員退職給与の相当額算入の資料としなかった事例（平成5年6月29日　高松地裁）【TAINS　Z195-7150】
　原告は、役員退職給与の相当額の算定に当たり、右保険金を退職金の原資としたことを考慮すべきである旨主張するが、利益金としての保険金収入と、損金としての退職給与金の支給とは、それぞれ別個に考えるべきものであり、会社が役員を被保険者とする生命保険契約を締結するのは、永年勤続の後に退職する役員に退職給与金を支給する必要を充足するためのほか、役員の死亡による経営上の損失を補填するためであるというべきであるから、会社が取得した保険金中、当該役員の退職給与の相当な額より多額であると認められる部分は、役員の死亡により会社の受ける経営上の損失の補填のために会社に留保されなければならないというべきである。したがって、保険金を原資としたことを役員退職給与の相当額算定の資料として考慮しなかった被告の算定方法が不合理であるとは言えない。

○車両の盗難による損失の計上時期及び当該盗難車両に係る保険金収入の計上時期に関する事例（平成16年4月20日　大阪地裁）【TAINS　Z888-0838】

　損失と収益とが同一原因によって生ずるものである場合にも、それぞれ独立して確定すること自体は否定されないとしても、盗難による損害発生を原因とする保険金収入については、その損害発生時に法人は保険金請求権を取得する上、本件のような自動車損害保険契約において、保険金請求権を行使することができるのは保険事故発生の時からであること、保険金支払額は保険契約によって定められていること、真実盗難による損失が発生した場合であれば、保険会社が保険金支払債務を履行しない、又は履行できない可能性はほとんど考えられないことからすると、一般的には、保険金請求権は盗難発生と同時に発生し、権利の実現の可能性が客観的に認識し得る状況になったということができる。

　したがって、一般的には、保険金請求権は、盗難発生時に直ちに確定したものとして、盗難損失を計上すべき事業年度に同時に益金として計上すべきものである。

　この点、不法行為に基づく損害賠償請求権は、責任の有無及びその賠償額について当事者の合意又は裁判の確定を待つことが必要な場合があり、その履行についても不法行為者の賠償能力等不確定な要素が多く、権利の確定に時間を要する場合が少なくない。

　そのことから、本件通達は、損害賠償金について、原則としてその支払を受けることが確定した時の収益とするが、法人がこれについて実際に支払を受けた日の属する事業年度の益金の額に算入している場合には、これを認めることとしているのである。

　これに対し、前記のとおり、保険金請求権は保険契約によってその発生及び内容が定められていること、保険金支払債務の履行の可能性が極めて高いことから、あらかじめ保険金収入を予測することが可能であり、原則として、盗難発生と同時に権利内容の確定した保険金請求権が発生し、行使が可能になったものと解されるから、保険金収入を盗難損失と同一事業年度の益金として計上すべきである。

　本件通達も、その（注）において、損害に係る損失と損害賠償金収入との対応関係を切断することができるとする一方、その損失が損害保険契約に基づく保険金等によって補てんされることとなっているときは、その補てんされる部分については保険金収入等との対応関係を要求しており、その損失を損害の発生した日の属する事業年度の損金の額に算入するときは、保険金収入の額も同一事業年度に計上して、これを控除することを前提としている。これも、保険金が契約に基づいて給付されるものであって、一般にあらかじめ予想することが可能であるし、支払を受け得ないことの方がむしろ稀であろうということを考慮した取扱いであると考えられる。以上によれば、原則として、損失及び保険金収入は同一事業年度に計上するのが相当である。（略）

　したがって、本件の保険金請求権は、盗難時に発生し、権利内容も確定しており、権利実現の可能性を客観的に認識し得る状態になっていたというべきであるから、保険金

収入は盗難損失と同一時期に計上すべきである。

○自動車保険の人身傷害補償について、自動車の運転中に持病の発作などの病気が原因で事故を起こした場合であっても、保険金は支払われるべきであるとした事例（平成19年10月19日　最高裁）【裁判所ホームページ　裁判例情報】
　自動車総合保険契約の人身傷害補償特約が、急激かつ偶然な外来の事故のうち運行起因事故及び運行中事故に該当するものを保険事故としており、本件特約にいう「外来の事故」とは、その文言上、被保険者の身体の外部からの作用による事故をいうと解されるので、被保険者の疾病によって生じた運行事故もこれに該当するというべきである。
　自動車を運転していた者がため池に転落し溺死した事故について、仮にため池に転落した原因が疾病により適切な運転操作ができなくなった場合であっても、請求者は、事故と被保険者が受けた傷害との間に相当因果関係があることを主張、立証すれば足りる。

○満期保険金を受領した原告らが、法人負担分も含む保険料全額を、一時所得の金額の計算上「収入を得るために支出した金額」に当たるものとして確定申告をできるとした事例（平成21年1月27日　福岡地裁）【TAINS　Z888-1433】
　所得税法34条2項は、一時所得の計算における控除の対象を「収入を得るために支出した金額（その収入を生じた行為をするため、又はその収入を生じた原因の発生に伴い直接要した金額に限る。）」と規定しているが、その文言上、所得者本人が負担した部分に限られるのか、所得者以外の者が負担した部分も含まれるのかは、必ずしも明らかでない。そして、所得税法施行令183条2項2号本文は、生命保険契約等に基づく一時金が一時所得となる場合、保険料又は掛金の「総額」を控除できるものと定めており、この文言からすると、所得者本人負担分に限らず保険料等全額を控除できるとみるのが素直である。
　そして、同号ただし書イないしニは、控除が認められない場合を、包括的・抽象的文言を用いることなく、法律と条文を特定して個別具体的に列挙しており、他に控除が認められない場合が存することをうかがわせる体裁とはなっていない。このような所得税法及び同法施行令の規定を併せ考慮すれば、生命保険金等が一時所得となる場合、同号ただし書イないしニに列挙された場合以外は、所得者以外の者が負担した保険金等も控除できるものと解釈するのが自然である。
　所得税基本通達34-4も、明確に、控除し得る金額には「支払を受ける者以外の者が負担した保険料又は掛金の額（これらの金額のうち、…の金額を除く。）も含まれる。」と規定しており、括弧書きで除かれた部分以外に控除し得る金額が限定される場合があると読み取ることは困難である。（略）

所得税法34条2項、同法施行令183条2項2号の規定の文言を重視すると、所得者以外の者が負担した保険料等を、所得者に対する給与課税の有無にかかわらず控除できるものと解するのが自然であること、所得税基本通達34-4は、所得者以外の者が負担した保険金等も明確に控除できると規定し、給与課税等の有無によって区別していないこと、そのような中、所得税法34条2項、同法施行令183条2項2号の規定を被告の主張のように限定解釈又は類推解釈することは、法的安定性、予測可能性確保の観点からして相当性を欠くといわざるを得ないことなどを総合考慮すると、被告の主張する解釈を採用することはできず、養老保険契約に基づく満期保険金が一時所得となる場合、所得者以外の者が負担した保険料も控除できると解するのが相当である。

○満期保険金に係る一時所得の計算上、所得者以外の者が負担した保険料も収入を得るために支出した金額に含まれるかどうかを争った事例（平成21年7月29日　福岡高裁）【TAINS Z888-1456】

所得税基本通達34-4の文言上からは、養老保険契約に基づく満期保険金が一時所得となる場合、所得者以外の者が負担した保険料も控除できることは明白であって、所得税法、同法施行令の各規定及び上記通達を整合的に理解しようとすれば、他の解釈を容れる余地はないといわざるをえない。

控訴人は、所得税法34条2項の「その収入を得るために支出した金額」として控除できる保険料等は、所得者本人が負担した金額に限られるとの解釈を前提にして、上記通達を文言どおり解釈するのは誤りであると主張するが、上記のとおり、所得税法34条2項の文言からは必ずしも明らかではないことが出発点となって、これを明らかにするため、所得者以外の者が負担した金額も含むとの所得税基本通達34-4を自ら出した経緯と矛盾しており、控訴人の主張は採用することができない。

控訴人が主張する所得税法施行令183条2項2号の解釈についても同様である。この点、控訴人は、所得税基本通達34-4における所得者の一時所得の金額の計算上控除できる「支払を受ける者以外の者が負担した保険料又は掛金」は、当該保険料等につき一時金等の支払を受けた者に対し給与課税される等して、当該保険料の支払を受けた者が実質的に負担したものを指すと主張する。

しかし、控訴人の上記解釈は、必ずしも明らかではない所得税法34条2項等の文言を一義的に明らかにするために出した通達について、更に文言として表示されていない要件を解釈と称して付加するものであり、法律又はその委任のもとに政令や省令において課税要件及び租税の賦課・徴収の手続に関する定めをなす場合に、その定めはなるべく一義的で明確でなければならないという課税要件明確主義（租税法律主義）に反する不当な解釈といわなければならない。（略）

しかし、行政による恣意的課税から国民を保護することを目的とした租税法律主義の

趣旨からすれば、国民生活の法的安定性と予測可能性を保障するため、課税要件はできるだけ一義的で明確でなければならないのであり、国民に対する課税は、同要件を規定する法令等の文言にできるだけ忠実に行われなければならない。

そして、その結果、仮に結論において控訴人が指摘するような不合理が生じたとしても、それは法令等の不備によるものであるから、その是正は当該法令等を改正することによってなすべきであって、解釈の名の下に規定されていない要件を付加することにより、国民に予測できない課税をすることは許されない。したがって、控訴人の上記主張は採用できない。

○受取人以外の法人が支払った保険料は収入を得るために支出した金額とならないとした事例（平成22年12月21日　福岡高裁）【TAINS　Z888-1569】

一般に、養老保険は、満期保険金の支払財源に充てるための積立保険料（積立分）と、被保険者が死亡した場合の死亡保険金の支払に充てるための危険保険料（危険分）からなるが、本件のように、死亡保険金の受取人が法人で満期保険金の受取人が個人である場合には、法人にとって、危険分は、定期保険における掛捨ての保険料と同様の性質を有するものといえる。しかるところ、本件法人において、本件支払保険料の2分の1については保険料として損金処理し（法人負担分）、残りの2分の1については役員報酬として経理処理している（被控訴人負担分）ことからすれば、法人負担分については、危険分であって、満期保険金の原資である積立分ではないと認識・判断していたものと推認され、これを覆すに足りる証拠はない。

このように、本件法人は、法人負担分については、本件に係る一時所得である満期保険金を得るために支出した金額に当たらないと認識・判断して、その旨の経理処理をしたものであるが、本件養老保険契約の性質や所得税法の趣旨・目的に照らし、この経理処理を特に不合理とする理由はない。そうすると、法人負担分については、これを法34条2項所定の「その収入を得るために」支出したものということはできない。

○受取人以外の法人が支払った保険料は、満期保険金に係る個人の一時所得の金額の計算上「収入を得るために支出した金額」に該当しないとした事例（平成24年1月13日　最高裁）【TAINS　Z888-1625】

一時所得について、その所得金額の計算方法を定めた同法34条2項も、また、一時所得に係る収入を得た個人の担税力に応じた課税を図る趣旨のものであり、同項が「その収入を得るために支出した金額」を一時所得の金額の計算上控除するとしたのは、一時所得に係る収入のうちこのような支出額に相当する部分が上記個人の担税力を増加させるものではないことを考慮したものと解されるから、ここにいう「支出した金額」とは、一時所得に係る収入を得た個人が自ら負担して支出したものといえる金額をいうと解す

るのが上記の趣旨にかなうものである。また、同項の「その収入を得るために支出した金額」という文言も、収入を得る主体と支出をする主体が同一であることを前提としたものというべきである。

したがって、一時所得に係る支出が所得税法34条2項にいう「その収入を得るために支出した金額」に該当するためには、それが当該収入を得た個人において自ら負担して支出したものといえる場合でなければならないと解するのが相当である。（略）

本件支払保険料は、本件各契約の契約者である本件会社等から生命保険会社に対して支払われたものであるが、そのうち2分の1に相当する本件貸付金経理部分については、本件会社等において被上告人らに対する貸付金として経理処理がされる一方で、その余の本件保険料経理部分については、本件会社等において保険料として損金経理がされている。（略）

前者の部分（本件貸付金経理部分）については、被上告人らが本件会社等からの貸付金を原資として当該部分に相当する保険料を支払った場合と異なるところがなく、被上告人らにおいて当該部分に相当する保険料を自ら負担して支出したものといえるのに対し、後者の部分（本件保険料経理部分）についてはこのように解すべき事情があるとはいえず、当該部分についてまで被上告人らが保険料を自ら負担して支出したものとはいえない。

したがって、本件支払保険料のうち本件保険料経理部分は、所得税法34条2項にいう「その収入を得るために支出した金額」に当たるとはいえず、これを本件保険金に係る一時所得の金額の計算において控除することはできないものというべきである。これと異なる見解に立って被上告人らの請求を全て認容すべきものとした原審の判断には、判決に影響を及ぼすことが明らかな法令の違反があり、論旨は理由がある。

○受取人以外の法人が支払った保険料は、満期保険金に係る個人の一時所得の金額の計算上「収入を得るために支出した金額」に該当しないとした事例（平成24年1月16日　最高裁）【TAINS　Z888-1626】
（平成24年1月13日判決と前段は同じ内容につき省略）

本件支払保険料は、本件契約の契約者である本件法人から生命保険会社に対して支払われたものであるが、そのうち2分の1に相当する本件報酬経理部分については、本件法人において第1審原告に対する役員報酬として損金経理がされ、第1審原告に給与課税がされる一方で、その余の本件保険料経理部分については、本件法人において保険料として損金経理がされている。（略）

本件報酬経理部分については、第1審原告が自ら支払を受けるべき満期保険金の原資としてその役員報酬から当該部分に相当する保険料を支払った場合と異なるところがなく、第1審原告において当該部分に相当する保険料を自ら負担して支出したものといえ

るのに対し、本件保険料経理部分については、このように解すべき事情があるとはいえず、当該部分についてまで第1審原告が保険料を自ら負担して支出したものとはいえない。当該部分は上記のとおり本件法人において損金経理がされていたものであり、これを一時所得の金額の計算上も控除し得るとすることは、二重に控除を認める結果を招くものであって、実質的に見ても不相当といわざるを得ない。

　したがって、本件支払保険料のうち本件保険料経理部分は、所得税法34条2項にいう「その収入を得るために支出した金額」に当たるとはいえず、これを本件保険金に係る一時所得の金額の計算において控除することはできないものというべきである。これと同旨の原審の判断は、正当として是認することができる。論旨は採用することができない。

(参考文献等)

1　生命保険の法務・実務　改訂版　日本生命保険　生命保険研究会編著　社団法人　金融財政事情研究会
2　損害保険の法務と実務　東京海上日動火災保険株式会社　社団法人　金融財政事情研究会
3　概説　日本の生命保険　ニッセイ基礎研究所編　日本経済新聞出版社
4　企業の保険をめぐる税務　中村直美・中村慈美共著　大蔵財務協会
5　保険・年金の税務　Q&A　渡辺淑夫監修　廣川昭廣・自閑博巳・佐藤一成・高松公良・諸星健司著　ぎょうせい
6　生命保険と税務　平田会計事務所・御簾納税理士事務所・本郷公認会計士事務所編著　税務経理協会
7　保険税務Q&A　五訂版　保険税務事例研究グループ編　税務研究会
8　保険税務のすべて　平成23年度版　新日本保険新聞社
9　保険税務ハンドブック　多久和弘一著　保険毎日新聞社
10　Q&A　生命保険・損害保険の活用と実務　三輪厚二著　清文社
11　税経通信　平成23年6月号　特集Ⅱ　目的別法人保険の活用　税務経理協会
12　月刊税理　平成23年6月臨時号　最新保険の活用戦略と税務　ぎょうせい
13　法人税重要項目詳解　平成16年版　鈴木博編著　大蔵財務協会
14　法人税基本通達逐条解説　六訂版　森文人編著　税務研究会出版局
15　役員報酬・賞与・慰労金の実務Q&A　小林公明著　税務研究会出版局
16　TAINS　税理士情報ネットワーク
17　会社の各種手当　支給相場&関連料金・規程　資料大集　日本実業出版社
18　社長・役員の報酬・賞与・退職金　最新支給データと中小企業の従業員退職金相場　日本実業出版社
19　圧縮記帳の法人税務　第8訂版　成松洋一著　大蔵財務協会
20　Q&A　法人・個人のための損害賠償金をめぐる税務　田中豊・岡本勝秀共著　大蔵財務協会
21　株式公社債評価の実務　平成23年版　梶野研二編　大蔵財務協会
22　各省庁ホームページ
23　各生命保険会社ホームページ
24　各損害保険会社ホームページ

著者紹介

野中孝男（のなか　たかお）

　税理士（昭和57年登録）。東京都出身。学習院大学卒業。
　昭和57年野中孝男税理士事務所開設。
　現在，東京税理士会京橋支部相談役，京橋税理士政治連盟幹事長，税務会計研究学会・租税理論学会会員。
　（著書）すべて共著
　　「消費税シミュレーションと申告・申請・届出の実務」（ぎょうせい）
　　「節税便利事典」（ぎょうせい）
　　「税務を生かすモデルフォーマット」（ぎょうせい）
　　「税理士職業賠償責任　事例からみた税理士の注意義務」（ぎょうせい）
　　「税理士事務所の運営実務」（新日本法規）
　　「新版　税務を生かすモデルフォーマット」（ぎょうせい）
　　「Q&A　寄附金課税の実務」（新日本法規）
　　「書面添付制度　活用マニュアル」（ぎょうせい）
　　「新金融・証券税制」（税務経理協会）

北村文美子（きたむら　ふみこ）

　税理士（平成18年登録）。千葉県出身。大原簿記学校卒業。
　平成9年野中孝男税理士事務所入所。

白濱孝子（しらはま　たかこ）

　税理士（平成18年登録）。埼玉県出身。東京経済大学卒業。
　筑波大学大学院修士課程修了
　平成9年野中孝男税理士事務所入所。

税務士・FP・保険会社担当者のための
会社税務における保険活用法—節税メリットと課税リスクを見極める—

2012年3月20日　初版第1刷発行

編著者	野中孝男
著　者	北村文美子
	白濱孝子
発行者	大坪　嘉春
製版所	美研プリンティング株式会社
印刷所	税経印刷株式会社
製本所	株式会社三森製本所

発行所	東京都新宿区 下落合2丁目5番13号	株式 会社 税務経理協会

郵便番号　161-0033　振替　00190-2-187408　電話（03）3953-3301（編集部）
　　　　　　　　　　FAX（03）3565-3391　　　　　（03）3953-3325（営業部）
　　　　　　　URL　http：//www.zeikei.co.jp/
　　　　　　　乱丁・落丁の場合はお取替えいたします。

Ⓒ野中孝男　　2012

編著者・著者との契約により検印省略

本書を無断で複写複製（コピー）することは、著作権法上の例外を除き、禁じられています。本書をコピーされる場合は、事前に日本複写権センター（JRRC）の許諾を受けてください。
JRRC〈http://www.jrrc.or.jp　eメール：info@jrrc.or.jp　電話：03-3401-2382〉

Printed in Japan
ISBN 978—4—419—05731—2　C 3034